Die Fangprämie beim Ladendiebstahl

AF733964

Europäische Hochschulschriften
Publications Universitaires Européennes
European University Studies

Reihe II
Rechtswissenschaft

Série II Series II
Droit
Law

Bd./Vol. 2732

PETER LANG
Frankfurt am Main · Berlin · Bern · Bruxelles · New York · Wien

Thomas Diersch

Die Fangprämie beim Ladendiebstahl

Eine Sanktion zwischen Straf- und Zivilrecht

PETER LANG
Europäischer Verlag der Wissenschaften

Die Deutsche Bibliothek - CIP-Einheitsaufnahme

Diersch, Thomas:

Die Fangprämie beim Ladendiebstahl : eine Sanktion zwischen Straf- und Zivilrecht / Thomas Diersch. - Frankfurt am Main ; Berlin ; Bern ; Bruxelles ; New York ; Wien : Lang, 2000
(Europäische Hochschulschriften : Reihe 2, Rechtswissenschaft ; Bd. 2732)
Zugl.: Bremen, Univ., Diss., 1999
ISBN 3-631-35505-X

D 46
ISSN 0531-7312
ISBN 3-631-35505-X

© Peter Lang GmbH
Europäischer Verlag der Wissenschaften
Frankfurt am Main 2000
Alle Rechte vorbehalten.

Das Werk einschließlich aller seiner Teile ist urheberrechtlich geschützt. Jede Verwertung außerhalb der engen Grenzen des Urheberrechtsgesetzes ist ohne Zustimmung des Verlages unzulässig und strafbar. Das gilt insbesondere für Vervielfältigungen, Übersetzungen, Mikroverfilmungen und die Einspeicherung und Verarbeitung in elektronischen Systemen.

Meinen Eltern

Inhaltsverzeichnis

Soweit Abkürzungen verwendet werden, entsprechen diese Kirchner, Abkürzungsverzeichnis der Rechtssprache, 4. Aufl., Berlin 1993.

1 Einleitung

1.1 Das Interesse an dem Phänomen "Fangprämie"

Das Erkenntnisinteresse dieser Untersuchung ist einer Sanktion gewidmet: der Fangprämie beim Ladendiebstahl. Kriminalpolitisches Interesse hat die Aufmerksamkeit auf diesen Untersuchungsgegenstand gelenkt. Kriminalpolitisches Interesse in diesem Sinne erstrebt die systematische Untersuchung und Darstellung der gesellschaftlichen Strategien, Taktiken und Sanktionsmittel, die auf die Kontrolle inkriminierten Verhaltens gerichtet sind.[1] Kriminalpolitik nach dem hier zugrunde liegenden Verständnis macht nicht halt vor den traditionell bestehenden Grenzen der wissenschaftlichen Subdisziplinen. Sachgerechte wissenschaftliche Kriminalpolitik muß insofern nach Möglichkeit diejenigen relevanten rechtlichen und gesellschaftlichen Aspekte mit einbeziehen, die Einfluß auf den Untersuchungsgegenstand haben. Die Fragestellung der vorliegenden Untersuchung lautet also: Wie ist die Fangprämie beim Ladendiebstahl unter Einbeziehung ihrer rechtlichen und gesellschaftlichen Bezüge kriminalpolitisch zu bewerten? Ausgehend von dieser Frage wird hier die rechtliche und wirtschaftliche Genese der Fangprämie untersucht. Auf der Basis der hierzu erlangten Befunde wird dann die kriminalpolitische Würdigung des Phänomens vorgenommen.

1.2 Die Geldforderung der Einzelhandelsunternehmen

Zunächst soll nun geklärt werden: Was konkret bezeichnet eigentlich die Fangprämie beim Ladendiebstahl? Der Blick wandert insofern zum Ort des Geschehens, sprich: in die Geschäftsräume der Selbstbedienungsläden und Warenhäuser. In diesem Milieu der Warendistribution durch den Einzelhandel in der Verkaufsform der Selbstbedienung nimmt der spezifische Sachverhalt seinen Ursprung, in dessen Zusammenhang wir dem Phänomen der Fangprämie beim Ladendiebstahl im Lebensalltag begegnen. Hier wird die Bekämpfung des Ladendiebstahls in erheblichem Umfang von den betroffenen Einzelhandelsunternehmen selbst organisiert und betrieben. Zur Verhinderung und Eindämmung des

1 Sack in: Kaiser/Kerner/Sack, S. 281; Vgl. auch: Feest/Haferkamp/Lautmann, S. 2; Albrecht/Dünkel/Spieß S. 310.

Ladendiebstahls werden von den Unternehmen verschiedenste Sicherungsmaßnahmen ergriffen: Drehkreuze, Beobachtungsspiegel und Überwachungskameras werden installiert, elektromagnetische Warensicherungsetiketten mit dazugehörigen Alarmschranken werden angebracht, verdeckt arbeitende Haus- und Fremdfirmendetektive sowie neuerdings auch wieder offen agierende Security-Kräfte werden eingestellt und sollen gegen Ladendiebe vorgehen. Diesem reichhaltigen Arsenal der hauseigenen Instrumente der Einzelhandelsunternehmen zur Verhinderung und Bekämpfung des Ladendiebstahls ist auch die Androhung der Forderung eines Geldbetrages und dessen tatsächliche Erhebung vom Ladendieb zuzurechnen. Diese Forderung der Unternehmen wird teilweise auf plakatgroßen Schildern im Eingangs- und Kassenbereich oder an anderer gut sichtbarer Stelle im Innenraum der Einzelhandelsgeschäfte angekündigt:

"Achten Sie auf ihren guten Ruf!
Wir zeigen jeden Ladendiebstahl an.
Wir fordern von jedem Ladendieb die Zahlung einer Aufdeckprämie in Höhe von 50,-DM!"

So oder ähnlich lauten die bedrohlichen Hinweise auf den Aushängen der Geschäfte, die dem Publikum in den Selbstbedienungsläden mitteilen sollen, daß derjenige, der eines Ladendiebstahls verdächtigt wird, immer damit rechnen muß - neben der regelmäßig erfolgenden Strafanzeige -, einen bestimmten Geldbetrag an das Einzelhandelsunternehmen zahlen zu müssen. Die Fangprämie beim Ladendiebstahl bezeichnet also den pauschalen Geldbetrag, mit dessen Forderung das Einzelhandelsunternehmen jedem Besucher für den Fall droht, daß er eines Ladendiebstahls überführt wird. Wo und von wem diese Bezeichnung des Phänomens ursprünglich geprägt wurde, läßt sich heute nicht mehr exakt bestimmen. Expressis verbis erschien die Fangprämie erstmals zu Beginn der 70er Jahre in der Rechtsprechung[2] und dieser Terminus hat sich dann, wohl nicht zuletzt auf Grund seiner schlichten Kompaktheit, bis heute erhalten.

1.3 Eine negative Sanktion zur Bekämpfung des Ladendiebstahls

Durch die Drohung mit der Fangprämie soll das Publikum in den Selbstbedienungsläden davon abgehalten werden, Ladendiebstähle zu begehen. Sie dient so zunächst der Abschreckung potentieller Täter. Darüber hinaus soll der ertappte Ladendieb den pauschalen Geldbetrag der Fangprämie auch tatsächlich an das

2 AG München, Urt. v. 24.10.1972 - 6C 1479/72, NJW 1973, S. 1044.

Einzelhandelsunternehmen zahlen. Sie dient damit auch als unmittelbare Zwangsmaßnahme gegen den individuellen Täter. Die Fangprämie ist so ein Bestandteil der präventiven und repressiven Strategie der Einzelhandelsunternehmen zur Bekämpfung des Ladendiebstahls. Sie soll damit dem Ziel dienen, die Verkaufsform der Selbstbedienung im Einzelhandel in Bestand und Funktion gegen das mißbilligte Verhalten der Ladendiebe abzusichern. Die Fangprämie ist insoweit ein Mittel der Einzelhandelsunternehmen, zur Verhaltenssteuerung des Publikums in den Selbstbedienungsläden. Solche Maßnahmen der Verhaltenssteuerung, die dem Zweck dienen sollen, Verhaltenskonformität zu erzeugen, werden ganz allgemein als Sanktionen bezeichnet.[3] Nun wird aber der Terminus Sanktion als Bezeichnung nicht nur für ausschließlich negativ wirkende Maßnahmen verwendet. Gerade im Recht wurde und wird nicht nur die Zwangsmaßnahme gegen einen Staat oder gegen einen Straftäter, sondern auch die Genehmigung oder Bestätigung eines Beschlusses oder Vertrages als sanctio bezeichnet. Eine Sanktion im weiteren Sinne meint insofern nicht ausschließlich negative Reaktionen für den potentiellen Adressaten. Die als Sanktion bezeichneten Maßnahmen bewegen sich zwischen den Polen der Bestätigung und der Zwangsmaßnahme. Auf den ersten Blick ein Widerspruch, wie er deutlicher kaum sein könnte, aber bei näherem Hinsehen gibt es doch mindestens eine Gemeinsamkeit: es geht um Reaktionen auf bestimmte Verhaltensweisen. Diese Reaktionen können nun, ausgehend von dem regelmäßig zu erwartenden Empfinden des Adressaten, in angenehme oder unangenehme Folgen, sprich: Sanktionen, separiert werden. Es muß insoweit aus der Perspektive des Adressatenhorizontes zwischen positiven und negativen Sanktionen unterschieden werden. Im Ergebnis sollen aber sowohl positive als auch negative Sanktionen demselben Zweck dienen: es soll ein bestimmtes Verhalten erzeugt werden, die Betroffenen sollen veranlaßt werden, bestimmte Dinge zu tun und andere zu unterlassen.

Die Sanktion ist damit heute vor allem ein Erkenntnisgegenstand der Kriminologie. Sie ist dort eine Kategorie der Sozialkontrolle. Sozialkontrolle bezeichnet insoweit diejenigen Mittel, mit denen die Gesellschaft ihre Herrschaft über die sie bildenden Menschen ausübt und mit denen Verhaltenskonformität erreicht werden soll. Sozialkontrolle liegt demnach immer dann vor, wenn ein bestimmtes Verhalten sanktioniert, d.h. belohnt oder bestraft wird.[4] Ausgehend von der kriminologischen Verortung der positiven und negativen Sanktionen als Instrumente der Sozialkontrolle, kann also festgehalten werden, daß negative Sanktionen zu definieren sind: als Zwangsmaßnahmen, die gedacht sind und geeignet erscheinen, als Folgen auf ein bestimmtes mißbilligtes Verhalten, dieses

---

3 Kaiser in: Kaiser/Kerner/Sack, S. 367.

4 Kaiser, Kriminologie, § 28 Rz. 4.

zu verhindern und im Falle der Nichtbefolgung der Verhaltensforderung und der darauf folgenden tatsächlichen Durchsetzung gegen den Betroffenen, für diesen einen Nachteil darstellen.

Die Fangprämie, als angedrohte Forderung oder tatsächliches Verlangen eines pauschalen Geldbetrages, ist eine Zwangsmaßnahme der Einzelhandelsunternehmen gegen den Ladendieb. Sie ist gedacht als Reaktion auf die Mißachtung der grundlegenden Verhaltensforderung der Einzelhandelsunternehmen an die Besucher der Ladengeschäfte mit der Verkaufsform der Selbstbedienung: "Ihr sollt die in unseren Geschäften ausliegenden Waren bezahlen, wenn Ihr sie mitnehmen wollt!" Sie wird insoweit angedroht als Folge auf das abweichende Verhalten des Ladendiebes und soll es verhindern helfen. Sollte die Forderung des pauschalen Geldbetrages gegenüber dem ertappten Ladendieb tatsächlich durchgesetzt werden, dann ist die Zahlung ein Nachteil für den betroffenen Menschen: die Vermögenseinbuße des Geldbetrages der zu zahlenden Fangprämie.

Von diesem Befund ausgehend wird deutlich, inwiefern die Fangprämie beim Ladendiebstahl von kriminalpolitischer Bedeutung ist: hier wird inkriminiertes Verhalten mit einer Geldforderung bedroht. Insofern erscheint die Fangprämie als Androhung einer Art Geldstrafe zur Bekämpfung des Ladendiebstahls durch die Einzelhandelsunternehmen. Sie ist also ein Instrument der Sozialkontrolle durch den Einzelhandel. Die Fangprämie ist demnach eine negative Sanktion zur Bekämpfung des Ladendiebstahls.

1.4 Durchsetzungsversuche mit Hilfe des Zivilrechts

Über die plakative Androhung der Fangprämie in den Ladengeschäften hinausgehend, haben die Einzelhandelsunternehmen dann versucht, die Fangprämie mit Hilfe des zivilrechtlichen Instrumentariums als Schadensersatzforderung gegenüber dem ertappten Ladendieb durchzusetzen. So wurde bald auch im Schrifttum festgestellt, daß von den Einzelhandelsunternehmen Geldbeträge an Angestellte oder andere Personen ausgezahlt wurden, die bei der Ergreifung oder Entdekkung eines Ladendiebes mitgewirkt hatten, und man kam insofern dann zu der Behauptung, die Unternehmen würden von dem ertappten Ladendieb nur das fordern, was man dem Entdecker des Ladendiebstahls gem. § 657 BGB oder arbeitsvertraglicher Vereinbarung schulde oder schon bezahlt habe.[5] Die Fangprämie hat insofern teilweise eine schimärenhafte Wahrnehmung erfahren: sie wurde als Belohnung für denjenigen aufgefaßt, der sich als Denunziant hinsicht-

5 Creutzig, Rechtsfragen, S.1308; ders.: Schadensersatz, S.1594; Klimke, S. 85; Braun/ Spiess, S. 357; v. Falkenhausen, S. 72.

lich eines Ladendiebstahls hervortat. Aus diesem Blickwinkel erklärt sich auch die Bezeichnung dieser Geldforderung der Einzelhandelsunternehmen ausgerechnet als Fang - prämie -. Diese trügerische Wahrnehmung beruhte aber in erster Linie auf dem konstruktiven Ansatz, diese negative Sanktion der Einzelhandelsunternehmen zivilrechtlich durchzusetzen und zu rechtfertigen. Dieser Versuch der Rechtfertigung der Fangprämie durch die Einzelhandelsunternehmen führte zu einer Perspektive auf das Phänomen, der es in anderem Licht erscheinen ließ: aus der negativen Sanktion mit dem Ziel der Bekämpfung des Ladendiebstahls war eine positive Sanktion, sprich: Belohnung, für den an der Aufdeckung beteiligten Zeugen geworden. Dieser Effekt, hervorgerufen oder zumindest mitinitiiert durch die Einzelhandelsunternehmen, muß aber als konstruiert entlarvt werden, mutmaßlich zur besseren Durchsetzung der eigenen Interessen bei der Ladendiebstahlsbekämpfung. Das Ziel, das die Einzelhandelsunternehmen mit der Androhung und Erhebung der Fangprämie tatsächlich verfolgen, die Abschreckung und Bestrafung der Ladendiebe, wird zwar u.U. auch mittelbar durch die Auszahlung einer Belohnung gefördert. Aber im Zusammenhang mit der Drohung und auch Erhebung der Fangprämie kann die davon unabhängige Belohnung eines Dritten für sein Mitwirken bei der Ergreifung eines Ladendiebes bestenfalls als erwünschte Neben- oder Folgewirkung bezeichnet werden.

Die Behauptung also, daß die Einzelhandelsunternehmen auch Belohnungen für die Ergreifung von Ladendieben ausgezahlt haben und daß diese Zahlungen mit der Forderung eines pauschalen Geldbetrages vom Ladendieb, sprich: mit der Fangprämienforderung, in Zusammenhang gebracht wurde, muß insoweit als der Versuch der Umdeutung des tatsächlich zugrunde liegenden Phänomens gelten. Eine Einlassung mit dem Ziel, über die damit erreichte spezifische Wahrnehmung der Fangprämie die Durchsetzung des zuerst und hauptsächlich als negative Sanktion zur Bekämpfung des Ladendiebstahls wirkenden Instrumentes der Einzelhandelsunternehmen zu erleichtern. Die insofern verfolgte Rechtfertigung der Fangprämie erscheint als der Versuch der rechtlichen Etablierung dieser negativen Sanktion der Einzelhandelsunternehmen mit den zur Verfügung stehenden Mitteln des Zivilrechts. Die Fangprämie wurde dann tatsächlich in Schrifttum und Rechtsprechung überwiegend, ungeachtet ihrer tatsächlichen Bestimmung, ausschließlich als Schadensersatzforderung der Einzelhandelsunternehmen vom Ladendieb thematisiert.

1.5 Kritik und höchstrichterliche Bestätigung

Das Ansinnen der Einzelhandelsunternehmen, ihre negative Sanktion auf diesem Wege mit den Mitteln des Zivilrechts durchzusetzen, stieß in Schrifttum und Rechtsprechung aber auch auf Kritik. Die Fangprämie war so seit ihrem Erscheinen im Fokus der rechtlichen Betrachtung zu Beginn der 70er Jahre heftig umstritten. Die sich entwickelnde Kontroverse wurde dann allerdings überwiegend auf ausschließlich zivilrechtsdogmatischem Terrain ausgetragen.

Die kriminalpolitische Sicht auf die Fangprämie - und damit der Blick auf Ursache und Wirkung - wurde dagegen zumeist vernachlässigt. Die wenigen im Schrifttum erhobenen kriminal- bzw. rechtspolitischen Bedenken gegen die Fangprämie resultieren dann allerdings doch primär aus einer kritischen Position gegenüber dem Sinn und Zweck der negativen Sanktion der Einzelhandelsunternehmen. So hat z.B. Kramer skeptisch angemerkt, daß die mit der Fangprämie angestrebten Ziele üblicherweise doch schon mit dem staatlichen Strafrecht verfolgt würden.[6] Das Phänomen Fangprämie erinnert insofern tatsächlich fatal an die Verhängung einer Geldstrafe gem. § 40 StGB. Obwohl die Fangprämie durch die Einzelhandelsunternehmen angedroht, verhängt und u.U. auch unmittelbar oder mit Hilfe der staatlichen Justiz vollstreckt wurde. Hier liegt der Verdacht nahe, daß die Fangprämie kriminal- und rechtspolitisch bedenklich sein könnte, denn die Androhung, Verhängung und Vollstreckung von Geldstrafen als Variante der gesetzlich zugelassenen Kriminalstrafen sollte im modernen Rechtsstaat ausschließlich die Aufgabe staatlicher Gewalt sein.

Die Vermutung also, es könne sich um den Versuch der Anmaßung und Ausübung privater Strafjustiz der Einzelhandelsunternehmen handeln, erscheint insofern nicht fernliegend. Dieser Vorwurf gegen die Fangprämie wurde so auch bald im Schrifttum artikuliert: die Fangprämie wurde als "Privatstrafe"[7] angeprangert und das Vorgehen der Unternehmen als "Warenhaus-"[8] oder "Selbstjustiz"[9] gescholten. Das Verhalten der Einzelhandelsunternehmen sei die Verhängung einer Sanktion für normwidriges Verhalten ohne Rechtsgrundlage und damit "Privatjustiz".[10]

Erst ein Urteil des Bundesgerichtshofes führte zu einer Beruhigung der hierzu überaus kontrovers geführten Diskusssion. In der Entscheidung wurde die Fangprämie als rechtmäßige Schadensersatzforderung der Einzelhandelsunter-

6 Kramer, Ladendiebstahl, S. 63; ders.: Warenhausjustiz, S. 1610.
7 Wälde, S. 295.
8 Droste, S. 6; Kramer, Warenhausjustiz, S. 1609.
9 Wollschläger, S.13.
10 Wollschläger, S.16.

nehmen gegen den Ladendieb gem. §§ 823, 249 BGB prinzipiell anerkannt.[11] Kriminal- oder rechtspolitische Bedenken wurden in dieser Entscheidung dagegen konsequent ausgeblendet und der BGH bestätigte insoweit grundsätzlich die angestrebte Zuweisung dieser negativen Sanktion der Einzelhandelsunternehmen zur Bekämpfung des Ladendiebstahls in das Zivilrecht. Im Schrifttum wurden dagegen weiterhin Stimmen laut, die mit dieser Entscheidung hinsichtlich der Fangprämie nicht zufrieden waren. Und so sind die Auffassungen bis heute geteilt, ob und inwieweit die zivilrechtliche Durchsetzung der Fangprämie mit der Bestätigung des BGH überhaupt vertretbar war.

1.6 Die Entwicklung der Untersuchung

Ausgehend von der Frage nach der kriminalpolitischen Würdigung der Fangprämie und anknüpfend an die soeben einführend skizzierte rechtliche Etablierung der Sanktion wird in dieser Untersuchung die Genese der Fangprämie eingehend verfolgt und analysiert, um die Forschungsfrage sachgemäß beantworten zu können. Da die sachgerechte kriminalpolitische Beurteilung eines Phänomens aber nur in Kenntnis seiner sozialen Bezüge erfolgen kann, werden nicht nur die rechtlichen Zusammenhänge, sondern auch die wirtschaftlichen Faktoren und deren Veränderungen berücksichtigt, zumindest insoweit, als bei ihnen ein Zusammenhang mit der Entstehung und Entwicklung der Fangprämie besteht und die Berücksichtigung möglich, effektiv und sachdienlich erscheint. Ausgehend von dem kriminalpolitisch motivierten Interesse an der Fangprämie und anknüpfend an die im Schrifttum geäußerten Bedenken, bleibt aber die Frage nach ihrer kriminalpolitischen Würdigung der Ausgangspunkt der Untersuchung und konturiert gleichzeitig ihre Grenzen. Um aber die Forschungsfrage insoweit weiter zu veranschaulichen und noch deutlicher einzugrenzen, soll retrospektiv zumindest kurz auf drei Erfahrungen aus der Entwicklung und Gestaltung der vorliegenden Untersuchung hingewiesen werden. Zum einen sei hier insofern festgehalten, daß ursprünglich ein empirischer Teil der Arbeit geplant war, der die aktuelle Praxis der Einzelhandelsunternehmen hinsichtlich der Fangprämie näher beleuchten sollte. Der Frage nachzugehen, inwieweit die Fangprämie aktuell von den Einzelhandelsunternehmen für die Bekämpfung des Ladendiebstahls eingesetzt und in welchem Umfang und mit welcher Konsequenz in der Durchsetzung sie als Forderung gegen den Ladendieb im Einzelfall beigetrieben wird, wäre von Interesse gewesen. Nach Gesprächen mit den zuständigen leitenden Mitarbeitern von Warenhäusern wurde allerdings schnell deutlich, daß die Informa-

11 BGH, Urt. v. 6.11.1979 - VI ZR 254/77, BGHZ 75, S. 230 ff.

tionsbereitschaft von seiten der Unternehmen hinsichtlich ihrer Praxis der Maßnahmen gegen den Ladendiebstahl begrenzt ist. Die Fangprämie gehöre zwar auch in diesen Häusern nach wie vor in das Repertoire der einschlägigen Bekämpfungsinstrumente, aber die Durchsetzung des Anspruchs auf den Geldbetrag der Fangprämie sei regelmäßig nicht von großem Interesse. Es wäre bei den ertappten Ladendieben überwiegend nichts oder nicht viel zu holen. Man wäre ohnehin insgesamt unzufrieden mit der staatlichen Justiz und deren Engagement bezüglich der Verfolgung der Ladendiebe. Insofern erübrige sich zumeist die weitere Verfolgung - auch die zivilrechtliche -, zumal die Kosten für die Beitreibung zu hoch wären. Präzise Angaben über die Praxis der Forderung und Durchsetzung der Fangprämie wurden aber nicht gemacht. Entsprechende Statistiken würden nicht geführt und man beschränke sich auch bei der Vollstreckung der Fangprämie auf besonders schwerwiegende Einzelfälle, die auch einigermaßen erfolgversprechend erscheinen. Man setze daher bei der Bekämpfung der Ladendiebe vermehrt auf technische und personelle Prävention, und gerade in den letzten Jahren seien dort ungeahnte Möglichkeiten zur Bekämpfung der Ladendiebstahlskriminalität hinzugekommen. Im Ergebnis zeichnete sich so in den Gesprächen vor Ort ab, daß entweder die Durchsetzung und Vollstreckung der Fangprämie gegenüber dem ertappten Ladendieb für die betreffenden Einzelhandelsunternehmen von untergeordneter Bedeutung war und somit aus dem Grund keine verwertbaren Daten über den tatsächlichen Umfang des Einsatzes des Bekämpfungsinstrumentes in den Unternehmen existieren, oder daß die Einzelhandelsunternehmen sich schlicht "nicht in die Karten" ihrer Bekämpfungsstrategien und die damit erzielten Ergebnisse schauen lassen wollten. Nachdem sich so also herausgestellt hatte, daß von seiten der Einzelhandelsunternehmen keine annähernd konkreten und verwertbaren Angaben hinsichtlich des Untersuchungsgegenstandes zu bekommen waren, die in Bezug auf die Beantwortung der oben aufgeworfenen Fragen zur tatsächlichen Vollstreckung der Sanktion eine vertretbare empirische Basis dargestellt hätten, wurde von der weiteren empirischen Untersuchung des Phänomens Abstand genommen.

Weiter soll bereits an früher Stelle der Untersuchung darauf hingewiesen werden, daß der Verfasser sich gezwungen sah, in Form einer "freiwilligen Selbstkontrolle" sich immer wieder zurückzunehmen, um nicht den allgegenwärtigen Verlockungen hinsichtlich der Auseinandersetzung mit der durch den Untersuchungsgegenstand tangierten zivilrechtlichen Dogmatik zu erliegen. Denn auch "nur" aus rein zivilrechtsdogmatischer Perspektive hat sich die Fangprämie als wahre Fundgrube für umstrittene und weitgehend unaufgeklärte Problemfelder erwiesen, die durchweg schon für sich isoliert betrachtet einer Untersuchung würdig und zugänglich gewesen wären. Die weitergehende Untersuchung der zivilrechtsdogmatischen Verästelungen mußte aber leider vermieden werden, um den Umfang der Untersuchung und damit auch ihre spezifische Zielsetzung nicht zu gefährden.

Insofern forderte die mit der Untersuchung verfolgte Zielsetzung der kriminalpolitischen Würdigung des Phänomens ihren Preis. Die Relativierung der Ansprüche für den in Rede stehenden zivilrechtsdogmatischen Bereich war der Verfasser aber bereit in Kauf zu nehmen in Anbetracht der zu erwartenden Erträge hinsichtlich der kriminalpolitischen Erkenntnisse, die durch den Verzicht zu erzielen waren. Die insoweit praktizierte Askese der Bearbeitung resultiert damit auch aus der Notwendigkeit, sie sachgerecht zu begrenzen, nicht zuletzt auch aus dem Anliegen des Verfassers, in der vorliegenden Untersuchung die Gräben zwischen den Subdisziplinen des Rechts nach Möglichkeit zu überwinden, anstatt in ihnen zu versinken.

Ferner mußte die weitere Auseinandersetzung mit der allgemeineren und umfassenderen Frage nach der sachgemäßen Reaktion auf das Phänomen Ladendiebstahl insgesamt vermieden werden. Die Fangprämie als ein Instrument zur Bekämpfung des Ladendiebstahls steht zwar im Kontext auch der weiteren bekannt gewordenen unterschiedlichsten Bemühungen um diesen Delinquenzbereich, aber es geht hier eben nicht um die Untersuchung der Frage, wie diese Anstrengungen bisher insgesamt ausgesehen haben und in Zukunft aussehen könnten oder sollten. Z.B. die Bemühungen des Alternativ-Entwurfs eines Gesetzes gegen Ladendiebstahl (AE-GLD)[12], dem Gesetzgeber ein rechtliches Lösungsmodell für diesen Delinquenzbereich anzubieten, sind in dieser Untersuchung nicht weiter zu behandeln gewesen. Der Gesetzgeber hat von diesem Vorschlag keinen Gebrauch gemacht, und auch die Genese der Fangprämie wurde durch diesen Lösungsversuch nicht unmittelbar beeinflußt. Wenn auch an dieser Stelle die Vermutung erlaubt sein muß, daß bei einer positiven Reaktion des Gesetzgebers auf den AE-GLD die vita der Fangprämie einen etwas anderen Verlauf genommen hätte; insbesondere steht zu vermuten, daß die oben bereits erwähnte Entscheidung des BGH in dieser Angelegenheit vielleicht anders oder überhaupt nicht ergangen wäre. Dies sind aber angesichts des tatsächlichen Verlaufs der Genese der Fangprämie eher Spekulationen, die im Rahmen der vorliegenden Untersuchung nicht weiter verfolgt werden sollen. Auch die z.B. umfangreichen Äußerungen von Naucke[13] und Deutsch[14] im Rahmen des 51. DJT betrafen die Fangprämie nicht nachhaltig, so daß auch auf die Darstellung dieses Diskurskomplexes verzichtet werden konnte und mußte, um nicht in die allgemeine Diskussion um die Behandlung des Ladendiebstahls "abzurutschen". Gegenstand

---

12 Arzt/Eser, Entwurf, Tübingen 1974.

13 Naucke, Teilgutachten, München 1976.

14 Deutsch, Teilgutachten, München 1976.

dieser Abhandlung ist eben nur die Fangprämie; auch wenn sie selbstverständlich nicht gänzlich von der Gesamtproblematik der Ladendiebstahlsdelinquenz losgelöst werden kann und der gänzliche Verzicht auf die Berücksichtigung dieser Zusammenhänge sogar unsachgemäß wäre. Auch insoweit folgt der Gang der Untersuchung "einem schmalen Grat"; die Schrittfolge dabei bleibt bestimmt durch das Erkenntnisinteresse: das gilt hier primär der Fangprämie und ihrer kriminalpolitischen Würdigung.

1.7 Der Aufbau der Untersuchung

Zunächst werden die Ursprünge der Fangprämie untersucht: in den Abschnitten zwei bis fünf werden die wirtschaftlichen und rechtlichen Faktoren und Entwicklungen beschrieben und analysiert, die maßgeblich an der Entstehung der Fangprämie beteiligt waren. Ferner wird dann die weitere rechtliche Genese der Fangprämie untersucht: In den Abschnitten sechs bis neun werden die Umstände der zivilrechtlichen Etablierung der Fangprämie beschrieben und analysiert. Ausgehend von den erlangten Befunden bilden dann die kurze Zusammenfassung der Forschungsergebnisse, die davon abgeleitete kriminalpolitische Diagnose und ein Ausblick auf das mögliche Schicksal der Fangprämie den Schluß der vorliegenden Untersuchung.

2 Die Selbstbedienung als Substrat

Die grundlegende Voraussetzung für die Entstehung der Fangprämie war das Aufkommen und die Entwicklung der Verkaufsform der Selbstbedienung im Einzelhandel. Die Selbstbedienung mit ihrer spezifischen Art der Warenpräsentation im unmittelbaren Kontakt zum Publikum hat erst die besonderen Sachverhaltsvoraussetzungen geschaffen, die das möglich werden ließen, was heute üblicherweise mit dem Terminus Ladendiebstahl assoziiert wird: die Mitnahme von ausgelegten Waren ohne Bezahlung im Einzelhandel mit der Verkaufsform der Selbstbedienung.[15] Wer denkt denn heute noch bei der Bezeichnung Ladendiebstahl an einen Sachverhalt, bei dem Waren in einem Ladengeschäft weggenommen werden, in dem über den Verkaufstresen veräußert wird? Diese auch als Tante-Emma-Läden verspotteten Warenverkaufsgeschäfte des Einzelhandels älterer Prägung werden heute, ganz in Korrelation zu ihrer tatsächlichen Verbreitung, überwiegend nicht mehr mit dem Szenario in Verbindung gebracht, welches man im Geiste vor Augen hat, wenn heute von Ladendiebstahl die Rede ist.

Das Phänomen des Ladendiebstahls ist insofern aktuell untrennbar verbunden mit der Verkaufsform der Selbstbedienung im Einzelhandel. Die Existenz der Selbstbedienung als heute im Einzelhandel überwiegend dominierende Verkaufsform bildet also die grundlegende Voraussetzung für die Entstehung und die Erscheinung der Ladendiebstahlskriminalität nach heutigem Verständnis. Nur die besonderen Gegebenheiten dieser speziellen Art der Präsentation des Warenangebotes im Einzelhandel ließen das Phänomen des Ladendiebstahls in seiner aktuellen Ausprägung möglich werden und sind insoweit auch mitursächlich für den Bedarf an Maßnahmen zur Bekämpfung desselben. Die Fangprämie mit dem Zweck der Bekämpfung des Ladendiebstahls muß insoweit im Zusammenhang mit dem Aufkommen und der Ausbreitung dieser speziellen Warenverkaufsform im Einzelhandel betrachtet werden. Das Aufkommen und die Verbreitung der Selbstbedienung im Einzelhandel war und ist das nicht wegzudenkende "Nährmedium", ohne das die Genese und Existenz der Fangprämie undenkbar wäre.

15 PKS 1997, S. 155.

2.1 Die Industrialisierung und das Aufkommen der Warenhäuser

Die Urformen der freien Selbstwahl resp. -bedienung als sukzessiv aufkommende Angebots- und Verkaufsstruktur im Einzelhandel fanden ihre ersten Kristallisationspunkte in den seinerzeit entstehenden Warenhäusern. Die Warenhäuser können insofern als Vorfahren aller großen Einzelhandelsladengeschäfte der Gegenwart gelten, da sie erstmals schon überwiegend oder sogar ausschließlich auf die Verkaufsform der Selbstbedienung ausgerichtet waren.

Diese auch als "Tempel des Konsums" bezeichneten Waren- und Kaufhäuser konnten sich in Europa zur Zeit der Industrialisierung zu Beginn des 19. Jahrhunderts schnell entwickeln und ausbreiten. Die Basis der heute noch bekannten Einzelhandelskonzerne bildeten die damals schon präsenten kleineren Ladengeschäfte, die überwiegend auf den Verkauf von Textilien ausgerichtet waren. Die berühmt gewordenen deutschen Warenhausgründer wie die Gebrüder Wertheim, Oskar und dessen Onkel Hermann Tietz (Hertie-Konzern), Leonhard Tietz (Kaufhof-Konzern) und Rudolf Karstadt zusammen mit Theodor Althoff (Karstadt-Konzern) starteten alle ihre spätere große unternehmerische Karriere zwischen 1839 und 1882 mit zuerst noch verhältnismäßig kleinen Textilgeschäften.[16]

Der große Aufschwung der Warenhäuser in Deutschland begann dann aber nachhaltig in der letzten Dekade des 19. Jahrhunderts bis zum 1. Weltkrieg, und zwar vor allem in Berlin. Gleichzeitig nahezu weltberühmt wurde das Konzept der Selbstbedienung durch die wohlklingenden Namen der Pariser Warenhäuser. So kamen Namen wie "La Ville de Paris", "La Belle Jardiniere", "Le Bon Marché", die ebenfalls etwa Mitte bis Ende des 19. Jahrhunderts eröffnet wurden, quasi über Nacht zu weitreichender Bekanntheit. Die größten Einzelhandelsgeschäfte des ausgehenden 19. Jahrhunderts ballten sich also von Beginn an vor allem in den Zentren der größeren Städte zusammen. Nur hier waren die potentiellen Kunden in großer Masse verfügbar, die, zumeist durch die voranschreitende Industrialisierung bedingt, in die entstehenden neuen Ballungszentren getrieben wurden.

Durch die Industrialisierung und ihre sozialen Auswirkungen hinsichtlich der Wohnstrukturen entstand dann immer ausgeprägter die punktuelle Konzentration an Nachfragepotential in den Großstädten, die das Betreiben von Warenhäusern mit der Verkaufsform der Selbstbedienung ökonomisch besonders interessant werden ließ. Die Existenz der Selbstbedienung ist insofern untrennbar mit dem Aufkommen der Warenhäuser verbunden und geht zurück auf die Auswirkungen

16 Berekoven, S. 30; Deutsch, Betriebsformen, S. 20.

der Industrialisierung, die diese neue Form der Warendistribution für den Einzelhandel ökonomisch besonders interessant werden ließ.

2.2 Kostenreduzierung und Profitsteigerung

Die Entstehung der Warenhäuser und damit der Verkaufsform der Selbstbedienung im Einzelhandel hatte ihre Ursachen aber nicht nur in der beginnenden Industrialisierung mit der Folge der Konzentration von Menschen und Material in der Nähe der Fabrikationsanlagen. Auch gerade betriebswirtschaftliche Ziele der Einzelhandelsunternehmen und voranschreitende Verbesserungen der Infrastrukturbedingungen führten zu der Ausbreitung der Warenhäuser und Selbstbedienungsgeschäfte.

Mit dem Aufkommen der öffentlichen Verkehrsmittel in den Zentren der Städte entwickelten sich die Hauptgeschäftsstraßen schon früh zum bevorzugten Standort der Warenhäuser. Sie eroberten in kurzer Zeit die zur Verfügung stehenden Ladenflächen unmittelbar an den Hauptverkehrsadern, die den ausreichenden Publikumszustrom erwarten ließen. Die Bodenflächen waren hier besonders gefragt und verursachten entsprechende Kosten für die sich dort etablierenden Einzelhandelsunternehmen. Die Nutzung mehrerer Stockwerke, zu der der knappe und teure Raum in der Innenstadt zwang, veranlaßte dann die Unternehmen, die Sortimente der Selbstbedienung, die ursprünglich nur einigen wenigen preiswerten Warengruppen vorbehalten waren, möglichst auf alle Konsumgüter auszuweiten, um die kostenintensiven Verkaufsflächen gewinnmaximierend zu nutzen.

Die Notwendigkeit der rationellen und personalreduzierten Betriebsführung war damit nicht zuletzt die Folge der Großbetriebsform. Die Kosten für Wareneinkauf und Miete der Geschäftsräume waren nicht zu reduzieren. Damit war also die regelmäßig parallel einhergehende Korrelation der Kostensteigerung zur angestrebten Umsatz- und Ertragserhöhung nicht zu durchbrechen. Die erwünschte Gewinnsteigerung der Einzelhandelsunternehmen war so vor allem durch die Reduzierung der Personalkosten zu erreichen. Die Verkaufsform der Selbstbedienung eröffnete diese rentable Veränderung für die Unternehmen: Steigerung der Verkaufsfläche und damit tendenzielle Ergebnisverbesserung ohne Personalkostensteigerung.

Die Arbeitsteilung und der Personalabbau, der mit der Verkaufsform Selbstbedienung einherging, steigerte die Effizienz der einzelnen Arbeitskraft. Mit der Erhöhung der Umschlagsgeschwindigkeit der Waren konnten die Kosten gesenkt werden. Im Ergebnis konnte der Ertrag der Unternehmen durch die Verkaufsform der Selbstbedienung tendenziell gesteigert werden. Die Gewinnsteigerung war so aber abhängig geworden vom massenhaften Kundenaufkommen in den Warenhäusern. Neben dem kostenreduzierenden Aspekt der Selbstbedienung kam noch ein weiterer hinzu, der dem Novum der Warendistribution im Einzelhandel seinen Siegeszug erleichterte. Jeder konnte sich frei in den Geschäftsräumen bewegen und wurde vom Bedienungspersonal nur auf Wunsch angesprochen. Die offene Warenpräsentation auf großen Verkaufstischen brachte Kunden und Ware in unmittelbaren Kontakt, was Impulse für die positive Umsatzentwicklung für den Einzelhandel mit sich brachte.[17]

Die Selbstbedienung war so unaufhaltsam im Vordringen und versprach durch die Reduzierung der Kosten und Steigerung der Umsätze eine verbesserte Gewinnsituation für die beteiligten Einzelhandelsunternehmen, zumindest solange die Probleme mit dem Publikum und der neuen Verkaufsform der Selbstbedienung für die beteiligten Einzelhandelsunternehmen in Grenzen gehalten werden konnten. In der frühen Phase des Aufkommens der Selbstbedienung in den Warenhäusern wird allerdings von nachhaltigen Störungen der profitablen und kostenminimierenden Verkaufsform durch zunehmende Ladendiebstähle noch nichts berichtet.

2.3 Konsum und Konzentration

Die Selbstbedienung als primäre Verkaufsform des Einzelhandels dehnte sich raumgreifend aber erst mit den Wirtschaftswunderjahren der Nachkriegszeit handelsstrukturverändernd und flächendeckend in der Bundesrepublik Deutschland aus. Die Bewährung der Selbstbedienung hatte sich neben der Entwicklung über die französischen Warenhäuser dann vor allem Anfang des 20. Jahrhunderts in den USA vollzogen.[18] Die Selbstbedienung war nach dem Zweiten Weltkrieg in den USA bereits weit verbreitet, deshalb flogen deutsche Handelsmanager zuhauf hinüber, um sich das anzuschauen. Der damals wohl bekannteste Schrittmacher in der Bundesrepublik war Herbert Ecklöh, der, nach ersten Versuchen bereits in den dreißiger Jahren, im Jahre 1957 in Köln einen seiner ersten Supermärkte eröffnete. Auf 2.000 qm konnten das staunende Publikum und die Fachwelt den neuen Betriebstyp bewundern, der sich durch wenig Personal und viel Verkaufsfläche auszeichnete.[19]

In den sechziger Jahren wuchsen die Einzelhandelsumsätze insgesamt, nicht zuletzt allerdings auch aufgrund erheblicher Preissteigerungen, um über das

---

17 Berekoven, S. 31.
18 Deutsch, Betriebsformen, S. 117.
19 Berekoven, S. 92.

Doppelte; zweistelliger Zuwachs war keine Seltenheit.[20] Bemerkenswert war auf der anderen Seite, daß die Zahl der Unternehmen in dem Dezennium stark gesunken war. Der Konzentrationsprozeß auf Unternehmensebene hatte begonnen, und die damit einhergehende Kapitalkonzentration führte schnell dazu, daß die Einzelhandelsflächen insgesamt beträchtlich zunahmen.[21]

- In Westeuropa hatte sich die Zahl der Selbstbedienungsläden im Zeitraum 1957 bis 1967 von 10.994 auf 142.939 erhöht.[22]
- Allein in den Jahren von 1955 bis 1968 war die Zahl der Selbstbedienungsläden des Lebensmitteleinzelhandels in der Bundesrepublik von 326 auf 79.936 angestiegen.[23]
- Die Kaufhof AG und die Karstadt AG konnten ihre Umsätze von 1954 bis 1966 von ursprünglich 560 und 663 Millionen DM auf 2.014 und 2.711 Millionen DM etwa vervierfachen.[24]
- Bis zum Jahr 1970 waren dann schon etwa 500 Verbrauchermärkte und Selbstbedienungswarenhäuser mit der Gesamtverkaufsfläche von rund zwei Millionen qm Gesamtverkaufsfläche entstanden.[25]

Die weitere Verbreitung der Selbstbedienung gerade in dieser Zeitphase war so im Ergebnis zurückzuführen auf das enorme kriegsbedingte Nachholkonsumbedürfnis der Kunden in der Bundesrepublik, das die Einzelhandelsunternehmen, in Anlehnung an die US-amerikanischen Vorbilder, nur allzu gerne zu befriedigen bereit waren. Die Ausbreitung wurde ferner gefördert durch die sich aus der Unternehmenskonzentration ergebenden Möglichkeiten und Interessen der neu entstandenen, marktbeherrschenden großen Einzelhandelskonzerne, die jetzt ihre erweiteren Möglichkeiten nutzten, um von der lukrativen Verkaufsform der Selbstbedienung zu profitieren. Durch die marktbeherrschende Stellung der großen Einzelhandelskonzerne und die Konsumeuphorie des Publikums konnte die Selbstbedienung ihren Siegeszug fortsetzen und so das Gesicht des Einzelhandels bis heute nachhaltig prägen.

---

20 Berekoven, S. 113.

21 Berekoven, S. 114.

22 Selbstbedienung,1967, S. 18 ff.; Selbstbedienung und Supermarkt, 1968, Heft 3, S. 26.

23 Deutsch, Betriebsformen, S. 119.

24 Scheibe-Lange, S. 8.

25 Berekoven, S. 136.

2.4 Zwischenergebnis

Die Selbstbedienung fand ihre erstmalige konzeptionell dominierende Verbreitung in den Warenhäusern des 19. Jahrhunderts. Neben den gesellschaftlichen Konzentrationsprozessen, die mit der voranschreitenden Industrialisierung einhergingen, war die Hauptursache für die Entstehung der Selbstbedienung die betriebswirtschaftliche Profitorientierung der Einzelhandelsunternehmen, die mit der Verkaufsform der Selbstbedienung erhebliche Personalkosten einsparen und so ihre Ertragslage deutlich verbessern konnten. Flächendeckend und explosionsartig wurde die Selbstbedienung in der Bundesrepublik Deutschland in den 50er und 60er Jahren zum vorherrschenden Verkaufsprinzip der Einzelhandelsunternehmen. Die nutzten so ihre Chance, die gewinnversprechende Verkaufsform der Selbstbedienung weiter zu etablieren. Die Entstehung und Ausbreitung der Selbstbedienung ist insoweit primär zurückzuführen auf betriebswirtschaftliche Aspekte in der Strategie der Einzelhandelsunternehmen, die durch die neue Form der Warenveräußerung ihren Profit zu steigern versuchten.

Der Ladendiebstahl in seiner aktuellen Ausprägung, als Diebstahl in der Warenverkaufsform der Selbstbedienung im Einzelhandel, ist nur möglich geworden durch diese spezielle Warenangebotsvariante der Einzelhandelsunternehmen: gäbe es die Selbstbedienung nicht, dann würde auch der Ladendiebstahl in dieser Form nicht existieren. Die Genese der Selbstbedienung im Einzelhandel war insofern Voraussetzung für das Entstehen und die Verbreitung des Ladendiebstahls.

Die Fangprämie, als negative Sanktion zur Bekämpfung des Ladendiebstahls, ist insoweit mittelbar ein Produkt dieser Verkaufsform im Einzelhandel. Ohne den Ladendiebstahl als Folgeerscheinung der Selbstbedienung wäre kein Bekämpfungsinstrument wie die Fangprämie entstanden. Die Fangprämie resultiert insoweit letztendlich ebenfalls aus den kommerziellen Interessen der Einzelhandelsunternehmen, die zur Verbreitung der Selbstbedienung führten. Es kann also festgehalten werden, daß die Verkaufsform der Selbstbedienung im Einzelhandel den nötige Nährboden stellte, ohne den sich die Fangprämie der Einzelhandelsunternehmen nicht hätte entwickeln können.

3 Ein Instrument der Warenhausjustiz

Die Entstehung der Fangprämie muß aber auch gesehen werden im Zusammenhang mit der schon seit geraumer Zeit im Einzelhandel existierenden sog. Warenhausjustiz. Die Entstehung der Fangprämie beim Ladendiebstahl steht nämlich auch im Kontext mit der voranschreitenden Kultivierung der Bekämpfung des Ladendiebstahls durch die Einzelhandelsunternehmen. Wie einleitend bereits angedeutet, nehmen die Einzelhandelsunternehmen die Bekämpfung des Ladendiebstahls bis heute in weitem Umfang selbst in die Hand, d.h. es wird von seiten des Einzelhandels versucht, die Prävention und Repression im Zusammenhang mit dem Ladendiebstahl selbst zu betreiben. Das Phänomen der selbstorganisierten Bekämpfung der Ladendiebstahlsdelinquenz wird als Warenhausjustiz bezeichnet. Warenhausjustiz steht dabei als Sammelbegriff für alle selbständigen Verfolgungsmaßnahmen der Einzelhandelsunternehmen gegen mutmaßliche und tatsächliche Ladendiebe.[26]

Ohne das Vorgehen des Einzelhandels pauschal bewerten zu wollen, bleibt hier aber bereits festzuhalten, daß das Verhalten der Unternehmen privates Handeln ist und insoweit ein aliud zum formellen Begriff der Justiz darstellt, der üblicherweise die ausschließlich staatliche Rechtspflege bezeichnet. Die Warenhausjustiz ist aber gerade auf Vermeidung oder zumindest auf die berührungslose Parallelität zu der staatlichen Justiztätigkeit angelegt. Diese Begriffsbildung mit Rückgriff auf die staatliche Justiz ist aber auch in anderen Lebensbereichen geläufig.

Man spricht dort von Betriebsjustiz, Vereinsjustiz oder allgemein von Privat - oder Selbstjustiz, und jeder weiß, was damit gemeint sein dürfte: die Anmaßung der Ausführung von Handlungen durch Privatpersonen, die im Rechtsstaat nach dessen konstitutivem Wesen eigentlich diesem selbst zugewiesen sind. Die Fangprämie ist insofern nach ihrer Zwecksetzung als Instrument der privaten Verhinderungs-, Ermittlungs- und Verfolgungspolitik der Einzelhandelsunternehmen gegen den Ladendiebstahl ein Teil der Justiz der Warenhäuser.

26 Droste, S. 6; Rust, S. 7.

3.1 Die Tradition der Geldforderung vom Ladendieb

Das Phänomen der privaten Bekämpfung des Ladendiebstahls durch die Einzelhandelsunternehmen ist aber nicht, wie man vermuten könnte, erst mit der beschriebenen Verbreitung der Selbstbedienung entstanden, sondern schon geraume Zeit vorher. Wann aber das private Vorgehen der Einzelhandelsunternehmen gegen die Ladendiebe in Kauf- bzw. Warenhäusern seinen Ursprung hatte, ist heute nicht mehr präzise zu bestimmen.

Die ältesten Berichte über Ladendiebstahl und die Verfolgung von Ladendieben stammen aus England. Im Jahre 1637 sollen dort Ladendiebe bandenweise in Erscheinung getreten sein, mit Vorliebe in Textil- und Schmuckgeschäften.[27] In den Jahren 1691, 1705 und 1726 sollen drei Ladendiebinnen sogar hingerichtet worden sein, die letzte wegen Diebstahls von 140 Yard Seide und eines Silberbechers.[28] Diese Nachweise der Ladendiebstahlskriminalität und ihrer Sanktionierung betreffen aber Sachverhalte, in denen von der privaten Verfolgung der Delinquenten noch nicht die Rede ist.

Das eigenständige private Vorgehen der Kaufleute gegen Ladendiebe ist erstmals in der Romanliteratur Ende des 19. Jahrhunderts dokumentiert. Bezeichnenderweise aus der Anfangsphase des damals gerade erst entstehenden Selbstbedienungswarenverkaufs datiert die erste Schilderung, die von der Überführung einer Ladendiebin aus der "besseren Gesellschaft" durch den Geschäftsführer eines Warenhauses berichtet und dem Leser hier nicht vorenthalten werden soll. Es handelt sich um eine Beschreibung, die das private Um- bzw. Vorgehen des Einzelhandels in dem einschlägigen Kontext illustriert und verdeutlicht, daß das private Vorgehen des Einzelhandels gegen die Ladendiebstahlsdelinquenz bereits vor hundert Jahren dem heutigen Verhalten der Einzelhandelsunternehmen sehr ähnlich war.

Die Schilderung ist dem im Jahre 1883 erstmals veröffentlichten Roman von Emile Zola: "Paradies der Damen" (Au Bonheur Des Dames) entnommen, bei dem das Pariser Warenhaus "Le Bon Marché" als Vorlage diente. Zola hat präzise die Warenhausvorgänge beschrieben, und fast jede Szene soll tatsächlichen Gegebenheiten entsprochen haben. In dem Roman wird dann auch die Situation beschrieben, in der die von einem "Aufseher" bei der Wegnahme teurer "Spitzen" auf frischer Tat gestellte Diebin in das Arbeitszimmer des Geschäftsführers geführt wurde. Nachdem die mutmaßliche Diebin durchsucht worden war und man bei ihr Spitzen im Wert von zusammen ungefähr vierzigtausend Francs sichergestellt hatte, forderte der Geschäftsführer die vornehme Diebin nun auf:

---

27 Gallus, S. 108.
28 Tegel, S. 124.

"Wir werden diesen unerquicklichen Vorgang aus Rücksicht auf Ihre Angehörigen gern unterdrücken. Aber vorher werden Sie ein Schriftstück unterzeichen, das so lautet: Ich habe im - Paradies der Damen - Spitzen gestohlen, und die genaue Angabe der Spitzen enthält, sowie Angabe des Tages ... Übrigens gebe ich Ihnen dies Papier sofort wieder, sobald Sie mir zweitausend Francs für die Armen überbringen." [29]

Die Schilderung belegt eindeutig, daß die Warenhausjustiz, also das private Vorgehen der Einzelhandelsunternehmen gegen Ladendiebe, bereits Ende des 19. Jahrhunderts beschrieben und wohl auch praktiziert wurde; daß auch die Forderung von Geldbeträgen schon früh zum gängigen Repertoire der Warenhausjustiz gehörte, ist durch Zola insoweit ebenfalls dokumentiert.

3.2 Eine alte Sanktionspraxis des Einzelhandels

In welchem Umfang und in welcher konkreten Qualität die Geldforderungen der Einzelhandelsunternehmen als negative Sanktionen für Ladendiebe in jüngerer Vergangenheit in der Praxis des Selbstbedienungseinzelhandels Anwendung gefunden haben, ist heute nicht mehr sicher nachweisbar.

Nach einer vorliegenden Untersuchung von Berckhauer soll die Variationsbreite der Vorgehensweise der Einzelhandelsunternehmen in der Warenhausjustiz von Land zu Land, von Unternehmen zu Unternehmen und sogar von Filiale zu Filiale ein und desselben Unternehmens recht verschieden gewesen sein. Die Verschiedenartigkeit des privaten Vorgehens gegen Ladendiebe und das Fehlen entsprechender Untersuchungen läßt die exakt beschriebene vita der Geldforderungen der Einzelhandelsunternehmen leider nicht zu.

Es sind aber einige Aspekte der Warenhausjustiz untersucht worden, die einen gewissen Einblick in ihre Verbreitung zulassen. So gaben besonders die Inhaber kleinerer Geschäfte der eigenen Erledigung mit den Mitteln der Warenhausjustiz den Vorzug, da sie vermuteten, die Nachteile aus der polizeilichen Anzeige könnten größer ausfallen als die Vorteile derselben. Das galt auch im Hinblick auf die Stammkundschaft, denn das Interesse, die Kunden nicht zu vergrämen, verlangte regelmäßig die möglichst schonende Behandlung von Tatverdächtigen. Ein weiterer wichtiger Aspekt waren die Empfehlungen der Interessenverbände des Handels, die unter anderem z.B. vorgedruckte Anzeige- und Geständnisformulare zur Verfügung stellten und so die möglichst homogene Vorgehensweise ihrer Mitgliedsbetriebe erreichen wollten.[30]

---

29 Zola, S. 590.
30 Berkhauer, S. 232.

Festgestellt wurde weiter, daß die Warenhausjustiz im allgemeinen bei den kleineren und Einzelfirmen am vielfältigsten blühte und daß vor allem die Vergeltungsmaßnahmen um so bedenklicher wurden, je weniger Ärger die meisten kleineren Firmen mit ihrem Vorgehen gegen den Ladendiebstahl hatten. Größere Firmen hatten sich vielfach schon juristisch beraten lassen. Ermittelt wurde auch, daß regelmäßig größere Unternehmen ihre Filialen anwiesen, gegen Ladendiebe möglichst gleichförmig vorzugehen.[31]

Diese Untersuchungsergebnisse zur Warenhausjustiz lassen es nicht zu, heute retrospektiv exakt zu bestimmen, wann und wo in der polymorphen Warenhausjustiz der Einzelhandelsunternehmen im Kampf gegen den Ladendiebstahl die Fangprämie erstmals in der eingangs beschriebenen Form der Anwendung eingesetzt wurde. Fest steht allerdings: die Kontroverse um die Fangprämienforderung wurde Anfang der 70er Jahre Gegenstand in Schrifttum und Rechtsprechung.[32] Die Fangprämienpraxis der ausgehenden 60er und der beginnenden 70er Jahre dürfte demnach zu einer Zeit entstanden sein, da die private Verfolgung der Ladendiebe im Einzelhandel bereits eine beachtliche Tradition vorzuweisen hatte.

3.3 Zwischenergebnis

Die Geldforderung vom ertappten Ladendieb als die hausinterne negative Sanktion der Einzelhändler entwickelte sich schon früh parallel zur Ausbreitung der Verkaufsform der Selbstbedienung im Einzelhandel. Diese Form der Sanktionierung des Ladendiebes durch eine Geldforderung war insofern schon lange fester Bestandteil der facetten- und traditionsreichen Privatjustiz der Kaufleute. Die Geldforderung vom Ladendieb hatte also schon lange vor dem nachgewiesenen ersten Aufkommen der Fangprämie eine gewisse Tradition in der Warenhausjustiz.

Die Geldforderung vom Ladendieb sollte dabei nie dem Ausgleich von Schäden dienen, sondern war stets als Mittel der allgemeinen Drohung und individuellen Disziplinierung gedacht, eben als negative Sanktion mit dem Ziel des präventiven und repressiven Vorgehens gegen Ladendiebe zur Sicherung der lukrativen, aber anfälligen Verkaufsform der Selbstbedienung. Das Vorgehen des Einzelhandels gegen Ladendiebe durch die Forderung von Geldbeträgen war also im Zeitpunkt der Entstehung der Fangprämie prinzipiell nichts neues. Im Ge-

31 Droste, S. 9.

32 Creutzig, Rechtsfragen, S. 1307;
AG München, Urt. v. 14.6.1972 - 1C868/72, NJW 1972, S. 2038.

genteil: es handelte sich insoweit um eine alte Sanktionspraxis der Einzelhandelsunternehmen.

Ausgehend von diesem Befund stellt sich nun aber die Frage, warum sich die Fangprämie als eine ganz spezielle Variante dieser traditionsreichen Sanktionspraxis des Einzelhandels gerade zu dem in Rede stehenden Zeitpunkt und gerade in dieser Art und Weise ausdifferenzierte. Hier müssen bestimmte Rahmenbedingungen vorhanden gewesen und es muß eine besondere Motivation bei den Einzelhandelsunternehmen hinzugekommen sein, die es nötig werden ließ, die lange versteckte interne Sanktionspraxis öffentlich in Form der Fangprämie zu etablieren.

4 Der Mythos Ladendiebstahl als Vehikel

Insoweit ist zunächst festzustellen, daß das Aufkommen der plakativen Fangprämiendrohung im Einzelhandel zusammenfiel mit der Zeitphase, in der die Ladendiebstahlskriminalität eine besonders intensive Wahrnehmung in der Gesellschaft erfuhr. Der Ladendiebstahl hat nämlich zu dieser Zeit parallel zur Verbreitung der Verkaufsform der Selbstbedienung im Einzelhandel gesteigerte Beachtung erfahren. Besonders während der Zeitphase, in der die Selbstbedienung im Einzelhandel in der BRD ihre fast exponentielle Ausbreitung erfuhr, also während der ausgehenden 60er und beginnenden 70er Jahre, kam es durch Berichte in den Medien zu einer geradezu hysterischen Perzeption des Verhaltens.

Diese übersteigerte Wahrnehmung erscheint als Mythologisierung des tatsächlich zugrunde liegenden Phänomens. So wurde der Ladendiebstahl in der Entstehungsphase der Fangprämie bezeichnet als ein Delikt, das wohl in der ganzen westlichen Welt mit steigender Sorge beobachtet werde.[33] Der Ladendiebstahl habe ein Ausmaß erreicht, das ihn über das Eigentumsvergehen hinaus zu einem Wirtschaftsdelikt mache. Der jährliche Schaden, der Milliardenhöhe erreiche, wirke sich volkswirtschaftlich aus, gleichviel ob und wieweit er auf die redlichen Kunden abgewälzt würde oder sich anders in den Dispositionen der für die breiten Schichten des Volkes so wichtigen Form des Einzelhandels niederschlage. Die Deutschen seien auf dem besten Weg, ein Volk von Dieben zu werden.[34]

Vollends alarmierend sei die Erkenntnis, daß im besonderen Minderjährige als Ladendiebe aufträten. Schule und Elternhaus müßten daher genauso in die Bekämpfung des "wie eine Seuche" um sich greifenden Deliktes eingeschaltet werden wie die Justiz, die betroffenen Einzelhändler und nicht zuletzt auch die interessierte Öffentlichkeit. Dabei sollten Aufklärung und Abschreckung im Vordergrund stehen; keinesfalls solle "direkt oder indirekt zur Nachahmung" aufgerufen werden. Schon gar nicht solle man Ladendiebe als psychisch Kranke hinzustellen versuchen; der Einzelhandel sei kein "Psychiater-Ersatz!"[35]

Hier fühlt man sich erinnert an einen Appell zur Erhaltung der Volksgesundheit und Bekämpfung einer gefährlichen Krankheit oder Droge. Insoweit muß

---

33 Creutzig, Rechtsfragen, S.1307.
34 Lange, S. 177.
35 Creutzig, a.a.O.

festgestellt werden, daß in der Argumentation, wie in derlei dramatischen Inszenierungen leider üblich, die Symptome übersteigert und die Ursachen weitgehend unterbelichtet dargestellt werden. Der Ladendiebstahl wurde so in der Öffentlichkeit zu einem Massenphänomen hochstilisiert und hat dadurch die veränderte, ja fast mystische Wahrnehmung erfahren, die geeignet erscheint, die Intensivierung der Bekämpfung zu rechtfertigen.

4.1 Die Häufigkeitszahlen der Polizeilichen Kriminalstatistik

Daß die Wahrnehmung zumindest für die Praxis der Strafverfolgung nicht ohne jeden faktischen Hintergrund stattgefunden hat, belegen eindrucksvoll die vorhandenen Zahlen der Polizeilichen Kriminalstatistik (PKS), soweit sie für den Zeitraum zur Verfügung stehen. Der Ladendiebstahl wurde hier erst ab 1963 gesondert ausgewiesen. Hier noch unter der Bezeichnung "Diebstahl aus Kaufhäusern u. Selbstbedienungsläden". Die Steigerung der Zahlen der registrierten Fälle von "Diebstahl aus Warenhäusern, Verkaufsräumen und Selbstbedienungsläden", so wurde die Kategorie ab 1971 benannt, erscheint eindrucksvoll:

1963 = 43.325
1964 = 51.988
1965 = 69.706
1966 = 69.706
1967 = 81.494
1968 = 99.774
1969 = 116.261
1970 = 147.315
1971 = 174.583
1972 = 185.954[36]

Die gemeldeten und in der PKS registrierten Ladendiebstähle haben sich nach der Statistik in neun Jahren um etwa 400% gesteigert. Die Zahlen wurden natürlich von der interessierten Öffentlichkeit registriert und dienten im wissenschaftlichen Schrifttum häufig als Beleg für die herausragende kriminal- und wirtschaftspolitische Bedeutung der Ladendiebstahlskriminalität.

Bei den durch die PKS insoweit ausgewiesenen Zahlen ist aber zu berücksichtigen, daß die Kontrolle und Selektion durch die Einzelhandelsunternehmen wichtige Variable beim Zustandekommen der PKS über Ladendiebstähle sind

36 PKS im angegebenen Berichtsjahr.

und waren. Zunahmen in der PKS bedeuten demzufolge auch aus dem Grunde nicht ohne weiteres auch die tatsächliche Zunahme der Ladendiebstähle selbst.[37]

Festhalten läßt sich hier also bezüglich der PKS, daß sie ein Bild von der Ladendiebstahlskriminalität projiziert, welches mit der tatsächlichen Dynamik der Entwicklung des Deliktsbereiches nicht eben viel gemein haben muß. Die einbezogenen Variablen und die Form der Darstellung lassen bestenfalls den Blick auf die Tätigkeit der vorgeschalteten Institutionen zu und verschaffen so einen nur recht vagen Eindruck von der Bedeutung und den Ausmaßen, die der Form des abweichenden Verhaltens tatsächlich beigemessen werden sollte. Insofern ist die PKS in erster Linie die Dokumentation polizeilicher Tätigkeit, und die hat bekanntermaßen nicht immer den unmittelbaren Bezug zur faktischen Entwicklung von abweichendem Verhalten in der Realität der Gesellschaft.

4.2 Die Polizeiliche Kriminalstatistik und die Schadenshöhe

Ein weiterer Aspekt, der die veränderte und übersteigerte Wahrnehmung der Ladendiebstahlskriminalität gefördert hat, war immer auch die Schadenshöhe, also der angebliche Wert der betroffenen Waren. Auch hier war die Argumentation von Anfang an geeignet, das Phänomen des Ladendiebstahls in der öffentlichen Meinung zu dramatisieren. Tatsächlich aber ist die hier in Rede stehende Form der Warenveräußerung üblicherweise durch Ladendiebstähle mit einem charakteristisch niedrigen Schadensprofil betroffen resp. ruft sie hervor: Der Wert der mitgenommenen Gegenstände ist zumeist eher gering, so daß die Höhe der Fangprämie i.d.R. den Wert der betroffenen Waren deutlich übersteigt. Die erste konkrete Orientierung, wie die Werthöhe beim einzelnen Ladendiebstahl zu beziffern ist, ergibt die Auswertung der Polizeilichen Kriminalstatistik. Hier wird die Verteilung nach sogenannten Schadensgruppen ausgewiesen. So handelte es sich bei einfachem Ladendiebstahl in über der Hälfte der Fälle (50,8%) schadensmäßig um Bagatelldelikte, bei denen die entwendeten Gegenstände weniger als 25,- DM wert waren. Bei weiteren 29,4% der Taten lag der Schaden noch zwischen 25,- und 100,- DM. Lediglich 19,8% der einfachen Ladendiebstähle wurden so in einer Schadensgruppe der PKS geführt, die den Wert von 100,- DM überstiegen.[38]

Diesen spezifischen Umfang des Schadens durch den Ladendiebstahl haben die meisten bekanntgewordenen Fälle gemeinsam. Die Typizität der Ladendiebstahlskriminalität ist also nicht zuletzt besonders durch den schadensmäßigen

---

37 Berckhauer, S. 232.
38 PKS 1997, S. 157.

Bagatellcharakter der einzelnen Tat geprägt.[39] Es handelt sich also nach der Erhebung zumeist um wert- bzw. schadensmäßige Bagatelldelikte.[40] Das war bereits zur Zeit der Entstehung der Fangprämie so, und daran hat sich bis heute nichts geändert.

Darüber hinaus wird selbst in der PKS noch angemerkt, daß es sich bei den Beträgen nicht um den tatsächlich entstehenden "eigentlichen Schaden" der Einzeltat handelt, sondern daß in der Regel der Eigentümer die gestohlenen Gegenstände wieder zurückbekommt. Der Einschränkung liegt wohl auch die Erkenntnis zugrunde, daß dem entdeckten Ladendiebstahl - zumindest rein äußerlich - eher die Erscheinung der versuchten Tat zuzuschreiben ist.[41] Denn dem ertappten Ladendieb wird regelmäßig sofort die von ihm weggenommene Ware wieder abgenommen. Die sofortige Herausgabe der betroffenen Waren ist zwar für die strafrechtliche Bewertung weitgehend unwesentlich, müßte aber schadensrechtlich besondere Berücksichtigung erfahren. Insofern ist die in der PKS gewählte Bezeichnung "Schadensgruppen" nicht glücklich gewählt; präziser wäre die Bezeichnung: "Wertgruppen der vom Ladendiebstahl betroffenen Waren", kurz also Wertgruppen, um deutlich zu machen, daß der tatsächlich entstehende Schaden durch den Verlust der vom Ladendiebstahl betroffenen Waren weitaus geringer ist, als man nach den Angaben in der PKS auf den ersten Blick meinen könnte.

Um kurz bei den Ergebnissen der PKS zu bleiben: die dort dann noch ausgewiesene Schadenssumme in Millionen DM, 1997 beziffert auf 72,6 Millionen DM - gemeint ist hier wohl die Gesamtschadenssumme für die vollendeten Fälle des Ladendiebstahls - erscheint in einem deutlich weniger dramatischen Licht, wenn man sich klar macht, daß hier nicht der tatsächlich durch den Ladendiebstahl entstande Schaden beziffert, sondern lediglich der Wert der Waren ermittelt und ausgewiesen wurde, die vom Ladendiebstahl betroffen waren; eine Zahlenangabe nach dem Motto: Was wäre wenn?!

Tatsächlich könnte man hier aber bestenfalls von der konkreten Gefährdung der Waren sprechen. Wie dann aber der die dazugehörige Erläuterung abschließende Satz zu werten ist, bleibt ebenso zweifelhaft. Hier heißt es: "Der echte Schaden bei nicht entdeckten Taten (Dunkelfeld) beträgt ein Vielfaches der in der PKS ausgewiesenen Summe."[42] Wenn, wie vorher festgestellt, die in der PKS ausgewiesene (Gesamtschadens-) Summe schon nicht dem tatsächlichen Schaden entspricht, wie sachgerecht mag dann die hier weiter vertretene Auffas-

---

39 Berckhauer, S. 235.
40 Wagner, S. 55ff.; Bergfelder, S. 19ff.
41 Deutsch, Teilgutachten , E 13.
42 PKS 1997, S. 157.

sung sein, daß "der echte Schaden bei nicht entdeckten Taten" um ein Vielfaches höher sei?!

Wie problematisch eine Folgerung oder Ableitung ist, die auf einer unsachgemäßen Grundvoraussetzung beruht oder sie auch nur mit einbezieht, soll hier nicht weiter vertieft werden. Die Ansätze der Kritik sollen hier nicht weiter untersucht werden, festzuhalten bleibt aber, daß derartige Positionen in der PKS lediglich geeignet erscheinen, den Mythos um das Phänomen Ladendiebstahl zu fördern, in einer sachgemäßen Statistik aber wenig verloren haben.

Kurz angedeutet werden soll aber noch eine weitere Überlegung hinsichtlich der Schadenshöhe des Ladendiebstahls: Ist der Verkaufspreis der Waren der entscheidene Maßstab? Oder soll man sich an den Kosten orientieren, die für die Wiederbeschaffung fällig geworden wären? Falls die Waren denn tatsächlich hätten wiederbeschafft werden müssen. Wäre es insoweit nicht sachgerechter, vom Einkaufspreis der Waren auf den tatsächlichen Schaden durch den Ladendiebstahl zu schließen? Diesen eher betriebswirtschaftlich anmutenden Fragen des Schadens soll hier ebenfalls nicht weiter nachgegangen werden, die Folgerung für die PKS steht unabhängig davon fest: die Verfasser der PKS sollten in Zukunft an der Stelle zumindest bemüht sein, ihre Ausführungen sachgerechter zu gestalten und mit Schadensfragen beim Ladendiebstahl kritischer umzugehen. Für die sachgerechte rechtliche Bewertung des Phänomens Ladendiebstahl erscheint der Einstieg in die dargestellte Argumentation, rekurrierend auf die mutmaßliche Gesamtschadenshöhe und die damit einhergehende beschworene gesellschaftliche Bedrohung, eher ungeeignet. Es handelt sich sicher um ein überaus bemerkenswertes, weil massenhaft auftretendes Phänomen, das aber hinsichtlich seiner konkreten Folgen, besonders hinsichtlich des tatsächlich verursachten Schadens, für die Einzelhandelsunternehmen im Ergebnis nicht überbewertet werden sollte.

4.3 Die öffentliche Inszenierung durch die Einzelhandelsunternehmen

Vor dem die Dramatik des Phänomens Ladendiebstahl eher relativierenden Hintergrund, muß sachgerechterweise auch die tatsächliche Position der betroffenen Einzelhandelsunternehmen gesehen werden. Obwohl die Einzelhandelsunternehmen mit dem Problem der Ladendiebstahlskriminalität tatsächlich in gesteigertem Umfang konfrontiert wurden, muß den Einzelhandelsunternehmen aber auch bewußt gewesen sein, daß das Problem, das durch die Zunahme der in der PKS registrierten Fälle des Ladendiebstahls so eindrucksvoll dokumentiert wurde, einherging mit der Zunahme der Verkaufsform der Selbstbedienung und insoweit selbst mitverursacht war.

So wurde dann auch im Jahre 1973 im Fachorgan des Einzelhandelsverbandes für den Selbstbedienungswarenverkauf festgestellt, daß der starke Anstieg der Diebstähle in den Zeitraum fiel, in dem die neue Betriebsform der SB-Warenhäuser und SB-Center expandierte.[43] Trotz der Erkenntnis wurde mit Hinweis auf den durch die Ladendiebstähle insgesamt verursachten hohen betriebs- und volkswirtschaftlichen Schaden, der in die Milliarden gehe, jegliche Entkriminalisierung oder Bagatellisierung des Phänomens Ladendiebstahl abgelehnt.[44]

Die Behandlung der Ladendiebstahlskriminalität, die die Umwandlung von geringfügigen Eigentumsdelikten in Ordnungswidrigkeiten vorsah, stieß ebenso auf Ablehnung seitens der Einzelhandelsunternehmen. Es könne keinem Zweifel unterliegen, daß die Interessen des Verbrauchers und des Einzelhandels übereinstimmten, wenn es um die Abwehr weiterer Preissteigerungen gehe. Ein wesentlicher Kostenfaktor im Einzelhandel sei der Ladendiebstahl. Der sei so gravierend, daß sich der Einzelhandel gezwungen sehe, den dadurch nicht nur ihm, sondern auch der Allgemeinheit entstehenden Schaden endlich von demjenigen ersetzt zu verlangen, der ihn verursacht habe, und das sei allein der Ladendieb.[45]

Das massenhafte Auftreten des Phänomens der Diebstähle in der Verkaufsform Selbstbedienung wurde dann auch im Fokus des rechtswissenschaftlichen Schrifttums der damaligen Zeitgenossen zunehmend virulent, und das, wie oben bereits angedeutet, vor allem durch die Zahlen der PKS und die damit einhergehende Stimulierung der öffentlichen Diskussion durch die Pressearbeit der Einzelhandelsunternehmen und deren Standesvertretungen. An dieser Perspektive hat sich im Laufe der Zeit wenig geändert, die praktische Bedeutung der Thematik definiert sich bis heute über Kategorien wie die der "Gesamtzahl der ermittelten Fälle und der geschätzten Dunkelziffer", die "in den einzelnen Jahren jeweils eine Millionensumme ergibt".[46]

Ein insofern zu kritisierender Aspekt der Inszenierung ist weiter auch das Abstellen auf den Bilanzverlust der Einzelhandelsunternehmen, die den Fehlbetrag regelmäßig allein dem Ladendieb zurechnen wollen. Tatsächlich allerdings werden die Inventurdifferenzen durch verschiedenste Faktoren mitverursacht: Lieferanten- und Personalunterschlagungen sowie verdorbene Waren dürften einen nicht unwesentlichen Beitrag zu den auftretenden Mankos liefern; auch insoweit erscheint das Hervorheben der Schadenshöhe hinsichtlich der Bedeutung des Ladendiebstahls unangebracht.

43 Selbstbedienung, Dynamik im Handel, 5/1973, S. 8.
44 Selbstbedienung, Dynamik im Handel, 9/1971, S. 15.
45 Presseinformation der BAG, v. 21.6.1974.
46 Staudinger-Schäfer, § 823 Rn. 546.

Die Vermutung, daß die Einzelhandelsunternehmen die - wie auch immer zustandegekommenen - Inventurmankos und die daraus abgeleiteten Schäden ohnehin bereits vorher kalkulatorisch bei der Festlegung der Verkaufspreise berücksichtigt haben, ist ein Aspekt, der die Zweifel an der Vertretbarkeit der dramatisch anmutenden Aussage verstärkt, die Ladendiebstahlsdelinquenz verursache immense Schäden für die Einzelhandelsunternehmen.[47] Tatsächlich scheint der durch den Ladendiebstahl verursachte Schaden aus betriebs- und volkswirtschaftlicher Perspektive im Einzelfall und insgesamt betrachtet eher relativ gering auszufallen.

4.4 Zwischenergebnis

Das Phänomen des Ladendiebstahls nach dem aktuellen Verständnis und in seiner heutigen massenhaften Verbreitung konnte nur entstehen durch die Ausbreitung der Selbstbedienung im Einzelhandel. Der Ladendiebstahl hat dann parallel zur Entwicklung der Selbstbedienung und der damit einhergehenden gesteigerten Wahrnehmung durch die Zahlen der PKS und der erfolgenden Stellungnahmen der Einzelhandelsunternehmen eine stark erhöhte Beachtung erfahren.

Bei sachgerechter Würdigung der Entstehungshintergründe, der Daten der PKS und der angeführten Auswahl der Diskursfragmente erschließt sich aber die eher als ernüchternd zu bezeichnende tatsächliche wirtschafts- und kriminalpolitische Bedeutung des Phänomens. Trotzdem scheint die mythische Wahrnehmung der Ladendiebstahlsdelinquenz den Weg für das Vorgehen gegen den Ladendieb noch weiter geebnet zu haben. Die plakative Drohung mit der Fangprämie hatte so mit weniger Widerstand zu rechnen. Das Klima für ihre weitere Genese war insofern denkbar günstig.

47 Meier, S.1376.

5 Ein Surrogat für die Kriminalstrafe und das Strafrecht

Das Aufkommen und die Verbreitung der Fangprämie haben dann aber durch die voranschreitende Strafrechtsreform den entscheidenden Impuls erhalten. Die Fangprämie als ein Teil der Warenhausjustiz und als eine besondere Form der Sanktionierung des Ladendiebes sollte die Alternative zu Strafrecht, Kriminalstrafe und Strafjustiz darstellen und wurde insoweit hervorgerufen durch die Interessenlage der Einzelhandelsunternehmen hinsichtlich der Sicherung der Verkaufsform der Selbstbedienung vor dem Hintergrund von Entkriminalisierungsbefürchtungen und Unzufriedenheiten im Zusammenhang mit dem Strafrecht.

Aus Perspektive der Einzelhandelsunternehmen wurden das Strafrecht und die es umsetzenden staatlichen Instanzen den aktuellen Aufgaben hinsichtlich des Ladendiebstahls nicht immer ausreichend gerecht. Das Verhältnis der Einzelhandelsunternehmen zum Strafrecht ist insoweit zumindest als widersprüchlich oder ambivalent zu bezeichnen. Einerseits war die Drohwirkung der Kriminalstrafe zwar erwünscht und die staatliche Kriminalisierung der Ladendiebstahlsdelinquenz insoweit die Basis auch gerade der privaten Verfolgung und damit wesentliche Stütze der Sicherung der profitablen Verkaufsform der Selbstbedienung, andererseits wurde die Wirkung der Kriminalstrafe und der Strafjustiz für die Bekämpfung des Ladendiebstahls von den Einzelhandelsunternehmen aber zumeist als unzureichend oder sogar untauglich empfunden, um ihre Geschäftstätigkeit nachhaltig abzusichern.

5.1 Die Unzufriedenheit der Einzelhandelsunternehmen

Einerseits galt das staatliche Strafrecht für die Ladendiebstahlsprävention mit Blick auf die vielen ehrlichen Besucher der Selbstbedienungsmärkte als untauglich, sprich: überzogen, denn diese sollten durch die drohende strafrechtliche Verfolgung eines denkbaren Fehlverhaltens nicht allzusehr abgeschreckt werden. Gerade auf die große Menge der potentiellen Kunden war der Einzelhandel ja besonders angewiesen, wenn die Verkaufsform der Selbstbedienung profitabel bleiben sollte.

Andererseits wurde das staatliche Strafrecht aber auch als unzureichend für die Sanktionierung der wenigen schwarzen Schafe unter der Kundschaft empfunden, die tatsächlich nachhaltig nur durch Polizei, Strafjustiz und drohende Kriminalstrafe zu beeindrucken gewesen wären.[48]

Die Strafjustiz galt insoweit schon lange als zu träge und damit als zu wenig effektiv, um dem Ladendiebstahl tatsächlich beizukommen. Die Entstehung und Existenz der Warenhausjustiz bestätigt die latent vorhandene Unzufriedenheit der Einzelhandelsunternehmen mit dem staatlichen Strafrecht.

So beschreibt schon Droste in seiner Untersuchung die Motive der Unternehmen für deren privates Vorgehen gegen Ladendiebe: "Fast ausnahmslos klagten die befragten Kaufleute über Schwerfälligkeit und zu große Milde der Strafjustiz. Gegen (strafunmündige) Kinder sei sie ohnehin machtlos. Gerade Kinder müßten aber sehr individuell und manchmal auch hart angefaßt werden, um Wiederholungen zu vermeiden und die jungen Rechtsbrecher rechtzeitig wieder auf den rechten Weg zu führen. Die interne Erledigung sei da pädagogisch oft wirksamer und geeigneter, ein weiteres Abgleiten vom rechten Wege zu verhindern."[49]

Weiter wurde seitens der Einzelhandelsunternehmen kritisiert, daß Gerichte und Staatsanwaltschaften der den Strafanzeigen und Strafanträgen regelmäßig angefügten Bitte um Mitteilung über den Ausgang des Verfahrens nur in ganz seltenen Ausnahmefällen entsprechen würden. Hier würden die Staatsanwaltschaften meist nur mitteilen, daß ein Verfahren - aus für die betroffenen Einzelhändler unverständlichen Gründen - wegen Geringfügigkeit oder wegen Strafunmündigkeit des Beschuldigten eingestellt worden sei. Man habe auf 53 Strafanträge ganze drei Mitteilungen über die verhängten Strafen erhalten. Demgegenüber seien Strafanzeigen oder ihre Folgen oft einfach auch lästig. Wenn die Polizei telefonisch gerufen werde, dann müsse man auf deren Eintreffen bis zu einer halben Stunde warten. Es mache zu viele Umstände, den Täter so lange festzuhalten.

Es bedeute für die Firma teure Zeitverluste, wenn das Personal hernach, u.U. mehrfach, von Polizei und Gerichten als Zeugen geladen würde. Aus Scheu vor den Gerichten und um derartigen Unannehmlichkeiten aus dem Wege zu gehen, übersähen dann Verkäuferinnen lieber mal einen Ladendiebstahl. Man könne doch eine Strafanzeige "bald nicht mehr verantworten", wenn bei einem Pelzmantel-Diebstahl, der durch drei Instanzen gelaufen sei, mit wiederholten Zeugenvernehmungen zweier Verkäufer, im Ergebnis der Täter drei Monate Gefängnis mit Bewährung bekommen habe.[50]

48 Droste, S. 29.
49 Droste, S. 28.
50 Droste, S. 28.

Außerdem befürchte man, durch Strafanzeigen Kunden zu verlieren, und zwar außer den Angezeigten selbst bei Kindern auch noch deren Eltern und sonst eventuell noch weitere Verwandte und Bekannte, denen man als Grund dafür, warum man in einem bestimmten Geschäft nicht mehr kaufe, unter Verschweigen der Strafanzeige erzähle, daß der Laden zu teuer sei oder die Bedienung zu schlecht.[51]

5.2 Die legislative Strafrechtsreform als Katalysator

Es läßt sich also festhalten, daß der Einzelhandel an der Kriminalstrafe mit all ihren Voraussetzungen und den als hinderlich oder sogar ertragsverschlechternden Nebenwirkungen im Ergebnis unmittelbar nur recht wenig Interesse hatte, wenn es um die Sicherung der Verkaufsform der Selbstbedienung gegen den Ladendiebstahl ging. Der Einzelhandel war für die Masse der aufgedeckten Taten vielmehr interessiert an einer möglichst schnellen und formlosen Erledigung und Sanktionierung.

Diese sofortige und unauffällige Sanktionierung des Ladendiebes konnte insoweit am ehesten noch vor Ort und in Eigenregie erfolgen. Nur so konnte der Einzelhandel sicher sein, daß die Bestrafung des mutmaßlichen Täters effektiv sein würde, ohne die Masse des Publikums in der Selbstbedienung nachhaltig zu verschrecken. Die Kunden sollten nicht verstimmt oder gar verängstigt werden durch das Aufsehen, das die Organe der staatlichen Ermittlungsbehörden in den Ladengeschäften erregen würden und das im Ergebnis in der Regel in keinem angemessenen Verhältnis zu dem angestrebten Ziel des Einzelhandels - der Bekämpfung des Ladendiebstahls - stünde.

Vor dem Hintergrund dieser Befindlichkeiten der Einzelhandelsunternehmen bei den Bemühungen um die Sicherung der Verkaufsform der Selbstbedienung erklären sich schon ganz allgemein das Aufkommen und die Existenz der gesamten Warenhausjustiz, die mit ihrer unmittelbaren und verdeckten Art der Sanktionierung des mutmaßlichen Ladendiebes den Ansprüchen des Einzelhandels bei der Bekämpfung des Ladendiebstahls weiter entgegenkam als die staatlichen Bestrafungsmechanismen und - instrumente. Nach den Zielsetzungen und der Einschätzung der Einzelhandelsunternehmen bei der Bekämpfung des Ladendiebstahls in der Selbstbedienung war das staatliche Strafrecht in den Augen der Unternehmen eben nur eine schwache Stütze; lediglich als ergänzendes Drohpotential war das staatliche Strafrecht insofern für die Einzelhandelsunternehmen erwünscht und unentbehrlich.

---

51 Droste, S. 29.

Die Einzelhandelsunternehmen hatten insoweit neben der staatlichen Strafdrohung durchaus Interesse an der Etablierung einer weiteren negativen Sanktion, die geeignet erschien, die Bekämpfung des Ladendiebstahls effektiv, d.h. in der Dosierung unmittelbar und eigenständig kontrollier- und steuerbar, zu unterstützen. Wenn diese hausinterne Sanktion darüber hinaus im Ergebnis nicht nur Kosten und Mühen bei der Bekämpfung des Ladendiebstahls vermeiden, sondern vielleicht sogar zur Ertragsverbesserung beitragen würde, dann ist vorstellbar, wie intensiv das Interesse der Unternehmen an einer etablierten - zusätzlichen - Bestrafung des Ladendiebes im Wege der Forderung eines Geldbetrages gewesen sein muß.

Das Interesse der Einzelhandelsunternehmen an der rechtlich etablierten und vollstreckbaren Fangprämie dürfte sich dann noch wesentlich verstärkt haben, als nicht mehr auszuschließen war, daß der Gesetzgeber durch die voranschreitende legislative Strafrechtsreform die Entkriminalisierung des Ladendiebstahls befürworten und durchsetzen könnte: wenn es tatsächlich zu der befürchteten Entkriminalisierung des Ladendiebstahls kommen würde, dann hätten die Einzelhandelsunternehmen auf die ohnehin für zu schwach befundene staatliche Unterstützung bei der Sicherung der Verkaufsform der Selbstbedienung gänzlich verzichten und sich um eine anderweitige Absicherung ihrer lukrativen Verkaufsform bemühen müssen.

Damit wäre das staatliche Strafrecht insbesondere als ultimatives Drohpotential endgültig weggefallen und die Basis der Bekämpfung des Ladendiebstahls in der Selbstbedienung wäre zusätzlich geschwächt gewesen. Ein entscheidender Impuls - speziell für die Genese der Fangprämie - könnte demnach von den Entwicklungen der legislativen Strafrechtsreform zu dieser Zeit ausgegangen sein. Die Fangprämie könnte präventiv mit Blick auf die nicht auszuschließende Entkriminalisierung der Ladendiebstahlskriminalität durch die legislative Strafrechtsreformentwicklung als Ersatz- bzw. Reservesanktion der Kriminalstrafe entstanden sein.

Ausgehend von dieser prekären Situation für die Einzelhandelsunternehmen soll nun untersucht werden, ob ein Zusammenhang zwischen den Entwicklungen der Strafrechtsreform und der Entstehung der Fangprämienpraxis des Einzelhandels bestanden haben könnte. Die Vermutung, daß entsprechende Befürchtungen auf seiten des Einzelhandels bestanden haben könnten, erscheint auch insoweit nicht unbegründet, da die Diskussion um das Problem der Behandlung der sog. Bagatellkriminalität von jeher geprägt war von der Überlegung, die Bagatellkriminalität insgesamt aus dem Anwendungsbereich des Strafrechts herauszulösen.[52] Für die vorliegende Untersuchung erscheint es insofern sachgerecht, dort

52 Schmidt, S. 186 ff; Amelung, S. 15ff.

anzusetzen, wo aus der langen Geschichte des Entkriminalisierungsgedankens unmittelbare Auswirkungen auf die Strafrechtsreformbemühungen des zu untersuchenden Zeitraumes und damit zugleich auf die damalige Befürchtungshaltung des Einzelhandels anzunehmen sind.

5.3 Die strafrechtliche Ausgangslage

Ausgangspunkt der Betrachtung der Reformbestrebungen soll der Zeitpunkt sein, zu dem die Fangprämie nachgewiesenermaßen erstmals vermehrt auffällig geworden ist. Da die Fangprämie Anfang der 70er Jahre erstmals Gegenstand von Rechtsprechung und Schrifttum wurde, ist davon auszugehen, daß sie während der ausgehenden 60er Jahre zunehmend Verbreitung gefunden hat. Es gilt also, im folgenden diesen Zeitabschnitt hinsichtlich der strafrechtlichen Sanktionierung und deren möglicher Veränderungen durch die Bemühungen der Strafrechtsreform näher zu untersuchen, um die Entstehung der Fangprämie zu verstehen.

Fraglich ist insofern zuerst, welches strafrechtliche Instrumentarium dem Einzelhandel in der Phase der Entstehung der Fangprämienpraxis zur Seite stand, um gegen den Ladendiebstahl vorzugehen. Die Kenntnis des spezifischen strafrechtlichen Sanktionsprogrammes und dessen Anwendung durch die Kontrollinstanzen des Strafverfolgungsprozesses könnte den vertieften Einblick in die Motivation des Einzelhandels geben, einerseits auf das bestehende Programm bzw. dessen Anwendung, andererseits aber vor allem auf mögliche Veränderungen zu reagieren. Eine der Reaktionen auf die erwarteten Veränderungen durch die Strafrechtsreform waren dann die Fangprämie und die Bemühungen der Einzelhandelsunternehmen, diese als Ersatz für das staatliche Strafrecht gedachte Form der negativen Sanktionierung des Ladendiebes rechtlich durchzusetzen und so nachhaltig für die Bekämpfung des Ladendiebstahls anwendbar zu machen.

5.3.1 Die einschlägigen materiellrechtlichen Vorschriften

Während der in Rede stehenden Zeitphase der ausgehenden 60er und der beginnenden 70er Jahre standen für die strafrechtliche Sanktionierung des Ladendiebstahls prinzipiell drei Strafgesetze zur Verfügung:

- § 242 StGB a.F. "Einfacher Diebstahl"

(1) Wer eine fremde bewegliche Sache einem anderen in der Absicht wegnimmt, dieselbe sich rechtswidrig zuzueignen, wird wegen Diebstahls mit Freiheitsstrafe bis zu fünf Jahren bestraft.
(2) Der Versuch ist strafbar.[53]

- § 248a StGB a.F. "Notentwendung"

(1) Wer aus Not geringwertige Gegenstände entwendet oder unterschlägt, wird mit Geldstrafe oder mit Freiheitsstrafe bis zu drei Monaten bestraft.
(2) Die Verfolgung tritt nur auf Antrag ein. Die Zurücknahme des Antrags ist zulässig.
(3) Wer die Tat gegen einen Verwandten absteigender Linie oder gegen seinen Ehegatten begeht, bleibt straflos.[54]

- § 370 Abs. 1 Nr. 5 StGB a.F. "Verbrauchsmittelentwendung"

(1) Mit Geldstrafe bis zu fünfhundert Deutsche Mark oder mit Freiheitsstrafe bis zu sechs Wochen wird bestraft, ...
5. wer Nahrungs- oder Genußmittel oder andere Gegenstände des hauswirtschaftlichen Verbrauchs in geringer Menge oder von unbedeutendem Werte zum alsbaldigen Verbrauche entwendet oder unterschlägt. Wer die Tat gegen einen Verwandten absteigender Linie oder gegen seinen Ehegatten begeht, bleibt straflos; ...
(2) In den Fällen der Nr. 5 und 6 tritt die Verfolgung nur auf Antrag ein. Die Zurücknahme des Antrages ist zulässig.[55]

Die beiden zuletzt genannten Vorschriften, die §§ 248a, 370 Abs. 1 Nr. 5 StGB a.F., standen als privilegierte Sonderfälle des einfachen Diebstahls gem. § 242 StGB a.F. in besonders enger Beziehung zum Ladendiebstahl. Die oben bereits angedeuteten spezifischen Umstände der regelmäßigen Tatbegehung des

53 Vgl. den ursprünglichen Wortlaut im "Strafgesetzbuch für das Deutsche Reich", RGBl. 1871, Nr. 24, S. 127,172; vgl. auch die Bekanntmachung des Wortlautes des Strafgesetzbuches v. 25. 8. 1953, BGBl. 1953 I, S.1083,1113; Änderung hinsichtlich der Strafdrohung durch 1.StrRG, BGBl. 1969 I, S. 645, 657.

54 Vgl.: RGBl. 1912, S. 396; BGBl. 1953 I, S. 1083, 1115; Änderung hinsichtlich der Strafdrohung durch 1.StrRG, BGBl. 1969 I, S. 645, 657.

55 RGBl. 1871, S. 203; letzte Wortlautänderung der Nr. 5, RGBl. I 1912, Nr. 37, S. 395, 397; BGBl. 1953 I, S. 1083, 1130; Änderung hinsichtlich der Strafdrohung durch 1.StrRG, BGBl. 1969 I, S. 645, 657.

Ladendiebstahls in der Selbstbedienung wurden von der Tatbestandsausgestaltung der beiden Privilegierungen besonders paßgenau erfaßt. Der § 248a Abs. 1 StGB a.F., die Notentwendung, betraf die aus Not begangene Entwendung gerade geringwertiger Gegenstände, und die Vorschrift des § 370 Abs. 1 Nr. 5 StGB a.F. normierte, als zweiter privilegierter Sonderfall von Diebstahl und Unterschlagung, den Diebstahl von Nahrungs- und Genußmitteln, den sog. Mundraub.[56]

Nach der grundlegenden Differenzierung innerhalb der Systematik der Eigentums- und Vermögensdelikte im StGB ist die Bezeichnung Mundraub allerdings abzulehnen. Die durch den Begriff hervorgerufene Assoziation zum Raub ist irreführend und durch die Ausgestaltung des § 370 Abs. 1 Nr. 5 StGB a.F. nicht gerechtfertigt. Die Vorschrift hat mit dem Raub im technischen Sinne gerade nichts zu tun, da Gewalt oder Drohung im Tatbestand des § 370 Abs. 1 Nr. 5 StGB a.F. nicht vorausgesetzt werden. Sie privilegiert vielmehr den Diebstahl von Nahrungs- oder Genußmitteln unter bestimmten Voraussetzungen.

Der § 370 StGB a.F. befand sich in der gem. § 1 Abs. 2 StGB a.F. separat ausgewiesenen Kategorie der Übertretungen, die im 29. Abschnitt des StGB a.F. untergebracht war[57], eine Kategorie, die im heutigen StGB mit seiner dichotomen Ausrichtung auf Verbrechen und Vergehen gem. § 12 StGB insgesamt nicht mehr existiert.

Beide Tatbestände, sowohl der des § 248a StGB a.F. als auch der des § 370 Abs. 1 Nr. 5 StGB a.F., betreffen aber tatsächlich weitgehend die Spezifika des Ladendiebstahls im Einzelhandel mit der Verkaufsform der Selbstbedienung: der charakteristische Ladendiebstahl betrifft überwiegend Nahrungs- und Genußmittel und andere eher geringwertige Gegenstände des täglichen Ge- bzw. Verbrauchs. Insbesondere die Regelung des § 370 Abs. 1 Nr. 5 StGB a.F. erscheint durch ihre tatbestandsmäßige Ausrichtung auf die besonders in der Verkaufsform der Selbstbedienung angebotenen Waren geradezu prädestiniert für die Anwendung hinsichtlich des Ladendiebstahls.

5.3.2 Die einschlägigen verfahrensrechtlichen Vorschriften

Neben den materiellrechtlichen Normen waren aber auch verfahrensrechtliche Regelungen für die Sanktionierung des Ladendiebstahls von Bedeutung. Hier muß zuerst die Bestimmung des § 153 StPO a.F. erwähnt werden, die als straf-

56 Schönke-Schröder, StGB 1974, § 370 Rn. 13.
57 RGBl. 1871, S. 196.

verfahrensrechtliche Regelung ebenfalls für die Verfolgungs- und Sanktionspraxis zur Verfügung stand:

- § 153 StPO a.F. "Nichtverfolgung von Bagatellsachen"

(1) Übertretungen werden nicht verfolgt, wenn die Schuld des Täters gering ist, es sei denn, daß ein öffentliches Interesse an der Herbeiführung einer gerichtlichen Entscheidung besteht.
(2) Ist bei einem Vergehen die Schuld des Täters gering und besteht kein öffentliches Interesse an der Verfolgung, so kann die Staatsanwaltschaft mit Zustimmung des zur Entscheidung über die Eröffnung des Hauptverfahrens zuständigen Gerichts das Verfahren einstellen.
(3) Ist die Klage bereits erhoben, so kann das Gericht mit Zustimmung der Staatsanwaltschaft nach Anhörung des Angeschuldigten das Verfahren in jeder Lage einstellen; der Beschluß kann nicht angefochten werden.[58]

Als weitere einschlägige verfahrensrechtliche Regelung stand speziell für die Übertretungen des 29. Abschnitts und damit für den § 370 Abs. 1 Nr. 5 StGB a.F. noch der § 413 StPO a.F. zur Verfügung:

- § 413 StPO a.F. "Strafverfügung"

(1) Auf Grund landesrechtlicher Bestimmungen können Polizeibehörden bei Übertretungen ihre Verhandlungen nach Anhörung des Beschuldigten statt der Staatsanwaltschaft (§ 163 Abs. 2) dem Amtsgericht übersenden. Die Beweismittel sowie die anzuwendenen Strafvorschriften sind zu bezeichnen; auch ist ein Vorschlag zum Strafmaß zu machen.
(2) Der Amtsrichter setzt durch Strafverfügung ohne Hauptverhandlung Freiheitsstrafe, Geldstrafe, Fahrverbot, Einziehung, Vernichtung oder Unbrauchbarmachung, allein oder nebeneinander, fest. An den Vorschlag der Polizeibehörde ist er nicht gebunden. Einer Mitwirkung der Staatsanwaltschaft bedarf es nicht.
(3) Der Amtsrichter übersendet die Akten der Staatsanwaltschaft, wenn er Bedenken hat, ohne Hauptverhandlung zu entscheiden, oder wenn er noch weitere Ermittlungen für nötig erachtet.
(4) Die §§ 409 bis 412 gelten entsprechend. Der vorherigen Anhörung des Beschuldigten durch das Gericht (§ 33 Abs. 3) bedarf es nicht.

---

58 RGBl., 1924, Nr. 25, S. 299, 338; auf Grund der Verordnung v. 4. Januar 1924; zur letzten Änderung vor dem EGStGB 1975 vgl.: BGBl., Teil I, 1964, StPÄG v. 19.12.1964, S. 1067,1079, Art. 10 Nr. 3.

(5) Der Amtsrichter kann das Verfahren unter den Voraussetzungen des § 153 Abs. 1 einstellen; der Beschluß kann nicht angefochten werden.[59]

Der § 413 StPO a.F. ist eine aus heutiger Sicht besonders bemerkenswerte Regelung, die sozusagen die Ermittlungs- und Anklagetätigkeit der Staatsanwaltschaft für die Übertretungen des 29. Abschnitts des StGB a.F. auf die Polizeibehörden verlagerte. Eine Regelung, die zurückgeht auf die reichsrechtlich zugelassene Delegation der Ausübung von Kriminalstrafgewalt auf die Polizeibehörden. Der 2. Abschnitt des 6. Buches der StPO trug früher die Überschrift "Verfahren nach vorangegangener polizeilicher Strafverfügung". Art. 6 Abs. 2 Nr. 3 EGStPO a.F. ermächtigte die Landesgesetzgebung, den Polizeibehörden die Befugnis zu übertragen, Übertretungen durch polizeiliche Strafverfügung zu ahnden und das Verfahren im einzelnen zu regeln, und zwar in den reichsrechtlich aufgestellten Regelungen gem. §§ 413 ff. StPO a.F.

Nach § 413 StPO a.F. beschränkte sich die Strafgewalt der Polizeibehörden auf Haft bis zu 14 Tagen, Geldstrafe und Ersatzfreiheitsstrafe sowie die verwirkte Einziehung. Gegen die polizeiliche Strafverfügung konnte der Beschuldigte dann einen Antrag auf gerichtliche Entscheidung stellen oder statt dessen die landesgesetzlich vorgesehene Beschwerde an die höhere Polizeiaufsichtsbehörde einlegen, die dann endgültig entschied.

Durch die Wiederherstellung der Rechtseinheit durch das Vereinheitlichungsgesetz vom 12.9.1950 wurden dann das polizeiliche Strafverfügungsrecht abgeschafft, der Art. 6 EGStPO a.F. geändert und die §§ 414-418 StPO a.F. aufgehoben.[60]

Der verbliebene § 413 StPO a.F. regelte wie oben dargestellt die amtsrichterlichen Strafverfügungen. Die Zulassung amtsrichterlicher Strafverfügungen war gem. § 413 StPO a.F. in das Ermessen des Landesgesetzgebers gestellt und geschah dadurch, daß das Landesgesetz den Polizeibehörden gestattete, ihre Verhandlungen unmittelbar dem Amtsgericht zu übersenden. Einschlägige Gesetze sind in allen Bundesländern erlassen worden.[61]

Das amtsrichterliche Strafverfügungsverfahren gem. § 413 StPO a.F. war im Jahre 1950 geschaffen worden, um die nach dem Wegfall der polizeilichen Strafverfügung entstehende Mehrbelastung von Staatsanwaltschaften und Gerichten zu reduzieren. Kriminalpolitische Intention des Strafverfügungsverfahrens, wie auch der Regelung des § 153 StPO a.F., war also in erster Linie die Verbesserung der Justizökonomie.

---

59 Schäfer-Löwe-Rosenberg, § 413.
60 Schäfer-Löwe-Rosenberg, Vor § 413.
61 Schäfer-Löwe-Rosenberg, § 413 b).

5.4 Die Anwendungsstrukturen des Strafrechts

Ausgehend von der Darstellung der strafrechtlichen Ausgangslage erscheint es nun weiter auch erforderlich, das strafrechtliche Normenprogramm auf seine praktische Bedeutung hin zu untersuchen, um die Beweggründe des Einzelhandels hinsichtlich der Genese der Fangprämienpraxis besser zu verstehen, die aus den dort zu erwartenden Veränderungen durch die Strafrechtsreform resultierten. Sollte sich herausstellen, daß eines oder mehrere der genannten Strafgesetze in der Anwendungspraxis des Ladendiebstahls von dominierender Bedeutung waren, dann dürfte das ein weiteres Indiz für die Richtigkeit der These sein, daß die Reformbestrebungen hinsichtlich dieser Vorschriften besondere Bedeutung für das Vorgehen der Einzelhandelsunternehmen gegen den Ladendiebstahl und damit auch für die Genese der Fangprämien hatten.

Um die Bedeutung der einzelnen strafgesetzlichen Regelungen für die Praxis der Verfolgung und Sanktionierung des Ladendiebstahls funktionsgerecht nachzuvollziehen, bedarf es zunächst der Darstellung und Analyse der Strukturen und Instanzen, die an dem Prozeß maßgeblich beteiligt waren. Nur aus dem Zusammenhang der Anwendung der Regelungen auf den Ebenen des gesamten Sanktionierungssystems läßt sich ein sachgerechter Eindruck davon gewinnen, wie die tatsächliche Bedeutung der Regelungen für den damaligen Prozeß der Ladendiebstahlssanktionierung einzuschätzen ist.

5.4.1 Die Rolle der Unternehmen

Dieses Sanktionierungssystem, die Abfolge mehrerer Sanktionierungsinstanzen, ist durch Blankenburg beschrieben worden; er liefert in seiner Untersuchung den Überblick über die Strukturen der seinerzeitigen Sanktionierungspraxis.[62] Danach waren mit ihren Möglichkeiten zum Sanktionsverzicht oder - vollzug prinzipiell vier zu differenzierende Stufen des Instanzenweges maßgeblich für die Sanktionsgeltung verantwortlich: die Einzelhandelsunternehmen, die Polizeibehörde, die Staatsanwaltschaft und das zuständige Gericht.

Blankenburg stellt besonders heraus, daß die Anzeigefreudigkeit und damit auch das Ausmaß der Sanktionierung von der Verfolgungspolitik der betroffenen Institutionen abhängt. Diesen grundlegenden Befund, der heute zu den gesicherten Erkenntnissen der Kriminologie zu rechnen ist, belegt Blankenburg dann eindrucksvoll in seiner Untersuchung. Die dargestellten Ergebnisse beziehen sich auf den Zeitraum von 15 Monaten, vom Januar 1966 bis einschließlich

62 Blankenburg, S. 805 ff.

März 1967. Der Untersuchungszeitraum ermöglichte den Vergleich der ersten drei Monate des Jahres 1966 mit denen des darauffolgenden Jahres. Im Laufe des Jahres 1966 veränderten nun die Unternehmen ihre Anzeigepolitik so, daß ausnahmslos jeder bekanntgewordene Ladendiebstahl zur Anzeige bei der Polizei gebracht werden sollte. Die verschiedenen Ergebnisse der Sanktionierung für die Vergleichszeiträume belegen dann, daß selbstverständlich der Umfang der Tätigkeit der Strafverfolgungsbehörden zuerst einmal abhängt von der Zulieferintensität der vorgelagerten Institution, hier also von der Kontroll- bzw. Anzeigeintensität der beteiligten Einzelhändler und Warenhausunternehmen.

Die Zahlen verdeutlichen den Zusammenhang: Während für den Tatzeit- und damit Untersuchungszeitraum vom Januar bis März 1966 33% der Fälle von den Unternehmen angezeigt und danach 26% der Fälle auch sanktioniert wurden, wurden für den entsprechenden Zeitraum 1967 70% der Ladendiebstähle angezeigt und 55% der Fälle sanktioniert.[63] Der Zusammenhang zwischen Tätigkeitsintensität einer der beteiligten Instanzen und den daraus resultierenden statistischen Ergebnissen für die nachgeordneten Behörden und deren Sanktionsverhalten ist so zu erkennen. Die Schlußfolgerung für die Interpretation der Kriminalstatistik ist insoweit simpel, aber anschaulich: in dem Vergleichszeitraum sank während der Untersuchung die Zahl der im Unternehmen tatsächlich registrierten Ladendiebstähle von 89 im ersten Quartal 1966 auf 84 Fälle im 1. Quartal 1967. Ausgehend von der Hypothese, daß sich an der Kontrollintensität der beteiligten Unternehmen nichts geändert hatte, wäre damit die Zahl der Ladendiebstähle absolut um etwa 5% gesunken.

In der Kriminalstatistik aber erschienen durch das veränderte Anzeigeverhalten der Unternehmen für das 1. Vierteljahr 1966 29 Fälle, für das 1. Vierteljahr 1967 57 Fälle.[64] In der Kriminalstatistik wäre also die Steigerung um fast 100% belegt, obwohl tatsächlich die Ladendiebstahlskriminalität eher abgenommen hatte und die Zunahme in erster Linie auf der veränderten Anzeigeneigung der Unternehmen basierte. Für den Ladendiebstahl läßt sich hier insoweit festhalten, daß es in erster Linie das Opfer selbst ist, dessen Anzeigeverhalten für Umfang und Struktur der registrierten Kriminalität im wesentlichen verantwortlich ist.[65]

63 Blankenburg, S. 820.
64 Blankenburg, S. 821.
65 Sessar, S. 1047.

5.4.2 Polizei, Staatsanwaltschaft und Justiz

In der weiteren Beschreibung des Instanzenweges weist Blankenburg dann noch einmal darauf hin, daß die durch den Ladendiebstahl geschädigten Einzelhandelsunternehmen den Sanktionsvollzug beim entdeckten Ladendiebstahl nicht in die eigenen Hände nehmen dürften; sie müßten den Fall an die Strafverfolgungsbehörden weitergeben.[66]

Daß die Feststellung Blankenburgs angesichts der oben bereits beschriebenen Warenhausjustiz mehr wie ein frommer Wunsch oder gut gemeinter Appell wirken muß, schmälert nur unwesentlich den Ertrag an weiteren Erkenntnissen, den seine Untersuchung über den Fortgang der Behandlung und Sanktionierung des ertappten Ladendiebes vermittelt, wenn dieser eben nicht allein mit den Mitteln der Warenhausjustiz behandelt wird und so faktisch in den Zugriffsbereich der staatlichen Sanktionen gelangt.

Der Weg der strafrechtlichen Ahndung des Ladendiebstahls begann demnach in der Regel durch die Anzeige bei der Polizei, die zunächst einmal ihre Ermittlungen durchführte. Hier, bei der Polizeibehörde, trat dann die "Gabelung" des weiteren Weges ein. Wurde der Ladendiebstahl als Verbrauchsmittelentwendung gem. § 370 Abs. 1 Nr. 5 StGB a.F., also als Übertretung, beurteilt, dann konnte die Polizeibehörde gem. § 413 StPO a.F. den Fall mit einem Vorschlag zum Strafmaß direkt an den Amtsrichter weiterleiten. Wenn der Ladendiebstahl jedoch nicht als Verbrauchsmittelentwendung, sondern als Vergehen gem. § 242 StGB a.F. beurteilt wurde, dann mußte der Fall an die Staatsanwaltschaft weitergeleitet werden, die dann ihrerseits dem Gericht einen Vorschlag für das Strafmaß weiterleitete oder die Einstellung gem. § 153 StPO a.F. verfügte.[67]

Hier wird die frühe Weichenstellung für das weitere Verfahren der staatlichen Sanktionierung deutlich erkennbar: die erste Beurteilung und rechtliche Klassifizierung der Tat als Verbrauchsmittelentwendung gem. § 370 Abs. 1 Nr. 5 StGB a.F. oder als Diebstahl gem. § 242 StGB a.F. mußte regelmäßig auf der Ebene der Polizeibehörde stattfinden. Die Möglichkeiten für einen evtl. Sanktionsverzicht waren bei der Polizeibehörde allerdings am geringsten, denn sie konnte auf eine Anzeige hin lediglich bei Übertretungen die Einstellung des Verfahrens vorschlagen, während die Staatsanwaltschaften auch bei Vergehen - mit Zustimmung des Amtsrichters - das Verfahren einstellen konnte.

Daneben hatte die Staatsanwaltschaft die Möglichkeit, sich für den Antrag auf Ausstellung eines Strafbefehls oder die Erhebung der Anklage zu entscheiden. Da die amtsrichterliche Zustimmung bei kleinen Delikten wie Ladendieb-

---

66 Blankenburg, a.a.O.

67 Blankenburg, S. 818.

stahl in der Regel ohne weitere Prüfung gegeben wurde, lag die Entscheidung über Sanktionsverzicht oder Strafmaß hier faktisch in den Händen der Polizei bzw. der Staatsanwaltschaft. Nur in den wenigen Fällen, in denen wegen eines Ladendiebstahls tatsächlich ein Hauptverfahren eröffnet wurde, gelangte die Entscheidung über Sanktionsverzicht oder Strafmaß faktisch in die Hand des Richters.[68] Hier wird die besondere Stellung der Polizei bzw. Staatsanwaltschaft für das staatliche Verfahren gegen den Ladendiebstahl transparent. Die Filterwirkung, die mit der privaten Selektion durch die Einzelhandelsunternehmen begonnen hatte, setzte sich hier deutlich fort, mit dem Ergebnis, daß die faktische judikative Sanktion durch die Strafgesetze für den Ladendiebstahl eher die Ausnahme gewesen sein dürfte.

Auch in einer anderen Untersuchung zu den soziologischen Dimensionen der staatsanwaltschaftlichen Ermittlungstätigkeit und Sanktionierungskriterien bei geringwertigen Ladendiebstahlsverfahren wurde dann die besondere Bedeutung der Staatsanwaltschaft für die Ladendiebstahlssanktionierung herausgestellt.[69]

Es handelte sich bei dieser Untersuchung von Gillig um eine Aktenanalyse, bei der 138 Akten der Frankfurter Staatsanwaltschaft am Landgericht Frankfurt ausgewertet wurden. Die Akten betrafen Ladendiebstähle mit der Schadenshöhe von nicht mehr als 30,- DM. Sie stammten aus dem Geschäftsanfall vom 1. November 1973 bis zum 2. Januar 1974 und wurden im Herbst 1974 ausgewertet, zu einem Zeitpunkt also, zu dem so gut wie alle Fälle von der Behörde abgeschlossen waren. Auch nach seinen Erkenntnissen lag die justizielle Sanktionierung von Ladendiebstahlsanzeigen üblicherweise nicht in den Händen von Richtern, sondern diese wurden innerhalb des Geschäftsbereiches von Staatsanwaltschaften bearbeitet.[70]

Die Ergebnisse von Gillig decken sich mit denen von Blankenburg und zeigen, daß die Rolle von Polizei und Staatsanwaltschaft für die Sanktionierung des Ladendiebes und damit für die Anwendung der in Rede stehenden Vorschriften von besonderer Bedeutung war. Die Relationen in den herausgefundenen Zahlen sind also Produkte der Organisation der Strafverfolgung und der von den betroffenen Instanzen verfolgten Politik.

68 Blankenburg, S. 819.
69 Gillig, S. 19 ff.
70 Gillig, S. 19.

5.5 Der Anwendungsumfang der §§ 242 und 370 Abs. 1 Nr. 5 StGB a.F.

Um das Bild von der strafrechtlichen Verfolgung und Sanktionierung des Ladendiebstahls zur Zeit der Entstehung der Fangprämienpraxis noch deutlicher werden zu lassen und die damit den strafrechtlichen Regelungen zukommende Bedeutung weiter aufzuklären, soll nun weiter der Frage nachgegangen werden, in welchem Umfang die einschlägigen Strafnormen für die Sanktionspraxis tatsächlich zur Anwendung kamen.

Bereits bei dem Blick auf die Strukturen der strafrechtlichen Sanktionierungspraxis wurde erkennbar, daß die Vorschriften der §§ 370 Abs. 1 Nr. 5 und 242 StGB a.F. im Vordergrund standen.

In den oben erwähnten Untersuchungen von Blankenburg und Gillig zeichnete sich der Befund bereits mittelbar ab, wenn man u.a. berücksichtigt, daß die Rolle der Staatsanwaltschaft sich über die Möglichkeiten des § 153 StPO a.F. definierte, dessen Anwendungsbereich gerade die Übertretungen und damit eben auch die Vorschrift des § 370 Abs. 1 Nr. 5 StGB a.F. umfaßte.

Weiter hat insbesondere Gillig in seiner Untersuchung aber auch unmittelbare Erkenntnisse hinsichtlich der Sanktionsgeltung der einschlägigen Strafgesetze mitgeteilt: nach seiner Untersuchung wurden von den 138 Ladendiebstahlsanzeigen 37 (27%) gem. § 242 StGB a.F. und 101 (73%) gem. § 370 Abs. 1 Nr. 5 StGB a. F. verfolgt.[71]

Sanktioniert wurden davon 67 Fälle (49%), davon 66 Fälle (48%) durch Strafbefehl, nur in einem Fall kam es zu einer Verurteilung. In 65 Fällen (46%) wurde das Verfahren eingestellt, hier zum überwiegenden Teil (47 Fälle) gem. § 153 StPO a.F. In sechs Fällen wurde auf die Verfolgung bzw. Sanktion ganz verzichtet, weil die Anzeige zurückgenommen wurde entweder wegen Schuldunfähigkeit gem. § 51 Abs. 1 StGB a.F. oder aus Mangel an Beweisen. Die Sanktionsgeltung der von der Frankfurter Staatsanwaltschaft durchgeführten Ladendiebstahlsverfahren lag demnach im Ergebnis bei etwa 50% für den ausgewählten Bereich der Untersuchung.[72]

Auch Blankenburg ist der Frage nach den tatsächlichen quantitativen Relationen der Anwendungspraxis der staatlichen Strafsanktionen nachgegangen. Dazu wurden alle Ladendiebstähle in dem größten Warenhaus Freiburgs und einem großen dortigen Lebensmittel-Einzelhandels-Unternehmen mit 32 Filialen untersucht. Ausgewertet wurden somit 400 Ladendiebstähle. Im Ergebnis stellte sich heraus, daß 50% aller Ladendiebe bei den Strafverfolgungsbehörden angezeigt wurden, bei 10% verzichteten die Behörden auf Strafverfolgung, bei 38%

---

71 Gillig, S. 218.
72 Gillig, S. 224.

der bekanntgewordenen Ladendiebe wurde sanktioniert, davon etwa die Hälfte auf dem Wege über die Staatsanwaltschaft zum Gericht, d.h. 20% der insgesamt bekanntgewordenen Fälle. Die andere Hälfte der sanktionierten Fälle, dh. 18% der insgesamt bekanntgewordenen Fälle, wurde auf dem Wege der amtsrichterlichen Strafverfügung sanktioniert.[73]

Auch wenn Blankenburg selbst Zweifel hinsichtlich der Möglichkeit der Verallgemeinerung der Zahlen artikuliert, läßt sich hier doch feststellen, daß nach dieser Untersuchung immerhin 18% der bekanntgewordenen Fälle und sogar die Hälfte der sanktionierten Ladendiebstähle als Übertretungen gem. § 370 Abs. 1 Nr. 5 StGB a.F. bewertet wurden; die Ahndung durch die amtsrichterliche Strafverfügung gem. § 413 StPO a.F. wäre sonst nicht möglich gewesen.

Insoweit läßt sich hier als Zwischenergebnis festhalten, daß nach der Untersuchung von Blankenburg die Vorschriften der §§ 242 u. 370 Abs. 1 Nr. 5 StGB a.F. für die Sanktionierung des Ladendiebstahls von entscheidender Bedeutung waren. Nach Blankenburgs Untersuchung wurde die Hälfte der Ladendiebstähle gem. § 370 Abs. 1 Nr. 5 StGB a.F. sanktioniert, nach Gilligs Untersuchung waren es sogar 73% der Fälle, die zumindest erst einmal nach dieser Vorschrift verfolgt wurden.[74]

5.5.1 Die Strafverfolgungsstatistik

Der Befund läßt sich nur teilweise durch das zur Verfügung stehende Material der Strafverfolgungsstatistiken für den betreffenden Zeitraum belegen. Die Vorschrift des § 370 Abs. 1 Nr. 5 StGB a.F. wird in den Strafverfolgungsstatistiken (SVS) des Bundes und der Länder nicht separat ausgewiesen; die Strafnorm des § 370 Abs. 1 Nr. 5 StGB a.F. wird in der SVS aus dem Jahre 1974 nur einmal in Klammern als Zusatz erwähnt.[75]

Die hierzu mitgeteilten Zahlen erstrecken sich in der Tabelle "Ausgewählte Straftaten nach dem Ort des Bekanntwerdens" auf den "Schweren und einfachen Diebstahl insgesamt" gem. den §§ 242-244, 247, 248a-c, 370 Abs. 1 Nr. 5 StGB a.F.; es werden an der Stelle weiter keine separaten Zahlen für die Erfassung nach den Vorschriften mitgeteilt.

Als Quelle für die Zahlen der Tabelle wird das Bundeskriminalamt in Wiesbaden angegeben. Auf Nachfrage war dort zu erfahren, daß das BKA die von nachgeordneten Behörden eingehenden Daten seinerzeit nur gesamt unter der für

73 Blankenburg, S. 819.
74 Blankenburg, S. 819; Gillig, S. 19.
75 Bevölkerung und Kultur, Rechtspflege 1974, S. 11, Tabelle 2.2.

die Kategorie einschlägigen Erfassungsnummer gesammelt hat. Auch dort ist also die Verteilung auf die Bestimmungen nicht mehr zu rekonstruieren. Für die Anwendungspraxis der strafrechtlichen Sanktionierung gem. § 248a StGB a.F. läßt sich aber eine klare Aussage aus der SVS ableiten. Die Zahlen für die Abgeurteilten bzw. Verurteilten gem. § 248a StGB a. F. "Notdiebstahl, Notunterschlagung" werden mitgeteilt. Hierbei handelt es sich um ganze 33 Abgeurteilte bzw. 28 Verurteilte[76], wobei Abgeurteilte alle diejenigen Angeklagten sind, gegen die Strafverfahren nach Eröffnung der Hauptverhandlung rechtskräftig abgeschlossen worden sind. Ihre Zahl setzt sich aus den Verurteilten und den Personen zusammen, gegen die andere Entscheidungen getroffen wurden. Andere Entscheidungen meint hier z.B.: das Anordnen von Maßregeln der Besserung und Sicherung, Einstellungen des Strafverfahrens, Absehen von Strafe, Überweisung an den Vormundschaftsrichter, Freispruch. Auch wenn hier kein Bezug auf den Ladendiebstahl genommen wird, läßt sich demnach feststellen, daß die Vorschrift des § 248a StGB a.F. für die Sanktionierung des Ladendiebstahls in der Praxis bedeutungslos war. Dagegen belaufen sich die in der SVS ausgewiesenen Zahlen für den Diebstahl gem. § 242 StGB a.F. insgesamt für das Berichtsjahr 1974 auf 115.947 Abgeurteilte bzw. 99.252 Verurteilte.[77] Die weitergehende Differenzierung hinsichtlich des Ladendiebstahls findet allerdings nicht statt, so daß aus diesen Zahlen keine unmittelbaren Rückschlüsse auf die Anwendungshäufigkeit der Sanktionierung des Ladendiebstahls gem. § 242 StGB a.F. gezogen werden können.

Festzuhalten bleibt hier bezüglich der Erkenntnisse aus der SVS, daß der § 242 StGB a.F. in der Praxis der Sanktionierung des Diebstahls eine gewichtige Rolle spielte; über die Anwendungspraxis für den Ladendiebstahl, lassen sich aus dem Material der SVS heraus keine Angaben machen. Die Vorschrift des § 248a StGB a.F. war für die Praxis der Sanktionierung, nicht nur des Ladendiebstahls, dagegen nahezu bedeutungslos.

Zur Anwendungspraxis des § 370 Abs. 1 Nr. 5 StGB a.F. werden keine Angaben gemacht; die erzielten Befunde hinsichtlich dieser Vorschrift werden also weder bestätigt noch widerlegt. Insoweit kann man der schon von Wagner gemachten Feststellung beitreten, daß die empirischen Erkenntnisse über die für die Sanktionierung des Ladendiebstahls in Frage kommenden Vorschriften unzureichend erscheinen, zumindest wenn man die Aussage auf das Material der amtlichen Strafverfolgungsstatistiken aus dieser Zeit bezieht.[78]

---

76 Bevölkerung und Kultur, Rechtspflege 1974, S. 40., Tabelle 7.

77 Bevölkerung und Kultur, Rechtspflege 1974, S. 38, Tabelle 7.

78 Wagner, Sanktionspraxis, S. 37.

5.5.2 Die Polizeiliche Kriminalstatistik

Der vorläufige Eindruck, daß für die Praxis der strafrechtlichen Sanktionierung die Vorschriften der §§ 370 Abs. 1 Nr. 5 und 242 StGB a.F. im Vordergrund standen, und zwar in dieser Reihenfolge, d.h. daß der überwiegende Teil der Ladendiebstahlskriminalität in den Anwendungsbereich des § 370 Abs. 1 Nr. 5 StGB a.F. fiel, läßt sich aber auch ableiten aus dem Material der PKS.

Die Zahl der bekanntgewordenen Ladendiebstähle hat, wie oben bereits im einzelnen gezeigt, lt. PKS in den Jahren von 1963 bis 1972 von etwa 40.000 auf 180.000 registrierte Fälle zugenommen. Hierbei handelte es sich aber überwiegend um Bagatelldelikte, d.h. Fälle, in denen die entwendeten Gegenstände weniger als 25,- DM wert waren. Die Differenzierung nach "Schadensgruppen" (Schadenshöhe pro angezeigter Tat) in den Kategorien bis 25,- DM, 25,- bis 100,- DM, 100,- bis 500,- DM usw., ist erstmals ausgewiesen in der PKS des Jahres 1971. Hier lagen 61,7 % der registrierten Ladendiebstähle unter 25,- DM Schadenshöhe. In den folgenden Jahren bis einschließlich 1974 hat sich an der Verteilung nichts geändert. Es wurden wieder Werte um die 60 % für die Schadensgruppe bis 25,- DM erreicht.[79]

Die Geringwertigkeitsgrenze der Rechtsprechung lag seinerzeit zwischen 20,- und 30,- DM.[80] Schadensmäßig haben also ca. 60 % der in der PKS dokumentierten Ladendiebstähle die Geringwertigkeitsgrenze der Rechtsprechung nicht überschritten. Die überwiegende Zahl der in der PKS erfaßten Ladendiebstähle betraf also Waren, die nach damaliger Rechtsprechung als geringwertig anzusehen waren und demnach, zumindest aus Perspektive der Schadenshöhe, in den Anwendungsbereich der §§ 370 Abs. 1 Nr. 5 und 248a StGB a.F. hätten fallen müssen. Sowohl die Tatbestandsvoraussetzungen der Norm des § 370 Abs. 1 Nr. 5 StGB a.F. "Wer Nahrungs- oder Genußmittel oder andere Gegenstände des hauswirtschaftlichen Verbrauchs in geringer Menge oder von unbedeutendem Werte zum alsbaldigen Verbrauche entwendet ..." als auch der Norm des § 248a StGB a.F. "Wer aus Not geringwertige Gegenstände entwendet ..." nehmen in ihrem Wortlaut unmittelbar Bezug auf den Wert des betroffenen Gegenstandes.

Hier soll nicht verkannt werden, daß der Wert der Sache und damit der eingetretene Schaden nicht alleiniges oder ausschlaggebendes Kriterium, sprich Tatbestandsmerkmal der §§ 370 Abs. 1 Nr. 5 und 248a StGB a.F. war; aber die Annahme, daß die Schadenshöhe ein wesentlicher Aspekt für die strafrechtliche

---

79 PKS: 1972 = 60,4 %; 1973 = 59,1 %; 1974 = 58,5 %.

80 OLG Hamm, Urt. v. 16.7.1970 - 2 Ss 508/70, NJW 1970, S. 2306; Wagner, Sanktionspraxis, S. 36.

Zuordnung des Ladendiebstahls zu einem der zur Verfügung stehenden Strafgesetze war, erscheint als nicht ganz fernliegend.

Gerade die Vorschrift des § 370 Abs. 1 Nr. 5 StGB a.F. stand für die strafrechtliche Sanktionierungspraxis an erster Stelle, wenn man bedenkt, daß der Ladendiebstahl als Massenphänomen des Selbstbedienungskaufes überwiegend Waren betraf, die mengen- und wertmäßig als gering und unbedeutend einzustufen waren.[81] Wenig plausibel dagegen erscheint die Annahme, daß die Sanktionspraxis beim Ladendiebstahl bis Ende 1974 in erster Linie auf den § 242 StGB a.F. angewiesen war.[82]

Lediglich für den Ladendiebstahl nicht geringwertiger Waren wird das zutreffend gewesen sein; wenn man nun darüber hinaus noch berücksichtigt, daß die Aufklärungs- und Anzeigehäufigkeit hinsichtlich des Ladendiebstahls in Verkaufsbereichen des Selbstbedienungseinzelhandels, in denen hochwertige Waren angeboten werden und in denen entsprechend intensiv überwacht wird, regelmäßig deutlich höher ist als in den Abteilungen, die aufgrund ihrer potentiellen Schadenshöhe eher als Bagatellschadensbereiche zu bezeichnen sind und insofern im Regelfall weit weniger intensiv kontrolliert werden, verschiebt sich die tatsächliche Schadensgruppenhäufigkeit noch weiter in Richtung auf den schadensmäßigen Bagatellsektor.

Im Hellfeld der PKS sind also die hohen Schadensgruppen im Vergleich mit der Schadensgruppe bis zu einer Schadenshöhe von 25,- DM deutlich überrepräsentiert; d. h. tatsächlich dürfte der Ladendiebstahl im Selbstbedienungskauf noch häufiger, wenn nicht sogar im wesentlichen, geringwertige Waren betroffen haben. Diese Erkenntnis dürfte, besonders auch dem Einzelhandel, schon damals nicht neu gewesen sein.

5.5.3 Die besondere Bedeutung des § 370 Abs. 1 Nr. 5 StGB a.F.

Damit erklärt sich die besondere Bedeutung der Vorschrift des § 370 Abs. 1 Nr. 5 StGB a.F., der Verbrauchsmittelentwendung, aus der Perspektive der betroffenen Unternehmen: das Phänomen des massenhaften Ladendiebstahls, geprägt durch Fälle mit geringen Schadenshöhen, die dem Bagatellbereich der Eigentumskriminalität zuzurechen waren, führte fast durchweg zu einer auf § 370 Abs. 1 Nr. 5 StGB a.F. basierenden strafrechtlichen Reaktion, wenn der jeweilige Ladendiebstahl denn überhaupt in den Zugriffsbereich des staatlichen Strafrechts gelangte.

---

81 So auch: Lang, S. 59; Gallus,S. 106.

82 So aber: Wagner, Sanktionspraxis, S. 35.

Diesen Befund bzw. Zusammenhang hat auch schon Lang vermutet, der von den Voraussetzungen der Norm des § 370 Abs. 1 Nr. 5 StGB a.F. ausgehend feststellt, daß zumindest die "kleinen Ladendiebstähle" größtenteils als Übertretungen einzustufen waren.[83] Lang tritt damit zu Recht der Aussage von Wagner entgegen, daß die Sanktionspraxis beim Ladendiebstahl "bis Ende 1974 in erster Linie auf den § 242 StGB angewiesen" gewesen sei.[84] Wagner begründet seine Annahme mit dem Hinweis, daß die §§ 370 Abs. 1 Nr. 5 und 248a StGB a.F. nach ihrer kriminalpolitischen Zielsetzung "auf kleine Fallgruppen mit ganz spezifischen Tat- und Tätermerkmalen" und insoweit "auf den Bagatelldiebstahl als Einzel-, nicht als Massendelikt" zugeschnitten gewesen seien. Demnach sollten die §§ 370 Abs. 1 Nr. 5 und 248a StGB a.F. "von ihrer kriminalpolitischen Konzeption her keine Berührungspunkte" mit dem Ladendiebstahl "als einem Massenphänomen unserer Konsumgesellschaft" gehabt haben.[85]

Allein der Hinweis auf die angebliche kriminalpolitische Zielsetzung des Zuschnitts "auf kleine Fallgruppen mit ganz spezifischen Tat- und Tätermerkmalen", die in der Entstehungsgeschichte der beiden in Rede stehenden Normen kaum ausreichenden Rückhalt findet, erscheint konstruiert und wenig hilfreich. Die Änderung des Wortlautes der Norm des § 370 Abs. 1 Nr. 5 StGB a.F. und die Einführung der Norm des § 248a StGB a.F. beruhten nicht zuletzt auf dem Gedanken, der Justiz dadurch "eine ungeheure Zahl von nichtigen, wertlosen Strafprozessen" zu ersparen.[86] Der Gedanke, der schon in den Beratungen vor der Wortlautänderung und Einführung im Jahre 1909 im Reichstag geäußert wurde, zeigt, daß keinesfalls nur an "kleine Fallgruppen" für die Anwendung der Normen gedacht worden war. Der Zuschnitt auf "ganz spezifische Tat- und Tätermerkmale", den Wagner weiter herausstellt, ist nun tatsächlich kein erwähnenswertes Spezifikum der Normen der §§ 370 Abs. 1 Nr. 5 und 248a StGB a.F., sondern sollte nicht zuletzt aus Gründen des Bestimmtheitsgebotes, welches bereits zu dieser Zeit von Bedeutung war, in jeglicher kriminalpolitischen Konzeption bzw. Zielsetzung Berücksichtigung finden oder gefunden haben.

Selbst wenn zwischen ursprünglicher kriminalpolitischer Zielsetzung und späterem denkbaren tatsächlichen Anwendungsbereich Diskrepanzen bestanden haben sollten, erlaubt das regelmäßig nicht ohne weiteres die Vermutung, daß die Normen nicht doch in der Praxis in erheblichem Umfang gerade für das aktuelle Kriminalitätsphänomen zur Anwendung gekommen sind. Häufig eilt der Gesetzgeber, begründet oder unbegründet, der tatsächlichen Entwicklung mit er-

---

83 Lang, a.a.O.

84 Wagner, Sanktionspraxis, S. 35.

85 Wagner, a.a.O.

86 Heine, Sitzungen des Reichstages, 187. Sitzung, Montag den 18. Januar 1909, S. 6335, 6346 (B).

heblichem Verzug hinterher; so lange eine Gesetzeslage noch nicht aktualisiert worden ist, wird von der Rechtsprechung das de lege lata bestehende Instrumentarium, passend oder unpassend, angewendet.

Der Versuch Wagners, von der ursprünglichen kriminalpolitischen Zielsetzung auf die aktuelle Anwendungspraxis einer Norm zu schließen, erscheint auch insoweit eher zweifelhaft. Der Schluß Wagners, daß die §§ 370 Abs. 1 Nr. 5 und 248a StGB a.F. "auf den Bagatelldiebstahl als Einzel-, nicht als Massendelikt" zugeschnitten gewesen seien und "von ihrer kriminalpolitischen Konzeption her keine Berührungspunkte" mit dem Ladendiebstahl "als einem Massenphänomen unserer Konsumgesellschaft" gehabt hätten, darf hier insofern zumindest bezweifelt werden.[87] Auch die Behauptung Wagners, daß "die Sanktionspraxis beim Ladendiebstahl in erster Linie auf den § 242 StGB angewiesen"[88] gewesen sei, erscheint insofern als zu pauschal und muß durch ein differenzierteres Bild der Sanktionspraxis beim Ladendiebstahl bis 1974 ersetzt werden, das die Rolle der Norm des § 370 Abs. 1 Nr. 5 StGB a.F. angemessen berücksichtigt.

Den weiteren Beleg für die Annahme, daß für die strafrechtliche Sanktionspraxis der § 370 Abs. 1 Nr. 5 StGB a.F. von herausragender Bedeutung war, liefert die Untersuchung von Brusten.

Die Untersuchung von Brusten erstreckt sich auf die Zeit vom Januar 1969 bis Dezember 1970; sie bezieht sich auf alle in der Zeit von der Kriminalpolizei bearbeiteten und an die Staatsanwaltschaft weitergeleiteten Fälle, für die nach polizeilichem Ermittlungsergebnis ein Tatverdächtiger benannt werden konnte und die somit als aufgeklärt gelten konnten. In die Untersuchung wurden jedoch nur die Fälle einbezogen, bei denen bis zum Abschluß der Erhebung die Strafmitteilung bei der Polizei eingetroffen war. Es handelte sich danach um insgesamt 14.626 Einzelfälle, für die eine Information über den strafrechtlichen Ausgang des Verfahrens vorlag.[89]

Nach der deliktsspezifischen Aufgliederung entfielen davon 855 Fälle (5,8%) auf Tatverdächtige gem. § 370 Abs. 1 Nr. 5 StGB a.F. Der Ladendiebstahl wurde hier nicht separat ausgewiesen, aber der "einfache Diebstahl" wurde hier mit 3.490 Fällen (23,9%) registriert.[90] Das Verhältnis des Anwendungsbereiches beträgt hier für die §§ 370 Abs. 1 Nr. 5 und 242 StGB a.F. eins zu vier, d.h. daß einer Anwendung des § 370 Abs. 1 Nr. 5 StGB a.F. vier Anwendungen des § 242 StGB a.F. gegenüberstanden.

87 Wagner, Sanktionspraxis, S. 35.
88 Wagner, a.a.O.
89 Brusten, S. 131.
90 Brusten, S. 135.

Berücksichtigt man nun, daß in der Zahl der Fälle gem. § 242 StGB a.F. nicht nur Ladendiebstähle, sondern auch alle weiteren denkbaren "einfachen Diebstähle" erfaßt wurden, dann zeigt sich, daß die Vorschrift des § 370 Abs. 1 Nr. 5 StGB a.F. neben der Vorschrift gem. § 242 StGB a.F. auch nach dieser Erhebung von erheblicher Bedeutung für die Anwendungspraxis war.

Die Vorschrift des § 248a StGB a.F. wird hier nicht erwähnt. Das mag daran liegen, daß bei der deliktsspezifischen Aufgliederung der Untersuchungsergebnisse nur solche Deliktsarten berücksichtigt wurden, bei denen mindestens 40 Einzelfälle registriert worden waren. Das waren insgesamt 13.181 Einzelfälle (90%) aller registrierten Fälle.[91] Die Anwendung des § 248a StGB a.F. hat diesen Umfang der Berücksichtigung in der Untersuchung nicht erreicht, was ein weiteres Indiz für die Bedeutungslosigkeit der Norm in der Praxis ist.

Die Verurteilungswahrscheinlichkeit war für das Delikt des § 370 Abs. 1 Nr. 5 StGB a.F. nach der Untersuchung sogar vor allen anderen Deliktsarten am höchsten: von den 855 Tatverdächtigen wurden 782 verurteilt[92], davon 95,5% durch einen Strafbefehl.[93] Der Anteil der Freisprüche betrug ganze 0,2% der registrierten 855 ermittelten Tatverdächtigen im Anwendungsbereich des § 370 Abs. 1 Nr. 5 StGB a.F.[94] Hinsichtlich der Verfahrenseinstellungen wird weiter noch mitgeteilt, daß nur 3% der Verfahren gem. § 370 Abs. 1 Nr. 5 StGB a.F. nach § 170 StPO a.F. erfolgten.[95] Die Einstellungen des § 370 Abs. 1 Nr. 5 StGB a.F. werden also im wesentlichen nach § 153 StPO a.F. erfolgt sein.

5.5.4 Zwischenergebnis

Als Zwischenergebnis läßt sich hinsichtlich der strafrechtlichen Gesetzeslage der für den Ladendiebstahl relevanten Vorschriften zur Zeit der Entstehung der Fangprämienpraxis konstatieren, daß für die Sanktionierung des Ladendiebstahls ein komplexes Normenprogramm zur Verfügung stand, welches die abgestufte und damit dem Unrechtsgehalt der Tat entsprechende Reaktion ermöglichte. Hierfür standen die privilegierenden Vorschriften der §§ 248a und 370 Abs. 1 Nr. 5 StGB a.F. zur Verfügung, die durch die verfahrensrechtlichen Regelungen der §§ 153 und 413 StPO a.F. ergänzt wurden.

Weiter bleibt festzuhalten, daß die Einzelhandelsunternehmen selbst, als ein den staatlichen Instanzen sozialer Kontrolle vorgeschalteter Selektionsfilter, den

91 Brusten, S. 132.
92 Brusten, S. 135.
93 Brusten, S. 138.
94 Brusten, S. 139.
95 Brusten, S. 142.

entscheidenden Einfluß auf die Anwendungspraxis der strafrechtlichen Vorschriften hatten. Der Befund ergänzt das oben bereits für die PKS festgestellte Ergebnis: die Verfolgungspolitik der Einzelhandelsunternehmen ist neben der Tatbegehung selbst ein entscheidender Faktor für das Bekanntwerden und die Erfassung der Ladendiebstahlsdelinquenz.

Gerade bei dem hier in Rede stehenden Phänomen des Ladendiebstahls hat das betroffene Einzelhandelsunternehmen es erst einmal selbst in der Hand zu entscheiden, wer den staatlichen Verfolgungs- und Sanktionsinstanzen überantwortet wird und wer durch die Warenhausjustiz intern diszipliniert wird. Die erste wesentliche Weichenstellung für die Frage nach der Verfolgung und Sanktionierung des tatverdächtigen Ladendiebes und damit für die mögliche Anwendung der in Rede stehenden strafrechtlichen Normen findet also überwiegend "hausintern" statt.

Von der tatsächlichen Anwendung des strafrechtlichen Normenprogrammes durch die Strafjustiz abgesehen, hatte das Programm also vor allem auch Wirkung auf der vorgeschalteten Ebene, der internen Sanktionierungsebene, der betroffenen Einzelhandelsunternehmen, die in erster Linie auf das in diesem Normenprogramm vorhandene Droh- bzw. Abschreckungspotential zurückgreifen konnten, wenn sie wollten.

Weiter bleibt dann noch festzuhalten, daß die Entscheidung über Sanktionsverzicht oder Strafmaß, wenn die staatliche Verfolgung stattgefunden hat, überwiegend in den Händen der Polizei bzw. der Staatsanwaltschaft lag. Die Bedeutung der verfahrensrechtlichen Regelungen der §§ 153, 413 StPO a.F. war insoweit für die Erledigung der Ladendiebstahlskriminalität erheblich. Auch dieser Befund festigt die Vermutung, daß die einschlägigen materiellen Strafgesetze für die Sanktionierung des Ladendiebstahls vor allem erst einmal als Drohpotential für die Einzelhandelsunternehmen zur Verfügung standen, die bei Bedarf auf das Strafrecht zurückgreifen konnten.

Hinsichtlich der Frage, in welchem Umfang die in Rede stehenden Strafnormen in der Verfolgung und Sanktionierung des Ladendiebstahls zur Anwendung kamen, läßt sich festhalten, daß die Vorschriften der §§ 370 Abs. 1 Nr. 5 und 242 StGB a.F. - und zwar in dieser Reihenfolge - von entscheidener Bedeutung waren. Aus den Strafverfolgungsstatistiken des Bundes und der Länder läßt sich leider nur entnehmen, daß der § 248a StGB a.F. keine Rolle in der Praxis der Sanktionierung des Ladendiebstahls spielte.

Aus den vorliegenden Untersuchungen und dem Material der PKS läßt sich aber ableiten, daß die Strafnorm des § 370 Abs. 1 Nr. 5 StGB a.F. - noch vor der des § 242 StGB a. F. - hinsichtlich der Verfolgung und Sanktionierung des Ladendiebstahls zur Anwendung kam und insofern, wenn auch vielleicht teilweise nur als Drohpotential, für die Einzelhandelsunternehmen im Bereich der Kriminalstrafe von erheblicher Bedeutung war. Die einschlägigen Strafgesetze und deren Sanktionspotential waren insoweit keine unwesentlichen Stützen in der präventiven und repressiven Strategie der Einzelhandelsunternehmen zur Bekämpfung des Ladendiebstahls und damit zur Erhaltung der Verkaufsform der Selbstbedienung.

Ausgehend von dem erlangten Befund, daß die Strafnorm des § 370 Abs. 1 Nr. 5 StGB a.F. für den überwiegenden Teil der Ladendiebstähle die einschlägige Kriminalstrafe repräsentierte, mußten alle Bestrebungen hinsichtlich der Abschaffung der Bestimmung, auf besondere Befürchtungen auf seiten der Einzelhandelsunternehmen treffen. Vergegenwärtigt man sich, daß mindestens 60% der bekanntgewordenen, vielleicht sogar der überwiegende Teil der tatsächlich stattgefundenen Selbstbedienungsladendiebstähle, in den Zuständigkeitsbereich der Vorschrift des § 370 Abs. 1 Nr. 5 StGB a.F. gefallen sein müssen, dann wird klar, wie sensibel der Einzelhandel auf Veränderungstendenzen reagieren mußte.

Die Abschaffung des § 370 Abs. 1 Nr. 5 StGB a.F. hätte im Ergebnis, aus Perspektive der Einzelhandelsunternehmen, den Ersatz für die dann nicht mehr existierende Kriminalstrafe erforderlich gemacht. Selbst wenn es nicht zu vermuten war, daß es zu der ersatzlosen Streichung der Vorschrift kommen würde, mußte die Vorstellung von der u.U. drohenden Möglichkeit der wie auch immer gearteten Ent- oder Minderkriminalisierung der Ladendiebstahlsdelinquenz bei den Einzelhandelsunternehmen den Gedanken an eine Alternative für den möglicherweise wegbrechenden strafrechtlichen Schutz ihrer Geschäftstätigkeit reifen lassen. Das Aufkommen der Fangprämie wurde insoweit durch die Entkriminalisierungsängste der Einzelhandelsunternehmen hinsichtlich der voranschreitenden legislativen Strafrechtsreform maßgeblich gefördert.

5.6 Die Abschaffung der Übertretungen

Die Bestrebungen hinsichtlich der Veränderungen der Eigentumsdelikte waren prinzipiell alles andere als neu. Besondere Sensibilität gegenüber allen Reformvorhaben, sprich: Entkriminalisierungsbestrebungen, dürfte bei den Kaufleuten und Einzelhandelsunternehmen schon lange bestanden haben.

Es soll nun kurz der Hinweis erlaubt sein, auf welchen Ursprung der Gedanke der Abschaffung der Übertretungen zurückzuführen ist, denn ausgehend von den Ansätzen, weit vor der Arbeit der Strafrechtsreform der Bundesrepublik, hatte es in der langen Geschichte der strafrechtlichen Reformbewegung erste grundlegende Überlegungen gegeben, wie mit den Übertretungen des 29. Abschnittes des StGB a.F. umzugehen sei. Hier wurde schon früh die Abschaffung der gesamten Kategorie der Übertretungen gefordert.

Der Gedanke der Beseitigung der Übertretungstatbestände geht auf die schon zu Beginn des 20. Jahrhunderts erhobene Forderung von Franz v. Liszt zurück, den gesamten 29. Abschnitt des Besonderen Teils des Reichsstrafgesetzbuches, damit also auch die Norm des damaligen § 370 Abs. 1 Nr. 5 StGB a.F., aus dem Strafgesetzbuch herauszunehmen: "Das Gesamtgebiet der Polizeidelikte ist aus dem künftigen Reichsstrafgesetzbuch auszuscheiden."[96]

Hier klingt also bereits der Gedanke der möglichen Entkriminalisierung von Teilbereichen des StGB an. So weist v. Liszt in seinem Gutachten weiter darauf hin, daß an dem inneren Gegensatz zwischen dem kriminellen Unrecht und dem Polizeidelikt damals kaum ernstlich gezweifelt wurde. Auch wenn damit die Übertretungen insgesamt bezeichnet werden und v. Liszt weiter offenläßt, ob hier auch gerade die kleine Eigentumskriminalität i.S. des § 370 Abs. 1 Nr. 5 StGB a.F. erfaßt werden soll, indem er weiter ausführt: "Dem künftigen Gesetzgeber können wir es getrost überlassen, bei jedem einzelnen Tatbestand die Entscheidung darüber zu treffen, ob er als kriminelles Unrecht zu betrachten und in das Strafgesetzbuch aufzunehmen, oder ob er als Polizeidelikt einer abgesonderten Regelung zu überlassen ist."[97], bleibt festzuhalten, daß die Forderung, die Übertretungen aus dem Strafgesetzbuch herauszunehmen, schon seit v. Liszt existierte. Er hatte also schon damals erkannt, daß der Verhaltensbereich der Übertretungen, im Unterschied zu den Vergehen und Verbrechen, regelmäßig kein so schweres Unrecht betraf, das ein Bleiben der Normen im StGB rechtfertigen würde. [98]

An die Forderung anknüpfend, formuliert v. Liszt dann weiter auch die folgenden Überlegungen, die einerseits den oben erwähnten Ansatz weiter konkretisieren und andererseits einen Hinweis auf das denkbare Zusammenspiel von Straf- und Zivilrecht bei der Behandlung der Bagatellkriminalität geben: "Unsere heutige Gesetzgebung macht von dem Kampfmittel der Strafe überreichlichen Gebrauch. Es wäre zu überlegen, ob der alte Satz "minima non curat praetor" nicht wieder, sei es als prozessualer Rechtssatz (Durchbrechung des Legalitätsprinzips), sei es als materiellrechtliche Regel (Straflosigkeit bei Geringfügigkeit der Verletzung) Aufnahme zu finden verdiente. Erweiterte Anwendung der Buße auf privatrechtlichem Gebiete (vgl. § 847 BGB) würde manche Strafklage überflüssig machen, das Sühneverfahren vor Schiedsmännern zahlreichen Verurteilungen vorbeugen."[99]

96 v. Liszt, Revision des Strafgesetzbuchs, S. 272.
97 v. Liszt, Revision des Strafgesetzbuchs, S. 272.
98 v. Liszt, Revision des Strafgesetzbuchs, S. 273.
99 v. Liszt, Lehrbuch, S. 14, § 4 II 1.

Diese Entkriminalisierungsansätze haben seit der Zeit von Franz v. Liszt, abgesehen von den Einfügungen der §§ 248a StGB a.F. und 153 StPO a.F. aus justizökonomischen Gründen in der Weimarer Republik, kaum nennenswerte Erfolge erzielt. Die Strafrechtsreform ist für die Eigentumsdelikte seit v. Liszt nicht entscheidend vorangekommen.

5.6.1 Die Kriminalisierungsansätze des E 62

Die Bemühungen um die gesamte Strafrechtsreform wurden dann aber im Jahre 1952 erneut angegangen.[100] Der damalige Justizminister Dehler (FDP) ließ zu Grundfragen der Strafrechtsreform durch Professoren der Rechtswissenschaft Gutachten erstellen und im Freiburger Institut für ausländisches und internationales Strafrecht, dem späteren Max-Planck-Institut, spezielle rechtsvergleichende Arbeiten über die wichtigsten Themen des Allgemeinen und des Besonderen Teils fertigen.[101]

Eine der hier aufgegriffenen Grundfragen beschäftigte sich dann auch mit der seinerzeit noch bestehenden Dreiteilung der Straftaten in Verbrechen, Vergehen und Übertretungen und lautete: Empfiehlt sich die Dreiteilung der Straftaten auch für ein neues Strafgesetzbuch? Zu dieser Frage erstellte Heinitz ein Gutachten, das aber nicht die Gesamtvereinheitlichung der drei Kategorien oder etwa die Abschaffung der Übertretungen thematisierte, sondern sich im wesentlichen mit der Frage nach dem Sinn und den Auswirkungen der Unterscheidung in Verbrechen und Vergehen beschäftigte, wobei er die Differenzierung aus der Perspektive der Rechtsfolgen - Zuchthaus oder Gefängnis - darstellte.[102] Die Arbeit thematisierte die Idee der Entkriminalisierung wider Erwarten nicht weiter.

Dagegen beschäftigte sich aber eine der vorgelegten rechtsvergleichenden Arbeiten mit der Trennung von kriminellem Unrecht und Verwaltungsunrecht.[103] In der Arbeit untersucht Schottelius das Problem der Abgrenzung des kriminellen vom nicht-kriminellen Unrecht. Er geht davon aus, daß im Recht jene menschlichen Handlungen als Unrecht bezeichnet würden, über die die staatliche Rechtsordnung ein Unwerturteil gefällt habe. Dieses Gebiet der Unrechtshandlungen weise dabei die verschiedensten Gradunterschiede auf, und nicht jedes Unrecht werde vom Strafrecht erfaßt. Im Zivilrecht könne das Unrecht als Reaktion Nichtigkeit, Verpflichtung und Schadensersatz nach sich ziehen. Das

---

100 Lang-Hinrichsen, Vorwort.
101 Roxin, § 4 Rn. 16.
102 Heinitz, S. 55.
103 Schottelius, S. 11.

Strafrecht dagegen entscheide nach Schottelius darüber, ob strafwürdiges Unrecht vorliegt. Er stellt heraus, daß regelmäßig das Unrecht jedoch erst dann als strafrechtliches Unrecht bewertet werde, wenn es sich um ein Verhalten handele, das in einem besonders schwerwiegenden Widerspruch zur Rechts- und Sittenordnung bestehe. Andere Formen unrechten Verhaltens, bei denen im Gemeinschaftsinteresse ebenfalls auf die staatliche Reaktion nicht verzichtet werden könne, müßten gleichwohl nicht zwingend dem kriminellen Unrecht zugerechnet werden.

Nachdem die Vorbereitungsarbeiten für die große Strafrechtsreform soweit gefördert worden waren, daß die Gutachten der Strafrechtslehrer zu den Grundfragen vorlagen und der erste Arbeitsgang der inzwischen abgeschlossenen rechtsvergleichenden Untersuchungen am Institut für ausländisches und internationales Strafrecht in Freiburg beendet war, berief der Bundesminister der Justiz die Große Kommission ein mit der Aufgabe, die Grundlagen des künftigen Entwurfs zu beraten. Der Kommission gehörten Abgeordnete des Deutschen Bundestages, Strafrechtslehrer, Vertreter der Landesjustizverwaltungen, des Deutschen Richterbundes, der Rechtsanwaltschaft, des Bundesgerichtshofes und des Oberbundesanwalts beim Bundesgerichtshof sowie besonders berufene Einzelmitglieder, aktive oder Richter a.D., an.

Die Kommission nahm nach ihrer konstituierenden Sitzung am 6. April 1954 ihre Arbeitssitzungen am 29. Juni 1954 auf.[104] Die sog. Große Strafrechtskommission beriet zunächst Grundsatzfragen; daran schloß sich die erste Lesung des Allgemeinen Teils an. In diesem Arbeitsabschnitt wurden die einzelnen Themen in Referaten und Korreferaten der Kommissionsmitglieder behandelt, die in Leitsätzen, Fassungsvorschlägen und Bemerkungen ihren schriftlichen Niederschlag fanden. Außerdem legten die Sachbearbeiter des Bundesjustizministeriums regelmäßig Vorschläge und Bemerkungen vor. Nach der ersten Beratung des Themas in der Vollkommission wurde grundsätzlich eine Unterkommission mit der Ausarbeitung von Fassungsvorschlägen beauftragt. Aus den Beratungen ging schließlich im Jahre 1962 der Entwurf eines Strafgesetzbuches (E 62) hervor.[105] Die Vorschrift für den Diebstahl des § 235 in der Fassung des E 62 sollte demnach folgenden Wortlaut erhalten:

---

104 Niederschriften über die Sitzungen der Großen Strafrechtskommission, 1. Band, S. 5.

105 Deutscher Bundestag, 4. Wahlperiode, Drucksache IV/650.

§ 235 "Diebstahl"

(1) Wer einem anderen eine fremde bewegliche Sache wegnimmt, um sie sich oder einem Dritten widerrechtlich zuzueignen, wird mit Gefängnis bis zu drei Jahren oder mit Strafhaft bestraft.
(2) Der Versuch ist strafbar.[106]

Weiter war in § 242 des E 62 die "Entwendung" als eine Art Verschmelzung des § 248a StGB a.F., der "Notentwendung", und des § 370 Abs. 1 Nr. 5 StGB a.F., der "Verbrauchsmittelentwendung" konstruiert:

§ 242 "Entwendung"

(1) Wer aus Not Sachen von geringem Wert entwendet (§§ 235, 236, 240), wird mit Strafhaft bis zu drei Monaten oder mit Geldstrafe bis zu neunzig Tagessätzen bestraft.
(2) Ebenso wird bestraft, wer Nahrungs- oder Genußmittel oder Sachen des hauswirtschaftlichen Verbrauchs in geringer Menge oder von geringem Wert zum alsbaldigen Verbrauch für sich oder einen Angehörigen entwendet.
(3) Der Versuch ist strafbar.
(4) Die Tat wird nur auf Antrag verfolgt.
(5) Wer die Tat gegen einen Angehörigen begeht, mit dem er in häuslicher Gemeinschaft lebt, ist straffrei.[107]

In der Begründung des Entwurfes wird dazu ausgeführt, daß die Zusammenfassung dadurch gerechtfertigt sei, daß der Entwurf Übertretungen nicht mehr kenne, der Mundraub aber nicht nur als Ordnungswidrigkeit angesehen werden könne. Weiter wird darauf verwiesen, daß Fälle vorkämen, bei denen die Freiheitsstrafe am Platze sei und die bloße Geldbuße unbefriedigend wäre. Es sei auch nicht einzusehen, warum derjenige, der aus Not Sachen von geringem Wert entwende, strenger bestraft werden solle als ein anderer, der ohne Not "und nur um eines Gelüstes willen" Genußmittel in zwar geringer Menge, aber nicht von geringem Wert entwende, um sie alsbald zu verzehren. Im übrigen gingen Notentwendung und Mundraub vielfach ineinander über.[108]

Hier kann von Entkriminalisierung überhaupt keine Rede sein. Im Gegenteil, die "Verbrauchsmittelentwendung" des § 370 Abs. 1 Nr. 5 StGB a.F. wird auf die Ebene der Kategorie des Vergehens angehoben und das, obwohl die Abschaffung der Übertretungen insgesamt nicht die Bedeutung haben sollte, daß

106 Deutscher Bundestag, 4. Wahlperiode, Drucksache IV/650, S. 50.
107 Deutscher Bundestag, 4. Wahlperiode, Drucksache IV/650, S. 51.
108 Deutscher Bundestag, 4. Wahlperiode, Drucksache IV/650, S. 411.

der gesamte Bereich des ursprünglich strafbaren Verhaltens nunmehr lediglich in zwei statt in drei Kategorien aufgeteilt werden sollte. Die Intention der Abschaffung der dritten Kategorie des StGB a.F. war vielmehr eigentlich die, "daß die bisherigen Übertretungen weitgehend aus dem kriminellen Strafrecht überhaupt ausgeschieden werden sollen", und es sei eines der wichtigsten Anliegen des Entwurfes, mit der "Vielbestraferei" Schluß zu machen und diejenigen Tatbestände, deren Verletzung in der Öffentlichkeit nicht als kriminell empfunden würden, aus dem kriminellen Strafrecht überhaupt hinauszunehmen.[109] Der hier noch einmal betonte reformerische und tatsächlich entkriminalisierende Ansatz hinsichtlich der Abschaffung der gesamten Kategorie der Übertretungen wurde in Bezug auf den § 370 Abs. 1 Nr. 5 StGB a.F. nicht nur vernachlässigt, sondern durch den Vorschlag der Schaffung des § 242 im E 62 und die damit verbundene Anhebung in die Kategorie der Vergehen sogar faktisch "ad absurdum" geführt.

Hier sollte mit der Lösung des § 242 im E 62 die Kleinkriminalität der Eigentumsdelikte der §§ 248a und 370 Abs. 1 Nr. 5 StGB a.F. in ihrem Unrechtsgehalt heraufgestuft werden.[110] Der E 62 wurde dann auch als "ein Musterbeispiel an kriminalpolitisch verfehlter Überpönalisierung" kritisiert.[111]

Überall dort, wo es darauf angekommen wäre, einmal mit dem fragmentarischen Charakter des Strafrechts ernst zu machen, habe es an der nötigen Entschlußkraft gefehlt.[112] Vorwürfe, die sich vor dem Hintergrund der konkreten oben dargestellten Entwürfe für die neue Gestaltung des hier einschlägigen Teilbereichs als deutlich berechtigt erweisen. Obwohl die Kommission sich mit dem Thema Reform des Strafrechts beschäftigt hatte und die Entkriminalisierung in dieser Phase im Schrifttum kontinuierlich eingefordert wurde, hat sich der E 62 in die entgegengesetze Richtung bewegt.

5.6.2 Der AE als Gegenvorschlag

Der E 62 erfuhr so in weiten Teilen der Öffentlichkeit ebenso wie in der wissenschaftlichen Auseinandersetzung lebhafte, in der Mitte der sechziger Jahre zunehmende Kritik. Die Alternativentwürfe eines StGB (AE) der Jahre 1966 und 1968, von 14 bzw. 16 Strafrechtslehrern vorgelegt, vertraten kriminalpolitisch überwiegend strikte Gegenpositionen, die aber bei den Rechtsfolgen ansetzten. Der Entwurf forderte u.a. die Abschaffung des Zuchthauses, die Abschaffung

109 Lackner, in der 8. Sitzung des Unterausschuß "Strafrecht" des Rechtsausschusses, am 28. November 1963, Deutscher Bundestag 4. Wahlperiode, S.40.

110 Baumann, Vermögensschutz, S. 3.

111 Roos, S.15.

112 Kaufmann, S. 549.

der kurzfristigen Freiheitsstrafe, die spezialpräventive Ausgestaltung des Vollzuges und die Arbeitsentlohnung von Strafgefangenen. Zu den in Rede stehenden Bagatelldelikten der kleinen Eigentumskriminalität wurde explizit keine Aussage gemacht, da der AE sich nicht unmittelbar mit Reformfragen des BT beschäftigte. In § 11 des AE wurden die Übertretungen allerdings nicht mehr erwähnt, so daß davon ausgegangen werden kann, daß auch die Verfasser des AE für die Abschaffung dieser Kategorie votierten.[113] Einen konkreten Beitrag zur Behandlung des Ladendiebstahls oder zur Reform der bestehenden Strafgesetze bot der AE insoweit zunächst nicht.

5.6.3 Der Sonderausschuß und das EGStGB

Der politische und soziale Wandel in der Bundesrepublik seit Mitte der sechziger Jahre führte dann zu vermehrter Gesetzgebungstätigkeit. Aber erst durch den sich nachhaltig konstituierenden politischen Klimawechsel und den Beginn der Großen Koalition Ende 1966 kam die Strafrechtsreform tatsächlich in den Diskurs, der den Titel - Reform - tatsächlich verdient hätte; der Zeitraum wurde retrospektiv auch als die "entscheidende Phase" der Strafrechtsreform bezeichnet.[114]

Die nunmehr regierungstragenden Parteien CDU und SPD verfügten über die breite parlamentarische Mehrheit und waren trotz ihrer überwiegend gegensätzlichen Positionen in den kriminalpolitischen Fragen daran interessiert, Konsens zu finden und Kompromisse zu erzielen. Die Strafrechtsreform wurde nun durch den Sonderausschuß des Bundestages für die Strafrechtsreform weiterbetrieben.[115] Aus seiner Tätigkeit gingen bis 1974 sieben Änderungen des StGB hervor: das 8. Strafrechtsänderungsgesetz von 1968, die fünf Strafrechtsreformgesetze von 1969 bis 1974 und das Einführungsgesetz zum Strafgesetzbuch (EGStGB).

5.6.4 Zwischen E 62 und AE

Der Sonderausschuß arbeitete in den Jahren 1966 bis 1969 mit der Unterstützung des Bundesjustizministeriums. Weiter gehörten ihm Abgeordnete aller Parteien an, die im Bundestag vertreten waren. Bei den parlamentarischen Erörterungen hielten sich SPD und CDU/CSU in Erfüllung ihrer Koalitionsvereinbarung for-

113 Baumann/Brauneck/Hanack, AE-AT, §11.
114 Roxin, § 4 Rn. 24.
115 Müller-Emmert/Friedrich, S. 245.

mal am E 62 als Beratungsgrundlage fest, während die FDP-Opposition den AE als "ihren" Gesetzesvorschlag in das Parlament eingebracht und damit gleichfalls in das Gesetzgebungsverfahren einbezogen hatte. Der E 62 war auch zu Beginn der 5. Wahlperiode als Entwurf eines Strafgesetzbuches, wieder mit den oben dargestellten und insoweit unveränderten §§ 235, 242 des E 62, dem Bundestag zur Beschlußfassung vorgelegt worden.[116] Die Beratungen des Allgemeinen Teils des neuen StGB wurden im Jahre 1968 nach nahezu sechsjähriger parlamentarischer Arbeit durch den Sonderausschuß für die Strafrechtsreform abgeschlossen. Seit Ende Oktober 1968 wurden dann ausgewählte Sachgebiete des Besonderen Teils, deren Reform vordringlich erschien und die in einer Novelle zum geltenden StGB noch in der V. Legislaturperiode verabschiedet werden sollten, beraten.[117]

Ein wesentliches Anliegen im Sonderausschuß war die lange beabsichtigte Abschaffung der Übertretungen. Anstelle der bisherigen Dreiteilung der Straftaten in Verbrechen, Vergehen und Übertretungen sollte nun die Zweiteilung des StGB in Verbrechen und Vergehen dem davon separaten Ordnungswidrigkeitenrecht gegenüberstehen. Erleichtert wurde die Änderung dadurch, daß die ursprünglich materiell-rechtliche Funktion der Dreiteilung, die Verdeutlichung unterschiedlicher "Schwerekategorien" der mit Strafe bedrohten Handlungen, im Laufe der Zeit an Bedeutung verlor, da der Gesetzgeber, um dem Erfordernis individualisierbarer Strafzumessung nachzukommen, zunehmend innerhalb desselben Straftatbestandes nach verschiedenen Strafarten schweremäßig zu differenzieren begann.[118] Außerdem wurde mit der Einführung der Einheitsstrafe durch das 1.StrRG vom 25. Juni 1969 dem Verbrechen die bedeutsame stigmatisierende Kennzeichnung, die Zuchthausstrafe, entzogen. Für die Übertretungen fiel die privilegierende Haftstrafe weg, so daß sie zwar weiterhin die "leichtesten Delikte" des StGB betrafen, das aber keinen Niederschlag mehr in der Rechtsfolgenseite fand.[119]

5.7 Die Abschaffung des § 370 Abs. 1 Nr. 5 StGB a.F.

Die Abschaffung der Übertretungen insgesamt wurde durch verschiedene Formen der Behandlung der einzelnen Tatbestände des 29. Abschnitts erreicht und entwickelte sich sukzessive. Ihren Anfang nahm die Entwicklung mit der Um-

116 Deutscher Bundestag, 5. Wahlperiode, Drucksache V/32, S. 48, 49.
117 Müller-Emmert/Friedrich, S. 251.
118 Roos, S. 128.
119 BGBl. I 1969, S. 645, 657.

wandlung einiger früherer Übertretungen zu Ordnungswidrigkeiten durch das Einführungsgesetz zum Ordnungswidrigkeitengesetz (EGOWiG) vom 24.5.1968.[120] Hiermit wurden vor allem die leichten Verkehrsverstöße aus dem StGB a.F. entfernt und in diesem Umfang entkriminalisiert. Die hier begonnene Abschaffung der Übertretungen fand ihren Abschluß dann im EGStGB, welches die restlichen Übertretungstatbestände völlig beseitigte, d.h. sie zum Teil ersatzlos strich oder ebenfalls durch neue Ordnungswidrigkeitentatbestände wie die §§ 111 bis 128 OWiG ersetzte oder sie auch zu Vergehen aufwertete.

Die zuletzt benannte Variante der "Abschaffung" der Übertretungen durch den Sonderausschuß betraf auch die Vorschrift der Verbrauchsmittelentwendung gem. § 370 Abs. 1 Nr. 5 StGB a.F. Schon am 10. März 1969 hatte das Bundesministerium der Justiz in der sog. 1-c-Lösung einen Vorschlag unterbreitet, der die Verbrauchsmittelentwendung betraf:

§ 370 Abs. 1 Nr. 5 StGB (Mundraub)

a) 1. Alternative:

> Die Vorschrift wird ersatzlos gestrichen mit der Folge, daß künftig der Mundraub als Diebstahl nach § 242 StGB bestraft wird.

b) 2. Alternative:

In § 248a StGB wird folgender Absatz 2 eingefügt:
(2) Ebenso wird bestraft, wer Nahrungs- oder Genußmittel oder andere Gegenstände des hauswirtschaftlichen Verbrauchs in geringer Menge oder von unbedeutendem Wert zum alsbaldigen Verbrauch entwendet oder unterschlägt.

5.7.1 Die kriminalpolitischen Intentionen der Abschaffung

Hier wird deutlich, daß speziell die Verbrauchsmittelentwendung von seiten des Bundesministeriums der Justiz im Ergebnis eher für die Heraufstufung im Unrechtsgehalt als Vergehen vorgesehen war, entweder pauschal im Anwendungsbereich des § 242 StGB oder aber als neue Variante des § 248a StGB a. F. So trug dann auch MinRat Göhler vom BMJ in der 140. Sitzung des Sonderaus-

120 BGBl. I 1969, S. 503.

schusses für die Strafrechtsreform vor, daß das Ministerium der Auffassung zuneige, der ersten Alternative den Vorzug zu geben.[121]

Beim Mundraub handele es sich um eine privilegierte Form des Diebstahls, wie sich schon aus der historischen Entwicklung der Bestimmung ergebe. Die Privilegierung sei im Jahre 1871 auch nötig gewesen, da damals der einfache Diebstahl ausschließlich mit Gefängnisstrafe bedroht und die Verhängung einer Geldstrafe auch bei Vorliegen mildernder Umstände nicht zulässig gewesen sei. Die Möglichkeit, in minder schweren Fällen auf Geldstrafe zu erkennen, sei erst mit Einführung der Ersatzgeldstrafe durch § 27b StGB a.F. geschaffen worden. Der Grund für die Privilegierung falle jedoch künftig weg, da gemäß § 14 in der Fassung des 9. Strafrechtsänderungsgesetzes in derartigen Fällen grundsätzlich auf Geldstrafe erkannt werden könne.

Für die Beibehaltung einer besonderen Bestimmung über den Mundraub könne aber sprechen, daß sich der Begriff in der Bevölkerung eingebürgert habe und daß man dort die Wegnahme etwa eines Brötchens in der Absicht, es alsbald zu verzehren, nicht als Diebstahl empfinde. Es sei dem Laien jedoch nur schwer verständlich zu machen, daß auch die Wegnahme von Gegenständen des hauswirtschaftlichen Verbrauchs - z.B. einer Tube Zahnpasta oder einer Rolle Toilettenpapier - "Mundraub" sei.

Als weiterer Grund für die Beibehaltung des Mundraubes komme in Betracht, daß bei Einbeziehung dieser Fälle in den einfachen Diebstahl die Eintragung in das Strafregister erfolgen würde. Das wäre auch bei der Beibehaltung einer Sondervorschrift der Fall, da die Sonderregelung bezüglich des Strafregisters für den Mundraub Schwierigkeiten bereite, weil sich sofort die Frage erhebe, auf welche anderen minder schweren Fälle leichter Vermögensdelikte die Sonderregelung erstreckt werden solle.

Auch die Tatsache, daß der Mundraub bisher ein Antragsdelikt gewesen sei, könne für die Beibehaltung der Vorschrift sprechen; aber auch dieses Argument sei nicht sehr schwerwiegend, weil auch künftig solche Delikte praktisch nur auf Anzeige des Geschädigten verfolgt würden. Das Argument, daß durch die Einbeziehung in den einfachen Diebstahl die Rückfallmöglichkeit erweitert werde, sei ebenfalls nicht stichhaltig, da zur Begründung des Rückfalls festgestellt werden müsse, daß sich der Täter die früheren Verurteilungen nicht zur Warnung habe dienen lassen, und das werde man bei solch harmlosen Fällen nicht sagen können. Verzichte man auf den privilegierten Tatbestand des Mundraubes, so trete allerdings insofern die Erweiterung der Strafbarkeit ein, als künftig auch

121 Göhler, Deutscher Bundestag, 5. Wahlperiode,140. Sitzung des Sonderausschusses für die Strafrechtsreform, S. 3088.

der Versuch des Mundraubes strafbar sein werde. Aber auch das sei kein allzu gewichtiges Argument für die Beibehaltung einer Sonderbestimmung.

Das Hauptargument für die Streichung der Sondervorschrift aber sei, daß die Abgrenzung des Mundraubes vom Diebstahl äußerst schwierig sei. Hierzu habe die Rechtsprechung eine sehr umfangreiche Kasuistik entwickelt. So habe der Bundesgerichtshof entschieden, daß die Wegnahme einer größeren Anzahl von Gegenständen in einer Packung der Annahme des Mundraubes nicht entgegenstehe, wenn es dem Täter nur auf den alsbaldigen Verbrauch eines dieser Gegenstände angekommen sei. Im Ergebnis sei die ganze Unterscheidung ohne jeden Wert, da der Richter nach Streichung des Mundraubtatbestandes das Tatgeschehen frei beurteilen und entscheiden könne, ob der Täter lediglich eine Geldstrafe verdient habe. Durch die Streichung der Mundraubbestimmung werde auch die ungerechte Unterscheidung beseitigt, nach der die Wegnahme z.B. von 1 DM oder einer Zeitung immer Diebstahl sei, da die weggenommenen Gegenstände nicht zum Verbrauch bestimmt seien, die Wegnahme gleichwertiger Verbrauchsgegenstände dagegen nur Mundraub. Der Verzicht auf die Privilegierung des Mundraubes würde für die Praxis eine große Erleichterung bedeuten. Aus diesen Gründen trete das Bundesjustizministerium für die Streichung der Mundraubbestimmung ein.[122]

5.7.2 Das Opportunitätsprinzip als Kompromiß

Gegen die Anhebung der Mundraubfälle zu Vergehen, mit der Folge der Eintragung in das Strafregister, wendete sich aber der Abgeordnete Müller-Emmert, der den Kompromißvorschlag unterbreitete, § 370 Abs. 1 Nr. 5 StGB a.F. zu streichen, dafür aber dem § 242 StGB a.F. einen Absatz des Inhalts einzufügen, daß in derartigen Fällen von Strafe abgesehen werden könne.[123]

Göhler stimmte dem von Müller-Emmert vorgetragenen Grundgedanken einer Sonderbehandlung der Kleinstkriminalität zu: man könne daran denken, für die Kleinstkriminalität auf diesem Gebiet im Verfahrensrecht das Opportunitätsprinzip einzuführen oder den Privatklageweg vorzuschalten, wobei man vielleicht eine bestimmte Wertgrenze einführen könne, die sich dann aber nicht nur auf Diebstahl, sondern auf alle Vermögensdelikte beziehen müsse. Wenn man aber jetzt hier eine Sonderregelung treffe, verbaue man möglicherweise den Weg zu einer generellen Regelung der Kleinstkriminalität. Es sei nicht einzuse-

---

122 Göhler, a.a.O., S. 3089.

123 Müller-Emmert, Deutscher Bundestag, 5. Wahlperiode,140. Sitzung des Sonderausschusses für die Strafrechtsreform, S. 3089.

hen, warum eine solche Sonderregelung nicht auch für Fundunterschlagung, die Unterschlagung allgemein oder den Betrug eingeführt werden solle. Natürlich sei die Einführung einer absoluten Geldwertgrenze problematisch, da es auch auf die Vermögensverhältnisse des Opfers ankomme. Der Schwierigkeit könnte man aber dadurch entgehen, daß man einen Ermessensspielraum lasse, innerhalb dessen die harmlosen von den schwerwiegenden Fällen unterschieden werden könnten.[124]

5.7.3 Die Übergangslösung bis zur Gesamtreform

Müller-Emmert bekräftigte seinen Vorschlag und ergänzte, daß die Sprecher der SPD-Fraktion schon von Beginn der Reformarbeiten an immer wieder den Standpunkt vertreten hätten, daß man viel mehr als bisher die Möglichkeit gebrauchen müsse, das Antragserfordernis und das Privatklageerfordernis zu erweitern. Der von ihnen vorgeschlagene Kompromiß stehe insoweit der Gesamtreform der Kleinstkriminalität nicht entgegen und könne als Übergangslösung durchaus von Bedeutung sein.[125]

Darauf äußerte allerdings Dreher als Mitglied des Bundesministeriums für Justiz Bedenken gegen den Kompromißvorschlag von Müller-Emmert. Die Mundraubbestimmung stamme noch aus der Zeit, als der Handwerksbursche durch die Lande gezogen sei und ihn manchmal der Hunger gezwickt habe. Den Fall, daß jemand aus Hunger stehle, gebe es aber praktisch kaum mehr. Die sinnvolle Reform könne nur für den gesamten Bereich der Kleinstkriminalität innerhalb der Vermögensdelikte durchgeführt werden, da die Differenzierung auf diesem Gebiet unter den Gesichtspunkten des Mundraubes zu völlig ungerechten Ergebnissen führe. Für die Übergangszeit reiche § 153 StPO sicher aus, ohne daß es dabei zu unerträglichen Ungleichbehandlungen komme, die die Mundraubbestimmung mit sich bringe.[126]

5.7.4 Unstimmigkeiten bei der Suche nach Ersatz

Auf die Äußerung Drehers zog Müller-Emmert seinen Kompromißvorschlag zurück und bat die Vertreter des Bundesjustizministeriums um die Vorlage einer

124 Göhler, a.a.O.
125 Müller-Emmert, a.a.O., S. 3090.
126 Dreher, Deutscher Bundestag, 5. Wahlperiode, 140. Sitzung des Sonderausschusses für die Strafrechtsreform, S. 3090.

Formulierungshilfe, die die Möglichkeit des Absehens von Strafe in Bagatellfällen für alle Vermögensdelikte vorsehe.[127]

Daraufhin meldete nun auch Corves, ebenfalls aus dem Bundesjustizminsterium, Zweifel an, ob man in der Lage sei, jetzt mit der von Müller-Emmert vorgeschlagenen Methode zu einem befriedigenden Ergebnis zu kommen. Es sei doch besser, etwa in der Einführungsgesetzgebung eine Gesamtreform in der Form einer prozessualen Regelung zu finden.[128]

Müller-Emmert bat abschließend die Vertreter des Bundesjustizministeriums darum, den Versuch einer Reform schon im vorliegenden Gesetzentwurfs zu machen. Falls das jedoch mit unüberwindlichen Schwierigkeiten verbunden sein sollte, sei er hilfsweise auch mit der Anbringung einer entsprechenden Vormerkung einverstanden.[129]

Die 140. Sitzung des Sonderausschusses schloß dann mit dem Ergebnis, daß man einstimmig der Auffassung sei, daß § 370 Abs. 1 Nr. 5 StGB a.F. auf jeden Fall gestrichen werden solle. Gleichzeitig ersuche man die Vertreter des Bundesjustizministeriums, Vorschläge für die Ersatzregelung im Sinne des Vorschlages von Müller-Emmert vorzulegen.[130]

So wurde dann auch im zweiten schriftlichen Bericht des Sonderausschusses für die Strafrechtsreform festgestellt, daß der Ausschuß empfehle, abweichend von § 242 Abs. 2 des E 62 den Tatbestand der Verbrauchsmittelentwendung zu streichen. Seiner bedürfe es nicht mehr, da nach dem neuen Recht dem geringen Unrechts- und Schuldgehalt solcher Diebstahls- und Unterschlagungsfälle auf andere Weise Rechnung getragen werden könne. Der Verzicht auf die bisherige Regelung des § 370 Abs. 1 Nr. 5 StGB a. F. werfe allerdings zunehmend die Frage auf, ob für die Verfolgung der Kleinkriminalität, namentlich von geringfügigen Vermögensdelikten, nicht besondere Verfahrensgestaltungen vorzusehen seien, die darauf zielten, die Verfolgungsorgane und Gerichte insoweit zu entlasten zugunsten der intensiveren Verfolgung der mittleren und schweren Kriminalität. Der Ausschuß habe die Frage nicht abschließend beraten können; er gehe jedoch davon aus, daß die Bundesregierung im Zusamenhang mit dem Entwurf

127 Müller-Emmert, a.a.O.

128 Corves, Deutscher Bundestag, 5. Wahlperiode, 140. Sitzung des Sonderausschusses für die Strafrechtsreform, S. 3090.

129 Müller-Emmert, a.a.O.

130 Deutscher Bundestag, 5. Wahlperiode, 140. Sitzung des Sonderausschusses für die Strafrechtsreform, S. 3090.

zum neuen Strafgesetzbuch die Fragen prüfen und geeignete Lösungen vorschlagen werde.[131]

5.7.5 Ordnungswidrigkeitenlösung oder Streichung

Im Sonderausschuß wurde andererseits auch ohne Umwege die ersatzlose Streichung verschiedener Übertretungstatbestände wie der Landstreicherei gem. § 361 Nr. 3 StGB a.F., der Bettelei gem. § 361 Nr. 4 StGB a.F. und der Obdachlosigkeit gem. § 361 Nr. 8 StGB a.F. beschlossen.[132]

Die Aufforderung zur Unzucht und die gewerbsmäßige Unzucht des § 361 Nr. 6 bis 6c StGB a.F. blieben dagegen hinsichtlich ihrer Behandlung weiter umstritten. Einerseits wurde der Verbleib im Bereich der Vergehenstatbestände vorgeschlagen.[133] Andererseits wurden hier auch Stimmen laut, die forderten, für die Belästigung gem. § 361 Nr. 6 StGB a.F. eine Ordnungswidrigkeit vorzusehen.[134] Der Ausschuß stellte dann auch einstimmig fest, daß die durch § 361 Nr. 6 StGB a.F. erfaßten Fälle nicht mehr strafbar sein sollten und für sie die Regelung im OWiG in Betracht komme.[135]

Der Diskurs und die Zwischenergebnisse des Sonderausschusses für die Strafrechtsreform lassen erkennen, daß in Teilbereichen mit den Entkriminalisierungsoptionen seitens der legislativen Strafrechtsreform durchaus ernst gemacht wurde und es tatsächlich zur ersatzlosen Streichung bestimmter Straftatbestände kam, wenn auch die Behandlung des § 370 Abs. 1 Nr. 5 StGB a.F. von Beginn an besonders umstritten war.

---

131 Bericht der Abgeordneten Müller-Emmert, Schlee, Frau Diemer-Nicolaus, Teil A. des Zweiten Schriftlichen Berichts des Sonderausschusses für die Strafrechtsreform, Deutscher Bundestag, 5. Wahlperiode, Drucksache V/4095, S. 49 f.

132 Deutscher Bundestag, 5. Wahlperiode, 141. Sitzung des Sonderausschusses für die Strafrechtsreform, Bonn, 19. März 1969.

133 Horstkotte, Deutscher Bundestag, 5. Wahlperiode, 141. Sitzung des Sonderausschusses für die Strafrechtsreform, S. 3099 - 3101.

134 Müller-Emmert, Deutscher Bundestag, 5. Wahlperiode, 141. Sitzung des Sonderausschusses für die Strafrechtsreform, S. 3101.

135 Güde, Deutscher Bundestag, 5. Wahlperiode, 141. Sitzung des Sonderausschusses für die Strafrechtsreform, S. 3102.

5.7.6 *Das offene Schicksal des § 370 Abs. 1 Nr. 5 StGB a.F.*

Im Mai 1969 beschloß der Bundestag dann das 1. und 2. Strafrechtsreformgesetz.[136] Im 2. StrRG heißt es dann bereits gem. Art. 1 unter Nr. 30, daß der 29. Abschnitt des Besonderen Teils aufgehoben werde.[137]

Das 2. StrRG sollte gem. Art. 7 eigentlich am 1. Oktober 1973 in Kraft treten.[138] Es hatte den neuen Allgemeinen Teil eines Strafgesetzbuches zum Inhalt. Es war insoweit eine lex imperfecta, da es nur den Allgemeinen Teil und keinen Besonderen Teil enthielt.[139] Damit hatte sich der Bundestag im Jahre 1969 den Auftrag gegeben, den Besonderen Teil des Strafgesetzbuches in den folgenden Jahren zu erarbeiten. Im Jahre 1969 war man im Sonderausschuß der Meinung, daß das zum 1. Oktober 1973 der Fall sein könne. Man war also ursprünglich der Meinung gewesen, daß 4 Jahre für die Arbeit nötig, aber auch ausreichend sein müßten. In dem Punkt hatte man sich getäuscht. Im Jahre 1973 durch Gesetz der ursprüngliche Zeitpunkt des Inkrafttretens auf den 1. Januar 1975 hinausgeschoben.[140] Damit blieb das endgültige Schicksal der Vorschrift des § 370 Abs. 1 Nr. 5 StGB a.F., trotz bestehender Beschlußlage, noch offen.

5.7.7 *Ordnungswidrigkeiten- oder Verfahrenslösung*

Seit 1975 gilt nun in der BRD ein StGB, das zusammengesetzt ist aus einem neuen Allgemeinen Teil infolge des 2. StrRG und einem in den Grundlagen noch aus dem Jahre 1871 stammenden Besonderen Teil. Der ursprüngliche Plan, bis 1975 auch den Besonderen Teil vollständig zu reformieren, so daß dann ein neues Gesamtwerk hätte in Kraft treten können, mußte wieder aufgegeben werden, weil dem Gesetzgeber "die Kraft für ein solches Werk gefehlt" hat; statt dessen sollte der Besondere Teil nach und nach durch eine Reihe von Einzelgesetzen reformiert werden.[141]

Für den in Rede stehenden Bereich war das wichtigste wohl das Einführungsgesetz zum Strafgesetzbuch (EGStGB). Bereits im Entwurf des EGStGB wurde 1972 die prozessuale Variante für die Behandlung der Kleinkriminalität der Eigentums- und Vermögensdelikte präsentiert.[142] Der umfangreiche Geset-

---

136 1. StrRG, BGBl. 1969 I, S. 645 ff.; 2. StrRG, BGBl. 1969 I, S. 717 ff.
137 2. StrRG, BGBl. 1969 I, S. 741.
138 2. StrRG, BGBl. 1969 I, S. 742.
139 Müller-Emmert, Die Strafrechtsreform, S. 24.
140 Müller-Emmert, Die Strafrechtsreform, S. 25.
141 Roxin, § 4 VII, Rn. 25.
142 Deutscher Bundestag, 6. Wahlperiode, Drucksache VI/3250.

zesvorschlag, der 299 Artikel auf 171 Seiten umfaßte, sollte die Strafrechtsreform als großes Gesamtwerk weitgehend abschließen. Für die Eigentums- und Vermögensdelikte waren nun sowohl materielle als auch verfahrensrechtliche Neuregelungen vorgesehen, die den Schutz geringwertiger Vermögensgegenstände einschränken sollten, ohne ihn aufzuweichen. Bagatellfälle sollten nur noch verfolgt werden, wenn der Geschädigte gem. § 248a StGB Strafantrag stelle oder wenn an der Verfolgung öffentliches Interesse bestünde. Die mit der Aufhebung der Privilegierungen der Verbrauchsmittel- und Notentwendung einhergehenden Nachteile für den Täter, der danach mit der strengeren Beurteilung seines Verhaltens, ohne die Existenz der bisherigen Sondertatbestände, rechnen müsse, sollten durch die neugeschaffenen prozessualen Vorschriften der §§ 153, 153a StPO begrenzt werden.[143]

Die kriminalpolitischen Intentionen der verfahrensrechtlichen Lösung gem. den §§ 248a StGB und 153,153a StPO werden deutlich an den Ausführungen des parlamentarischen Staatssekretärs beim Bundesminister der Justiz, Bayerl, im Bundestag, der auf die Frage des Abg. Arndt Stellung nahm zur Frage nach der Behandlung der Kleinkriminalität. Arndt bezog sich bei seiner Frage an die Bundesregierung auf die Äußerung des Strafrechtsprofessors Baumann in der Fernsehsendung "Panorama" vom 15. November 1971. Baumann hatte dort vorgeschlagen, bestimmte Delikte der Diebstahls-Kleinkriminalität aus dem Strafrecht herauszunehmen und in Ordnungswidrigkeiten umzuwandeln. Arndt wollte von der Bundesregierung beantwortet haben, ob diese die Meinung Baumanns teile, daß bestimmte Delikte aus dem Strafrecht herauszunehmen seien und gegebenfalls für welche Delikte das tatsächlich in Frage käme, z.B. Diebstähle in Selbstbedienungsläden oder bis zu einer bestimmten Wertobergrenze.[144]

5.7.8 Die Auffassung des BJM: Die §§ 153, 153a StPO als Lösung

Bayerl wies in seiner Antwort zunächst einmal darauf hin, daß der Bundesregierung das Problem der Behandlung der Kleinkriminalität bekannt sei; es sei besonders aktualisiert durch den Wegfall der Deliktsform der Übertretungen durch das 2. Strafrechtsreformgesetz. Dem Problem könne auf zwei Wegen begegnet werden: materiellrechtlich oder prozessualrechtlich.

Die materiellrechtliche Lösung würde zu großen Schwierigkeiten führen, da die Umwandlung geringfügiger Verstöße gegen Strafvorschriften zum Schutz von Eigentum und gegebenenfalls Vermögen in Ordnungswidrigkeiten nur dann

143 Gerhardt, S. 146.
144 Arndt, Deutscher Bundestag, 6. Wahlperiode, 165. Sitzung, S. 9530.

vertretbar wäre, wenn sich die feste, praktikable und tatbestandsmäßig umschriebene Grenze zwischen solchen geringfügigen Verstößen und dem bleibenden Kriminalunrecht ziehen ließe. Das sei nach Meinung der Bundesregierung jedoch nicht der Fall. Bereits im geltenden Recht habe sich gezeigt, daß die Abgrenzung zwischen § 242 StGB a.F., dem Grundtatbestand des Diebstahls, und den Privilegierungstatbeständen in dogmatischer und praktischer Hinsicht nicht einfach sei; die kasuistische Abgrenzung führe, wie bei der sogenannten Verbrauchsmittelentwendung des § 370 Abs. 1 Nr. 5 StGB a.F., häufig zu unbefriedigenden Ergebnissen.

Die Bundesregierung habe deshalb im Entwurf eines Einführungsgesetzes zum Strafgesetzbuch vorgeschlagen, dem Problem durch die entsprechende Fassung der §§ 153, 153a StPO (Einstellung wegen Geringfügigkeit) gerecht zu werden. Im § 153 StPO neuer Fassung sei die Möglichkeit vorgesehen, daß die Staatsanwaltschaft in geeigneten Fällen von Vermögensdelikten, in deren Bereich die Masse der Kleinkriminalität liege, ohne Zustimmung des Gerichts von Verfolgung absehe. Die Lockerung knüpfe an die bisherige Regelung an, wonach § 153 Abs. 1 StPO der Staatsanwaltschaft gestatte, bei Übertretungen ohne die Zustimmung des Gerichts von der Verfolgung abzusehen.[145]

Die vorgeschlagene neue Regelung des § 153a StPO eröffne darüber hinaus die Möglichkeit, die Einstellung des Verfahrens wegen Geringfügigkeit mit Zustimmung des Beschuldigten von der Erfüllung bestimmter Auflagen und Weisungen abhängig zu machen. Dabei trage er den Grundsätzen des § 46 Abs. 2 StGB in der Fassung des 2. Strafrechtsrefomgesetzes Rechnung, wonach für die Strafzumessung auch das Verhalten des Täters nach der Tat, besonders sein Bemühen, den Schaden wiedergutzumachen, zu berücksichtigen sei. Die Vorschrift schaffe die Möglichkeit, kleinere Strafverfahren rasch und zweckmäßig ohne Schuldspruch und ohne Hauptverhandlung zu erledigen, und ermögliche damit zugleich Staatsanwaltschaften und Gerichten, sich mit der mittleren und schweren Kriminalität intensiver zu befassen.

Die prozessualrechtliche Lösung biete für das praktische Verfahren somit die Vorteile, die ein Bußgeldverfahren bieten könnte, vermeide jedoch die Nachteile, die mit der Herabstufung bestimmter Fälle zu Ordnungswidrigkeiten verbunden wären.[146]

Auf die Zusatzfrage, ob nicht bei der Beurteilung der Sozialschädlichkeit bestimmter Diebstahlshandlungen berücksichtigt werden sollte, daß den Bestohlenen häufig eine Art - untechnisch gesprochen - Mitverschulden treffe, weil er alles tue, um psychologische Aneignungshemmungen - etwa um des hohen Um-

---

145 Bayerl, Deutscher Bundestag, 6. Wahlperiode, 165. Sitzung, S. 9530.
146 Bayerl, a.a.O., S. 9531.

satzes eines Selbstbedienungsladens willen - abzubauen[147], antwortet Bayerl, daß das sicher so sei, man dies aber über das Ordnungswidrigkeitenverfahren ebensowenig in den Griff bekommen könne wie bei der Behandlung im StGB.[148]

Auf die weitere Zusatzfrage, ob die Bundesregierung die kriminelle Energie und die Sozialschädlichkeit bestimmter Arten kleiner Diebstahlsdelikte, besonders des Gelegenheitsdiebstahls von geringwertigen Gütern, anders beurteile als Verstöße gegen die Straßenverkehrsordnung, bei denen potentiell stets sogar Leben und Gesundheit anderer Verkehrsteilnehmer gefährdet werde und die dennoch nur Ordnungswidrigkeiten seien[149], antwortet Bayerl mit dem Hinweis, er wisse sehr wohl, daß es in der Kleinstkriminalität Fälle geben könne, die kriminalpolitisch völlig ohne Bedeutung seien und denen man pädagogisch begegnen müsse. Aber hier sei diesem Ziel über das Prozeßrecht näher zu kommen als nur mit der Herabstufung dieser Tatbestände zu einer Ordnungswidrigkeit.[150]

Besonders deutlich wird die kriminal- und rechtspolitische Haltung der Vertreter aus dem Bundesjustizministerium im Zusammenhang mit der Behandlung der Kleinkriminalität der Eigentums- und Vermögensdelikte, die sich hinter der prozessualrechtlichen Lösung verbirgt, wenn man den Dialog verfolgt, der sich an die Fragen Arndts im Bundestag anschloß.

Der Abgeordnete der CDU/CSU Fraktion, Wittmann, richtete sich an den parlamentarischen Staatssekretär Bayerl mit der Frage, ob er ihn so verstehen dürfe, daß er der Auffassung sei, daß die Umwandlung der Kleinstdelikte in Ordnungswidrigkeiten nicht zumindest die Relativierung des Eigentumsbegriffs bedeute, also des geschützten Rechtsgutes, und daß das letzten Endes, wenn man einmal damit beginne, zu der Tendenz führen könne - sie sei jetzt schon erkennbar -, "das Recht in dem Sinne zu soziologisieren, daß nicht das Sein dem Sollen, sondern das Sollen dem Sein mehr angepaßt wird?"[151]

Staatssekretär Bayerl bestätigte die geäußerte Vermutung in seiner Antwort: "Selbstverständlich, weil auch insbesondere eine Grenze zu ziehen, wann ein Eigentumsdelikt eine Ordnungswidrigkeit sein soll, sehr schwierig ist; denn es gibt auch hier schwankende Grenzen, die eine Beurteilung des Einzelfalles fordern."[152]

Die Bedenken, die der Abgeordnete der SPD-Fraktion Sperling darauf äußerte, daß die langsame Mühle des Strafverfahrens eine noch viel schlimmere

147 Arndt, Deutscher Bundestag, 6. Wahlperiode, 165. Sitzung, S. 9531.
148 Bayerl, Deutscher Bundestag, 6. Wahlperiode, 165. Sitzung, S. 9531.
149 Arndt, a.a.O.
150 Bayerl, a.a.O.
151 Wittmann, Deutscher Bundestag, 6. Wahlperiode, 165. Sitzung, S. 9531.
152 Bayerl, Deutscher Bundestag, 6. Wahlperiode, 165. Sitzung, S. 9531.

Relativierung des Eigentumsbegriffs bedeuten könne[153], bestätigte der Staatssekretär und kündigte weiter an, daß die Bundesregierung demzufolge eine Beschleunigungsnovelle für die Strafverfahren vorbereitet habe, die demnächst dem Hohen Hause vorgelegt werde.[154]

5.7.9 Die Regelungen der Verfahrenslösung des EGStGB

Als dann im Jahre 1973 der Entwurf eines Einführungsgesetzes zum Strafgesetzbuch wieder auf der Tagesordnung der Sitzung des Sonderausschusses für die Strafrechtsreform stand, hatte sich an den Positionen, die hinsichtlich der Bagatellkriminalität der Eigentums- und Vermögensdelikte der §§ 248a StGB, 153, 153a StPO vertreten wurden, nichts geändert.

Für § 242 StGB a.F. "Diebstahl" wurde durch das EGStGB lediglich die Überschrift geändert und in Abs. 1 die Worte "wegen Diebstahls" gestrichen.[155] Dagegen erhielt § 248a StGB a.F. eine gänzlich neue Fassung, die bis heute nahezu unverändert gültig ist.[156] Danach werden der Diebstahl und die Unterschlagung geringwertiger Sachen, also auch der Ladendiebstahl, nur mehr auf Antrag verfolgt, es sei denn, daß die Strafverfolgungsbehörde wegen besonderen öffentlichen Verfolgungsinteresses ein Einschreiten von Amts wegen für geboten erachtet.

Auf prozessualrechtlicher Seite der neu geschaffenen verfahrensrechtlichen Sonderlösung bildeten die überarbeitete Bestimmung des § 153 StPO a.F. und die neu eingeführte Regelung des § 153a StPO den Schwerpunkt.[157] § 153 StPO bietet nunmehr die sanktionslose Einstellungsmöglichkeit wegen Geringfügigkeit, wobei gegenüber der früheren Fassung nicht mehr bis zur Anklagereife durchermittelt werden muß, da es nach dem Wortlaut des § 153 Abs. 1 S.1 StPO ausreichen soll, daß die Schuld des Täters als gering anzusehen ist und kein öffentliches Interesse an der Verfolgung besteht. Außerdem ist gem. § 153 Abs. 1 S.2 StPO bei der staatsanwaltschaftlichen Einstellung des Ermittlungsverfahrens die Zustimmung des Gerichts nicht mehr nötig bei Vergehen, die gegen fremdes Vermögen gerichtet und nicht mit der im Mindestmaß erhöhten Strafe bedroht sind, sofern der durch die Tat verursachte Schaden gering ist. Die Regelung des § 153 Abs. 1 S.2 StPO wurde unlängst vom Gesetzgeber weiterentwickelt und ist

---

153 Sperling, Deutscher Bundestag, 6. Wahlperiode, 165. Sitzung, S. 9531.
154 Bayerl, a.a.O.
155 BGBl. 1974 I, S. 490.
156 BGBl. 1974 I, S. 490.
157 BGBl. 1974 I, S. 508f.

heute von der Beschränkung auf Vermögensdelikte befreit.[158] Die Neueinfügung des § 153a StPO eröffnete in ihrem ersten Absatz der Staatsanwaltschaft die Möglichkeit, ein Verfahren, das nur ein Vergehen zum Gegenstand hat, zunächst vorläufig mit Anordnung von Auflagen und Weisungen und nach deren Erfüllung endgültig einzustellen, wenn die Auflagen und Weisungen geeignet sind, bei geringer Schuld das öffentliche Interesse an der Strafverfolgung zu beseitigen. Nach Klageerhebung ist diese gem. § 153a Abs. 2 StPO auch noch dem Gericht mit Zustimmung der Staatsanwaltschaft und des Angeschuldigten unter den Voraussetzungen des ersten Absatzes möglich. Der Wortlaut des § 153a Abs. 1 S.1 StPO wurde so geändert, daß nun ausreichen soll, daß die Schwere der Schuld der Einstellung des Verfahrens bei Erfüllung von Auflagen und Weisungen nicht entgegensteht.[159] Die Vorschriften des EGStGB vom 2. März 1974 traten dann am 1. Januar 1975 wie vorgesehen in Kraft.[160]

5.8 Zwischenergebnis

Der Überblick über die Verhandlungen und Ergebnisse im Sonderausschuß zeigt, daß dessen Arbeit für den hier in Rede stehenden Teilbereich der Strafbarkeit kleiner Eigentums- bzw. Vermögensdelikte, namentlich der Vorschriften der §§ 248a und 370 Abs. 1 Nr. 5 StGB a.F., von einer nachhaltigen Entkriminalisierung im Ergebnis nicht erfaßt wurde. Als Zwischenergebnis läßt sich hier insoweit festhalten, daß der Sonderausschuß durch die Abschaffung der Übertretungen die Strafdrohung durch das StGB nur für einige wenige Verhaltensbereiche aufgehoben hatte.

Trotz vielversprechender Ansätze und einer Phase, in der zumindest eine gewisse Unsicherheit hinsichtlich der weiteren Behandlung der kleinen Eigentums- und Vermögensdelinquenz festzustellen war, wurde ein Schritt in die Richtung der Entkriminalisierung der Eigentumsbagatellen und damit des Ladendiebstahls dagegen letzlich nicht unternommen.

Die Überführung in das Ordnungswidrigkeitenrecht blieb insoweit einigen wenigen Teilbereichen der Übertretungen vorbehalten, blieb aber den Privilegierungen der §§ 248a und 370 Abs. 1 Nr. 5 StGB a.F. verwehrt. Es trat diesbezüglich sogar eine Verschlechterung ein: materiellrechtlich wurden die Diebstahlsprivilegierungen abgeschafft, was insoweit erst einmal die verstärkte Kriminalisierung des einschlägigen Delinquenzbereichs bedeutete. Die neu geschaffenen Regelungen der §§ 248a StGB und 153, 153a StPO vermögen den Eindruck nur

---

158 BGBl. 1993 I, S. 50.
159 BGBl. 1993 I, S. 50.
160 BGBl. 1974 I, S. 469 ff.

geringfügig zu schmälern. Im Verfahrensrecht wird der Staatsanwaltschaft ermöglicht, ein Bagatellverfahren schon vor Anklageerhebung einzustellen, wenn ein ursprünglich bestehendes Interesse an der Strafverfolgung durch die Erfüllung von Auflagen und Weisungen, Wiedergutmachung, gemeinnützigen Geldzahlungen oder Leistungen nachträglich beseitigt werden kann.

Im Ergebnis kann aber so von Entkriminalisierung im Grunde genommen gar keine Rede mehr sein; im Gegenteil, die dann ausschließlich zuständige und keine weitere Differenzierung mehr zulassende Vorschrift des § 242 StGB hat trotz der sog. Verfahrenslösung der Regelungen der §§ 248a StGB und 153a StPO letztendlich den Ladendiebstahl ausnahmslos zu einem Vergehen i.S. des StGB gemacht.

Die einschlägigen Vorschriften der §§ 242, 248a StGB, 153, 153a StPO des EGStGB sind so ein Ergebnis zugunsten des Strafrechts und der intensivierten Kriminalisierung der kleinen Eigentumsbagatellen. Von den Möglichkeiten der Regelung der Ladendiebstähle im Ordnungswidrigkeitenrecht oder in einer gesonderten Kategorie zwischen Strafrecht und Ordnungswidrigkeitenrecht wurde kein Gebrauch gemacht.

Trotz dieses eher ernüchternden Befundes hinsichtlich der Ergebnisse der legislativen Strafrechtsreform zu dem in Rede stehenden Zeitpunkt kann hier festgestellt werden, daß die Entkriminalisierungsoptionen, die in der legislativen Strafrechtsreformentwicklung immer wieder diskutiert wurden, bei den Einzelhandelsunternehmen die Besorgnis und Befürchtungen hervorgerufen oder verstärkt haben, der träge und kraftlose Gehilfe staatliche Strafjustiz könnte nun endgültig bei der Bekämpfung des Ladendiebstahls seinen Dienst quittieren und so den Einzelhandel bei der Bekämpfung des Ladendiebstahls vollständig und endgültig allein lassen.

Die Einzelhandelsunternehmen hatten trotz aller Unzufriedenheit mit dem Strafrecht, diametral korrespondierend, durchaus ein starkes Interesse, der Entkriminalisierung des Ladendiebstahls entgegenzuwirken. Das Strafrecht und die Kriminalstrafe waren eben trotz aller Unzulänglichkeiten zumindest als Drohpotential für die Einzelhandelsunternehmen die weitere und vor allem kostenlose Stütze bei der Bekämpfung der Ladendiebstahlskriminalität und damit nicht zuletzt geeignet, die Verkaufsform der Selbstbedienung überhaupt und in wachsendem Umfang zu etablieren bzw. aufrechtzuerhalten, ohne Kosten zu verursachen.

Da zeitweise während der Verhandlungen der Strafrechtsreform zu befürchten war, der Gesetzgeber könne die Einzelhandelsunternehmen hinsichtlich ihrer lukrativen Verkaufsform der Selbstbedienung weitgehend schutzlos stellen, indem gerade dieser Teilbereich des bisher inkriminierten Verhaltens durch die ersatzlose Abschaffung des § 370 Abs. 1 Nr. 5 StGB a.F. entkriminalisiert werden würde, wird deutlich, wie das Aufkommen der Fangprämie motiviert war: die Einzelhandelsunternehmen wollten Ersatz schaffen für die u.U. wegfallende Kriminalstrafe.

Daß im Ergebnis die Fangprämie nicht Stellvertreter, sondern willfähriger Gehilfe neben der weiter existierenden Kriminalstrafe wurde, ändert nichts an den ursprünglichen Motiven der Einzelhandelsunternehmen, die die Fangprämie präventiv als Alternative zum Strafrecht kultiviert hatten. Die Einzelhandelsunternehmen haben dann während, aber besonders auch nach dem vorläufigen Abschluß der legislativen Strafrechtsreform durch das EGStGB weiter versucht, ihre neu geschaffene negative Sanktion durchzusetzen. Die Fangprämie sollte insoweit nicht nur als Ersatz für die möglicherweise irgendwann fehlende staatliche Strafdrohung zur Verfügung stehen, sie sollte auch kumulativ - als zusätzliches Droh- und Bekämpfungsinstrument - der Einzelhandelsunternehmen gegen den Ladendiebstahl für die Sicherung der Selbstbedienung insbesondere auch rechtlich etabliert werden.

6 Die Etablierung mit den Ressourcen des Zivilrechts

Die rechtliche Etablierung der Fangprämie wurde dann durch die Einzelhandelsunternehmen mit Hilfe des zivilrechtlichen Instrumentariums betrieben. Die Fangprämie sollte als zivilrechtlich abgesicherte Forderung gegenüber dem ertappten Ladendieb durchgesetzt und vollstreckt werden. Zu Beginn der 70er Jahre fand die Fangprämie dann Erwähnung im einschlägigen Schrifttum und wurde bald darauf erstmals Gegenstand der richterlichen Entscheidungsfindung.[161]

Der Versuch der zivilrechtlichen Etablierung der Fangprämie muß insoweit auch gesehen werden im Kontext der Bestrebungen der Einzelhandelsunternehmen, die Ladendiebstahlskriminalität insgesamt, gerade auch durch die zivilrechtliche Haftung der ertappten Ladendiebe, wirksamer zu bekämpfen. Wie dieses Vorgehen von seiten der beteiligten Unternehmen motiviert war, wird besonders deutlich, wenn man zeitgenössische Stimmen des Schrifttums hört, die sich mit der Frage auseinandersetzen, aus welchem Grund die Einzelhändler verstärkt auf das Zivilrecht und dessen Haftungsszenarien setzten, wenn es darum ging, die Bekämpfung des Ladendiebstahls zu effektivieren. Insofern wurde nämlich im Schrifttum z.T. durchaus Verständnis für das Anliegen der Unternehmen geäußert, das Problem der Bekämpfung des Ladendiebstahls nach Möglichkeit mit der zivilrechtlichen Haftung des Ladendiebes zu verbinden.[162] Je mehr sich der Ladendiebstahl mit dem Ausbau der großen Warenhäuser und Selbstbedienungsläden zu einem "fast sportartig" betriebenen Massendelikt entwickelt habe, desto mehr hätten die betroffenen Läden das Vertrauen in die abschreckende Funktion des Strafrechts verloren und seien dazu übergegangen, dem Ladendiebstahl ein eigenes, kostspieliges Arsenal von Abwehrmaßnahmen entgegenzusetzen. Ein privatrechtliches Problem entstehe daraus überall dort, wo die Warenhäuser sich nicht darauf beschränkten, die Kosten derartiger Maßnahmen über den Preis gleichmäßig auf alle Kunden abzuwälzen, sondern sie von den ertappten Ladendieben ersetzt verlangten. Für die Individualisierung der Haftung auf die Kosten der Abwehrmaßnahmen komme die Möglichkeit in Betracht, von jedem ertappten Ladendieb einen Teil des Aufwandes als Schadensposten in Rechnung zu stellen.[163]

161 AG München, NJW 1972, 2038; AG München, NJW 1973, 1044.
162 Creutzig, Rechtsfragen, S. 1308; ders.: Schadensersatz, S. 1593.
163 Braun / Spiess, S. 356.

6.1 Die zivilrechtliche Haftungskonstruktion

Das sich so abzeichnende Vorhaben der Einzelhandelsunternehmen, den Ladendieb durch die zivilrechtliche Forderung zu sanktionieren, wurde in Schrifttum und Rechtsprechung allerdings unterschiedlich aufgenommen. Die sich entwikkelnde Kontroverse um die rechtliche Etablierung der Fangprämie als Forderung des Zivilrechts wurde aber überwiegend auf ausschließlich zivilrechtlichem Terrain ausgetragen. Bedenken, ob die negative Sanktion als Reaktion auf als kriminell eingestuftes Verhalten - im Zivilrecht - überhaupt sachgerecht untergebracht sei, wurden zumeist konsequent ausgeblendet.

Die kriminalpolitische Perspektive auf die zivilrechtliche Etablierung der Fangprämie wurde so weitgehend ignoriert. Stattdessen beschäftigte man sich intensiv mit den Detailfragen der spezifischen Zivilrechtsdogmatik, die für die Etablierung der Fangprämie von Bedeutung sein könnten. Insoweit kann davon gesprochen werden, daß versucht wurde, die zivilrechtliche Haftung auf die Fangprämie zu konstruieren, um die rechtliche Etablierung der negativen Sanktion der Einzelhandelsunternehmen zu unterstützen. Die Strategie der zivilrechtlichen Etablierung der Fangprämie war so auch im einschlägigen Schrifttum auf fruchtbaren Boden gefallen.

Der Weg der zivilrechtlichen Haftungskonstruktion für die Etablierung der Fangprämie war insofern bereitet und wurde z.T. auch mit beachtlicher Vehemenz beschritten.

6.1.1 Die Haftungsbegründung als erste Hürde

Ausgangspunkt der Etablierungsstrategie für die Fangprämie war die Frage nach dem einschlägigen zivilrechtlichen Haftungsgrund. Dieses Fundament für die weitere Konstruktion der zivilrechtlichen Durchsetzung der Sanktion galt es erst einmal anzulegen und zu verfestigen. Thematisiert wurde die Begründung der Haftung auf die Fangprämie dann sowohl wegen Verletzung vertraglicher als auch wegen Verletzung gesetzlicher Pflicht.

6.1.1.1 Schwierigkeiten der rechtsgeschäftlichen Haftungsbegründung

Im Schrifttum wurde der Versuch der Etablierung der Fangprämie mit Hilfe des Zivilrechts durch einfallsreiche Lösungsmodelle gestützt. Die hierzu entwickelten Vorschläge propagierten ganz unverhohlen die möglichst effiziente zivilrechtliche Durchsetzung der in Rede stehenden Sanktion. So hat Canaris ganz offen die Vor- und Nachteile der angedachten zivilrechtlichen Haftungskonstruktion für die Belange der Einzelhandelsunternehmen gegeneinander abgewogen: die zu der Begründung der Haftung wegen Verletzung vertraglicher Pflicht erwogenen Varianten zur Durchsetzung der Fangprämie, auch als "rechtsgeschäftliche Lösungsmöglichkeiten" bezeichnet, hätten insoweit den Vorteil, daß sich die vielfältigen Schwierigkeiten, die sich bei einer Lösung mit den Mitteln des Schadensersatzrechts stellten, u.U. vermeiden ließen, wenn es den Unternehmen gelänge, dem Kunden für den Fall eines Diebstahls rechtsgeschäftlich die Pflicht zur Zahlung eines bestimmten Betrages aufzuerlegen.[164]

Weiter hat Canaris dann zunächst nach Indizien gesucht, die geeignet erschienen, als Anknüpfungspunkt für die beabsichtigte Haftungsbegründung zu dienen. Damit geriet schnell die Praxis der öffentlichen Ankündigung der Fangprämienforderung durch die Einzelhandelsunternehmen ins Visier. Es wurde angedacht, ob sich die rechtsgeschäftliche Vereinbarung vor allem aus der Anbringung entsprechender Aushänge ergeben könnte. Die von den Unternehmen zum Zwecke der Erhöhung der Präventionswirkung vorgenommene öffentliche Ankündigung der Fangprämie wurde so zu einem Anknüpfungspunkt für die Entwicklung der Haftungskonstruktion.

Aus der "Drohgebärde" der Einzelhandelsunternehmen gegenüber dem Publikum in den Selbstbedienungsgeschäften wurde also mit Rückgriff auf zivilrechtliche Kategorien von Canaris versucht, einen Antrag i.S. der §§ 145 ff. BGB zu konstruieren. Wenn es darüber hinaus auch noch gelänge, die Annahme zu fingieren, wäre man dem Ziel der zivilrechtlich durchsetzbaren Sanktionierung der Ladendiebe durch die Fangprämie schon einen großen Schritt nähergekommen. Eine Hürde, die es für die rechtsgeschäftliche Lösung dogmatisch und argumentativ zu überwinden galt, war insofern das Erfordernis eines Vertragsschlusses i.S. des § 305 BGB, also die rechtsgeschäftliche Zustimmung gerade desjenigen, gegen den die Fangprämienforderung dann später vollstreckt werden sollte.[165]

6.1.1.1.1 Die generelle Zulässigkeit der Vertragsstrafe

Generellen Bedenken gegen die Zulässigkeit einer entsprechenden Vereinbarung ist Canaris dann mit dem Hinweis auf das Prinzip der Vertragsfreiheit entgegengetreten. Insbesondere stehe auch nicht etwa das staatliche Strafmonopol entgegen, da das BGB die Vertragsstrafe in den §§ 336 ff. BGB ausdrücklich zulasse. Im übrigen könne es sich statt um eine Vertragsstrafe auch um einen rechtsgeschäftlich pauschalierten Schadensersatzanspruch handeln. Fraglich könne daher

164 Canaris, S. 525.
165 Canaris, S. 526.

nur sein, welcher Vertragstypus hier einschlägig sei und ob für ihn besondere Schranken der Vertragsfreiheit gelten würden. Welcher der beiden Vertragstypen vorliege, sei danach zu beurteilen, ob die Abrede in erster Linie der vereinfachten Durchsetzung eines als bestehend vorausgesetzten Schadensersatzanspruchs dienen solle, dann läge ein pauschaliertes Schadensersatzversprechen vor, oder ob sie Druck auf den Schuldner zum Zwecke korrekter Erfüllung seiner Rechtspflichten ausüben solle, dann handele es sich um eine Vertragsstrafe.[166] Mit dem ergänzenden Hinweis, daß die Umstände des Einzelfalles selbstverständlich auch zur Annahme einer Pauschalierungsabrede führen könnten, da insoweit kein Typenzwang bestehe, wurde aber die Vertragsstrafenvereinbarung i.S. der §§ 339 ff. BGB grundsätzlich favorisiert. Im Gegensatz zum Schadensersatzanspruch, der hinsichtlich seines Bestehens und Umfanges aus mehreren Gründen überhaupt zweifelhaft sei, so daß man daher in der Regel nicht sagen könne, daß das Bestehen desselben als solches vorausgesetzt werde und nur dessen Durchsetzung erleichtert werden würde, sei der Sinn der vertraglichen Abrede hier gerade die Vermeidung der Zweifels- und Streitfragen über den Bestand des Anspruchs sowie auch die Erzielung eines "Abschreckungseffekts, also die Ausübung von Druck auf den Kunden zur Einhaltung seiner Rechtspflichten".[167]

6.1.1.1.2 Die Unwegsamkeiten eines Zahlungsversprechens

Im weiteren hat Canaris dann ausführlich thematisiert, unter welchen Voraussetzungen die Möglichkeit bestehen könnte, die "Unterwerfung" des Publikums der Einzelhandelsgeschäfte und Warenhäuser unter ein entsprechendes Zahlungsversprechen auf die Fangprämie anzunehmen.[168] Er prüfte insoweit zuerst den objektiven und danach den subjektiven Tatbestand der vertraglichen Unterwerfung. Aus der grundsätzlichen Zulässigkeit eines rechtsgeschäftlichen Zahlungsversprechens des Warenhausdiebes könne nämlich keinesfalls geschlossen werden, daß die erwähnten Schilder ohne weiteres genügten, um ein solches zu begründen. Zwar könne die erforderliche Einverständniserklärung oder Unterwerfung des Kunden auch konkludent erfolgen und schon im bloßen Betreten des Warenhauses liegen, doch setze das voraus, daß die Anforderungen an den objektiven Tatbestand der Willenserklärung erfüllt seien. Das sei aber regelmäßig nicht anzunehmen, wenn das Schild seinem Wortlaut nach den Eindruck erwecke, das Unternehmen setze die Pflicht zur Zahlung des betreffenden Betrages einseitig fest. Dann brauche der Kunde in seinem Eintritt in das Warenhaus nicht die

166 Canaris, S. 526.
167 Canaris, S. 526.
168 Canaris, S. 527.

rechtsgeschäftliche Unterwerfung unter die Vertragsstrafenregelung zu sehen, da die Erklärung des Einverständnisses von seiner Seite angesichts der Einseitigkeit der Festsetzung ja offensichtlich nicht verlangt werde. Ebensowenig sei der objektive Tatbestand der Willenserklärung gegeben, wenn das Schild so formuliert sei, als mache das Unternehmen nur einen ohnehin bestehenden Anspruch geltend. Das müsse nämlich als rein deklaratorischer Hinweis auf die gegebene Rechtslage verstanden werden, und daher brauche auch hier der Kunde nicht damit zu rechnen, daß in dem bloßen Betreten des Warenhauses schon die Unterwerfung unter die Vertragsstrafenregelung liege. Ein Rechtsgeschäft sei seinem Wesen nach eine Geltungserklärung und könne daher nur gegeben sein, wenn der fragliche Akt objektiv den Sinn habe, Rechtsfolgen in Geltung zu setzen, nicht aber auch dann, wenn lediglich auf die angeblich schon bestehende Rechtslage verwiesen werde.

An das Vorliegen des objektiven Tatbestandes der Unterwerfungserklärung seien also verhältnismäßig strenge Anforderungen zu stellen. Das gelte um so mehr, als die fraglichen Schilder an den für Allgemeine Geschäftsbedingungen geltenden Grundsätzen zu messen seien, so daß insoweit zu Lasten des Unternehmens die Unklarheitenregel zu berücksichtigen sei. Werde jedoch die unmißverständliche Fassung des Schildes gewählt und ausdrücklich der Hinweis aufgenommen, daß der Kunde mit dem Betreten des Warenhauses sein Einverständnis mit der Anwendung der Vertragsstrafenregelung erkläre, und werde es an deutlich sichtbarer oder gar an praktisch unübersehbarer Stelle wie z.B. auf der Eingangstür angebracht, so sei der objektive Tabestand eines rechtsgeschäftlichen Zahlungsversprechens erfüllt. Dann könne man nach den §§ 133, 157 BGB in dem Betreten des Geschäfts in der Tat nur die Unterwerfung unter die betreffende Regelung sehen.[169]

Das gleiche gelte natürlich erst recht, wenn der Dieb schon zur Kasse gegangen sei und dort Waren vorgelegt habe. Dann sei über sie ein Kaufvertrag zustande gekommen und das Vertragsstrafenversprechen zu einem Teil desselben geworden. Erforderlich sei der Abschluß eines Kaufvertrages jedoch keineswegs, da nach dem Grundsatz der Vertragsfreiheit auch ein isoliertes, d.h. von dem späteren Abschluß eines Hauptvertrages unabhängiges Strafversprechen zulässig sei. Es komme also nicht darauf an, ob der Dieb vor oder nach Passieren der Kasse ergriffen werde, sofern nur das Schild den gekennzeichneten Anforderungen genüge. Sei das nicht der Fall, dann werde nachträglich regelmäßig keine Vertragsstrafenregelung mehr zustande kommen. Denn auch wenn der Dieb sich nunmehr mit der Zahlung des geforderten Betrages einverstanden erkläre, werde darin in aller Regel nicht die Unterwerfung unter eine Vertragsstrafe, sondern

169 Canaris, S. 527.

nur ein deklaratorisches Schuldanerkenntnis oder allenfalls die Schadensersatzpauschalierung zu sehen sein; das Unternehmen müsse daher hier nach wie vor mit dem Einwand rechnen, der Dieb habe keinen ersatzpflichtigen Schaden angerichtet oder dessen Höhe liege doch jedenfalls unter dem ihm in Rechnung gestellten Betrag.[170]

In subjektiver Hinsicht sei vor allem mit dem Einwand des Diebes zu rechnen, er habe das Schild nicht gelesen. Juristisch gesehen könne darin entweder ein Inhaltsirrtum i.S. des § 119 Abs. 1 BGB liegen oder das Fehlen des Erklärungsbewußtseins hinsichtlich der Unterwerfungserklärung. Ersteres sei anzunehmen, wenn es bereits zum Abschluß eines Kaufvertrages gekommen sei; denn dann bilde das Vertragsstrafenversprechen lediglich einen unselbständigen Teil des Kaufvertrages, und da im Hinblick auf diesen das Erklärungsbewußtsein außer Zweifel stehe, bleibe nur noch ein Inhaltsirrtum über die konkludent getroffene Nebenabrede hinsichtlich der Vertragsstrafe. Dessen Relevanz aber werde in aller Regel an § 119 Abs. 1 2.Halbs. BGB scheitern, da der Dieb nicht werde glaubhaft machen können, daß er die konkludente Einverständniserklärung bei Kenntnis der Sachlage und bei verständiger Würdigung des Falles nicht abgegeben hätte. Er müßte dazu nämlich dartun, daß er das Warenhaus nicht betreten hätte, wenn er das Schild gelesen hätte, oder daß er sich bei Abschluß des Kaufvertrages gegen die Geltung der Vertragsstrafenregelung verwahrt hätte; das widerspräche aller Lebenserfahrung. Außerdem könne von verständigen, d.h. rechtstreuen Kunden jedenfalls ein Einverständnis mit der Regelung erwartet werden.[171]

Sei es dagegen noch nicht zum Abschluß eines Kaufvertrages gekommen, so fehle es am Erklärungsbewußtsein, wenn der Dieb das Schild nicht gelesen habe, denn dann bleibe ja nur die Konstruktion eines eigenständigen Vertrages, der keinen weiteren Inhalt habe als den der Unterwerfung unter die Vertragsstrafenregelung, und insoweit habe in der Tat nur derjenige das Erklärungsbewußtsein, der das Schild gelesen habe oder es von früher her kenne. Auch hier komme man indessen zur Anwendung des § 119 Abs. 1 2. Halbs. BGB und damit zur Unbeachtlichkeit des Willensmangels, wenn man mit einer im Vordringen begriffenen Ansicht bei Fehlen des Erklärungsbewußtseins nicht die Unwirksamkeit der Erklärung annehme, sondern § 119 BGB analog anwende, so daß die Erklärung grundsätzlich nur anfechtbar und bei Vorliegen der Voraussetzungen von § 119 Abs. 1 2.Halbs. BGB folgerichtig sogar endgültig wirksam sei.

Folge man der Theorie nicht, so ziehe zwar das Fehlen des Erklärungsbewußtseins grundsätzlich die Unwirksamkeit der fraglichen Erklärung nach sich,

---

170 Canaris, S. 527.
171 Canaris, S. 527.

doch sei dann zu beachten, daß die Beweislast für das Fehlen des Erklärungsbewußtseins jedenfalls beim Kunden liege. Das sei bei der analogen Anwendung des § 119 BGB ohnehin eine Selbstverständlichkeit, doch gelte es auch dann, wenn man sich der Nichtigkeitstheorie anschließe; denn die finde bekanntlich ihre Hauptsätze in § 118 BGB, und da nach der unmißverständlichen Fassung dieser Vorschrift die Beweislast für das Vorliegen des Willensmangels den Erklärenden treffe, sei folgerichtig auch in den übrigen Fällen fehlenden Erklärungsbewußtseins ebenso zu entscheiden.[172]

Von diesen "Unwegsamkeiten" unabhängig, suchte Canaris dann weiter nach Möglichkeiten, den entgegenstehenden Willen des mutmaßlichen Ladendiebes zu überwinden um die rechtsgeschäftliche Lösung für die Fangprämie doch noch abzusichern.

6.1.1.1.3 Das "Sozialtypische Verhalten" als Lösung

Eine der von Canaris gesuchten Möglichkeiten liefere u.U. die Fiktion des sozialtypischen Verhaltens. Der Mangel des Erklärungsbewußtseins sei dann sogar gänzlich unerheblich, zumindest wenn man insoweit der Lehre vom sozialtypischen Verhalten folge, die sich der BGH zu eigen gemacht habe und die auch zur Begründung der Vertragsstrafenregelung herangezogen werden könne. Es handele sich bei den Geschäften in Warenhäusern um eine Erscheinung des modernen Massenverkehrs, und zur Bewältigung der durch sie aufgeworfenen Probleme sei nach Ansicht des BGH die Lehre vom sozialtypischen Verhalten bestimmt. Die sozialtypische Bedeutung des Betretens eines Warenhauses, an dessen Tür die unmißverständliche Vertragsstrafenregelung ausgehängt sei, könne nur in der Unterwerfung unter sie gesehen werden.

Wenn aber die Lehre vom sozialtypischen Verhalten einschlägig sei, so müsse es sogar unbeachtlich sein, wenn ein Kunde im Einzelfall das Schild nicht gelesen habe. In der Überwindung der Schwierigkeiten, die durch derartige Irrtümer hervorgerufen würden, liege nämlich nicht zuletzt der Sinn der Theorie.[173]

6.1.1.1.4 Vertragsstrafe als Allgemeine Geschäftsbedingung

Weiter hat Canaris dann auch versucht, die Fangprämienforderung mit dem Vorliegen Allgemeiner Geschäftsbedingungen zu rechtfertigen. Der Blickwinkel auf die Fangprämie wurde eingenommen mit dem Hinweis, daß die Regelung, nach der der ertappte Ladendieb den bestimmten Geldbetrag entrichten müsse,

---

172 Canaris, S. 528.
173 Canaris, S. 528.

einen generellen Anwendungsbereich habe und de facto einseitig durch das Unternehmen aufgestellt werde. Obwohl de iure die "Unterwerfung" des Kunden erforderlich sei, läge hier die deutliche Verwandtschaft mit der Vereinbarung Allgemeiner Geschäftsbedingungen vor. Daher seien die Regeln über die Inhaltskontrolle von AGB, die Rechtsprechung und Wissenschaft auf Grundlage der §§ 242, 315 BGB entwickelt hätten, auch hier anwendbar.[174]

Der Auffassung dagegen, nach der ein Vertragsstrafeversprechen in Allgemeinen Geschäftsbedingungen generell unzulässig seien, könne nicht gefolgt werden, da die Meinung darauf hinauslaufe, für Allgemeine Geschäftsbedingungen abstrakte und starre Verbotsnormen nach Art der gesetzlichen Verbote i.S. von § 134 BGB aufzustellen, die dann ausschließlich nur für Allgemeine Geschäftsbedingungen und nicht auch für andere Rechtsgeschäfte gelten würden.

Derartige Sonderverbotsgesetze seien aber dem geltenden Recht fremd und darüber hinaus auch mit der Struktur der §§ 242, 315 BGB, an der sich die Inhaltskontrolle Allgemeiner Geschäftsbedingungen anerkanntermaßen auszurichten habe, unvereinbar. Die Vorschriften ließen eben keine starre Verbotsnorm zu, sondern forderten ihrem Wesen nach die flexible Prüfung aller Umstände des Einzelfalles. Nähme man die Prüfung hier vor, so könnten sich Bedenken gegen die Gültigkeit der Vertragsstrafenregelung allenfalls dann ergeben, wenn das Unternehmen auf Kunden unzulässigen Druck ausübe, wie z.B. dadurch, daß es ihm mit einer Strafanzeige drohe für den Fall, daß er die geforderte Summe nicht bezahle.

Werde dagegen die unzulässige Koppelung nicht vorgenommen, zeige also das Unternehmen den Dieb in jedem Falle an, d.h. auch bei Entrichtung der Vertragsstrafe, werde gegen deren Gültigkeit in aller Regel kein Einwand bestehen. Die Vertragsstrafe werde hier nämlich nicht zu rein pönalen Zwecken mißbraucht, sondern halte sich in der ihr vom Gesetzgeber zugedachten Funktion: sie diene zum einen dazu, den Kunden von einer Pflichtverletzung gegenüber dem Unternehmen abzuhalten, und sie solle zum anderen den Ausgleich von Nachteilen ermöglichen, deren rein schadensersatzrechtliche Liquidation zweifelhaft oder gar unmöglich sei, die aber gleichwohl die erhebliche Beeinträchtigung der Interessen des Gläubigers darstellten.[175]

Auch an dieser Stelle der Argumentation wird nur zu deutlich, worum es bei der Konstruktion allein gehen soll: die Gläubigerinteressen, sprich: die Interessen der Einzelhandelsunternehmen, sollen hier bestmöglich durchgesetzt werden. Inwieweit die oben geforderte flexible Prüfung aller Umstände des Einzelfalles hier tatsächlich berücksichtigt wird, mag der Leser selbst entscheiden; der Ver-

174 Canaris, S. 526.
175 Canaris, S. 526.

dacht aber drängt sich auf, daß hier von Canaris die "Umstände der Einzelhandelsunternehmen" der näheren Prüfung unterzogen wurden. Die Interessen des potentiellen Schuldners, sprich: die Interessen des ertappten Ladendiebes, werden dagegen nicht berücksichtigt.

6.1.1.1.5 Die Geschäftsfähigkeit als besondere Schwachstelle

Auf eine weitere, nicht unerhebliche Schwäche der hier verfolgten rechtsgeschäftlichen Lösung der Haftung auf die Fangprämie, zumindest aus der Perspektive der Einzelhandelsunternehmen, wurde dann von Canaris ebenfalls noch hingewiesen: Der Weg über die Vertragsstrafe oder über die Schadensersatzpauschalierung gegenüber nicht voll Geschäftsfähigen, also besonders gegenüber Minderjährigen, sei nicht gangbar.

Da gerade Minderjährige einen verhältnismäßig großen Teil der Ladendiebe repräsentierten, seien die Überlegungen hinsichtlich der Begründung der rechtsgeschäftlichen Haftung hier an eine dogmatisch besonders schwer zu überwindende "Klippe" gestoßen. Denn wie jeder Vertrag setze die Vereinbarung der Vertragsstrafe oder der Schadensersatzpauschalierung grundsätzlich volle Geschäftsfähigkeit voraus. Mit § 110 BGB, dem Taschengeldparagraphen, sei insoweit nicht zum Ziel zu kommen. Er greife nämlich nur ein, wenn der beschränkt Geschäftsfähige die geschuldete Leistung bewirkt habe, und es gehe hier "ja gerade darum, ihn zu dieser Bewirkung rechtlich zu zwingen".[176]

Ein beschränkter Generalkonsens der Eltern werde nur äußerst selten gegeben sein und sich noch seltener beweisen lassen; abgesehen davon sei es aber auch höchst zweifelhaft, ob er sich, selbst wenn er vorläge, auch auf die Vereinbarung der Vertragsstrafe bzw. der Schadensersatzpauschalierung erstrecken würde. Schließlich sei hier auch mit der Lehre vom sozialtypischen Verhalten nicht zu einer Bindung zu kommen, da sie keinesfalls zur Aushöhlung des Minderjährigenschutzes mißbraucht werden dürfe. Es blieben insoweit allenfalls Ansprüche aus unerlaubter Handlung.[177]

Nicht zuletzt die hier gewählte Diktion zeigt nochmal sehr deutlich: Die von Canaris bemühte Zivilrechtsdogmatik sollte nur dem Zweck dienen, eine gangbare Basis für die rechtliche Etablierung der Fangprämie zu schaffen, um die negative Sanktionierung des Ladendiebes durch die Einzelhandelsunternehmen zu rechtfertigen und durchzusetzen.

---

176 Canaris, S. 526.
177 Canaris, S. 526.

6.1.1.2 Die deliktische Haftung als die "via regia"

Als der Königsweg für die zivilrechtliche Etablierung der Fangprämie wurde dann aber primär die deliktische Haftungsbegründung begriffen. Die Durchsetzung der Fangprämie mittels Rückgriff auf die Vorschriften der unerlaubten Handlung schien den rechtsgeschäftlichen Etablierungsmodellen schon auf den ersten Blick überlegen zu sein. Die Möglichkeiten der deliktischen Haftung erschienen gerade für den in Rede stehenden Sachverhalt besonders geeignet, die Schwierigkeiten zu überwinden oder zu umgehen, die bei der Etablierung der Fangprämie durch die rechtsgeschäftliche Haftung u.U. aufzutreten drohten.

Ausgangspunkt dieses erneuten Ansatzes war die, nicht nur von Canaris gebrauchte, apodiktische Feststellung, daß der Ladendieb durch sein Verhalten das Eigentum und den Besitz an den Waren der Einzelhandelsunternehmen verletzt habe und der Geschäftsinhaber insoweit prinzipiell aufgrund der §§ 823 Abs. 1 und 2 BGB i.V.m. § 242 StGB Schadensersatz vom Ladendieb verlangen könne.

Demnach mußte nun nur noch die Fangprämie als Schaden deklariert werden, um den zivilrechtlichen Anspruch gem. der §§ 823, 249 BGB zu begründen und die Sanktion so durchsetzungsfähig zu machen. Hierzu wurde dann zurückgegriffen auf die Behauptung der Einzelhandelsunternehmen, die Fangprämie würde an Angestellte oder Dritte im nachhinein als Belohnung ausgezahlt und insoweit sei dann tatsächlich ein Schaden in Höhe der Fangprämie bei den Unternehmen entstanden.[178]

6.1.1.2.1 Vorverlagerte Haftung auf die nicht vollendete Tat

Als ein erster Vorteil der "schadensersatzrechtlichen Lösungsmöglichkeit" wurde dann von Canaris hervorgehoben, daß der Tatbestand des § 823 Abs. 1 und 2 BGB i.V.m. § 242 StGB auch dann erfüllt sei, wenn es strafrechtlich gesehen nicht zum vollendeten Diebstahl, sondern lediglich zu einem Versuch gekommen sei. Auch der bloße Versuch sei schon die Verletzung des Eigentums i.S. von § 823 Abs. 1 BGB, da dadurch bereits in die ausschließlich dem Eigentümer vorbehaltene Herrschaftssphäre eingegriffen werde. Der Versuch erfülle hier überdies auch die Voraussetzungen der Schutzgesetzverletzung i.S. von § 823 Abs. 2 BGB, weil er beim Diebstahl strafbar und mithin zum Schutze des Eigentümers rechtlich verboten sei.[179]

178 Canaris, S. 521; Creutzig, Rechtsfragen, S.1308.
179 Canaris, S. 521.

6.1.1.2.2 Die vorverlagerte Haftung auf minderjährige Täter

Ein weiterer Vorteil des schadensersatzrechtlichen Vorgehens der Einzelhändler hinsichtlich der Fangprämie sei die Tatsache, daß die Deliktsansprüche durchschlagkräftiger hinsichtlich jugendlicher Ladendiebe seien. Hier müsse insoweit nur die Verschuldensfähigkeit i.S. der §§ 827 ff. BGB berücksichtigt werden. Das sei vor allem im Hinblick auf die häufigen Warenhausdiebstähle durch Minderjährige von erheblicher praktischer Bedeutung.[180] Canaris meinte also damit auch den oben bereits angedeuteten u.U. auftretenden Problemen mit der Geschäftsfähigkeit von minderjährigen Ladendieben wesentlich effektiver zu begegnen. Die offenbar effektivere Basis, sprich: Anspruchsgrundlage, für die Durchsetzung der Fangprämie war damit gefunden.

Weitere dogmatische Schwierigkeiten hinsichtlich der rechtlichen Etablierung der Sanktion wurden dann aber auch bezüglich der deliktischen Haftung auf der sich nun anschließenden Ebene lokalisiert. Insofern wurde dann auch die weitergehende Frage thematisiert, ob und in welchem Umfang gerade auch die Fangprämie von dem prinzipiell gegen den Ladendieb bestehenden Schadensersatzanspruch erfaßt werde.

6.1.2 Der Haftungsumfang als die Achillesferse der Durchsetzung

Insbesondere auch der Haftungsumfang wurde dann von Canaris als die wesentlich schwieriger zu überwindende Hürde für die zivilrechtliche Durchsetzung der Fangprämie eingehend thematisiert: Die wirklichen Schwierigkeiten würden sich erst ergeben, wenn man genauer prüfe, welche Schäden dem betroffenen Unternehmen eigentlich entstanden seien und in welchem Umfang sie vom geltenden Recht für ersatzfähig erklärt würden.[181]

6.1.2.1 Die Herstellung der Kausalität trotz vorheriger Aussetzung

So wurde die augenscheinliche Schwierigkeit, daß die Fangprämie von den Unternehmen ohne jeden unmittelbaren Zusammenhang zu einem konkreten Ladendiebstahl als allgemeines und abstraktes Präventionsinstrument geschaffen worden war und tatsächlich auch so eingesetzt wurde, von Canaris mit Hinweis auf die Ursächlichkeit des einzelnen Ladendiebstahls für die nachträglich erfolgte Belohnungsauszahlung überwunden.

---

180 Canaris, S. 521.
181 Canaris, S. 521.

Insofern betonte aber z.B. auch Creutzig, daß die Kausalität i.S. der conditio-sine-qua-non-Formel bei denjenigen Aufwendungen nicht zweifelhaft sein könne, die nach der Entdeckung des Diebstahls gemacht wurden. Insoweit unterscheide sich gerade die Fangprämie von anderen, nur vorbeugenden Maßnahmen, wie etwa der Sicherung eines Grundstücks durch einen Zaun oder der Ausrüstung eines Bankschalters mit Fernsehapparat und Panzerglas: die konkrete Tat eines bestimmten Täters löse eben erst den Schaden aus. Der Ladendieb setze so die nicht wegzudenkende Bedingung für die Pflicht der Einzelhandelsunternehmen zur Auszahlung der Fangprämie.

Wäre der Diebstahl nicht begangen worden, hätte der Geschäftsinhaber keine Belohnung zu zahlen brauchen. Das gelte auch dann, wenn die Bedingung schon vor dem Diebstahl gesetzt worden sei wie z.B. bei dem Versprechen einer Fangprämie; denn das ändere nichts daran, daß die Verpflichtung zur Zahlung der Prämie erst durch den Diebstahl selbst ausgelöst werde und er daher kausal für die Vermögenseinbuße des Unternehmens sei. Die Kausalität zwischen Diebstahl und Fangprämie sei damit hergestellt: der Ladendieb habe mindestens das durch § 823 Abs. 1 BGB geschützte Rechtsgut Eigentum widerrechtlich und schuldhaft verletzt und er habe das negative Interesse zu ersetzen, d.h. er habe den Geschädigten so zu stellen, wie er stehen würde, wenn der Diebstahl nicht begangen worden wäre. [182]

6.1.2.2 Keine Bedenken hinsichtlich der Adäquanz

Weiter hat dann u.a. Klimke festgestellt, daß auch die Adäquanz des in Rede stehenden Kausalzusammenhanges in aller Regel ohne weiteres zu bejahen sei.[183] Das AG München führt in einer Entscheidung hierzu noch aus, daß es nämlich keineswegs außerhalb der Wahrscheinlichkeit liege, daß das Unternehmen den Täter anzeige oder daß es die Fangprämie bezahlen müsse. Der Diebstahl führe zu Schäden dieser Art keineswegs aufgrund eines besonders eigenartigen, unwahrscheinlichen und normalerweise nicht vorhersehbaren Laufs der Dinge, sondern nach der maßgebenden objektiven nachträglichen Prognose sei mit dem Vorhandensein solcher Fangprämienabsprachen stets zu rechnen. Es liege auf der Hand, daß die nach den neueren Kriminalstatistiken unverhältnismäßig stark steigende Zahl von Ladendiebstählen und die bei den oft als Kavaliersdelikte betrachteten und gelegentlich sogar "ideologisch verbrämten Straftaten" zu erzielende minimale Aufklärungsquote die Einzelhandelsunternehmen

182 Canaris, S. 521; Creutzig, Rechtsfragen, S. 1308.
183 Klimke, S. 85.

veranlassen würden, nach neuen "Wegen der Abwehr" zu suchen.[184] Es müsse also angesichts der zunehmenden Häufigkeit der Warenhausdiebstähle und der Schwierigkeit ihrer Bekämpfung auch mit Maßnahmen wie der Aussetzung von Belohnungen für die Ergreifung des Täters gerechnet werden, zumal darin ein geeignetes Mittel zur Beseitigung etwaiger psychologischer Hemmungen der Entdecker liegen könne.[185]

6.1.2.3. Umfaßt vom Schutzzweck der Norm

Der Schutzzweck der Norm war eine weitere dogmatische Hürde, die es zu überwinden galt. Schon in der ersten bekannten Entscheidung zur Fangprämie, die im Ergebnis den Anspruch des Unternehmens auf die Erstattung der Fangprämie zurückgewiesen hatte, war das Argument herausgestellt worden, die Fangprämie sei nicht mehr vom Schutzzweck der Haftungsnorm umfaßt. Hier wurde insofern die besondere Zwecksetzung der Fangprämie beim Ladendiebstahl betont: Sie diene nicht der Wiederbeschaffung gestohlener Sachen. Bei Aussetzung der Belohnung vor Begehung bzw. Entdeckung des Ladendiebstahls diene die Aussetzung der Verhinderung eines Schadenseintritts, sei aber nicht dessen Folge.[186]

Ein weiteres Argument gegen die Ersatzpflicht sei die Rechtsprechung zu den Kosten der Strafverfolgung durch den Geschädigten; die Aufwendungen würden nicht in den Schutzbereich der §§ 823 ff. BGB fallen. Danach könnten die Kosten für die Strafverfolgung des Täters grundsätzlich nicht mit Hilfe eines Schadensersatzanspruchs geltend gemacht werden. Bei Gewährung der Belohnung ohne vorherige Aussetzung diene die Belohnung ebenfalls nicht der Wiederbeschaffung, sondern werde zu einem Zeitpunkt gewährt, zu dem feststehe, daß ein Schaden überhaupt nicht eingetreten sei. Auf die Sachverhaltsvariante ließen sich die Erwägungen der Rechtsprechung zu den Kosten der Strafverfolgung übertragen, mit der Folge, daß auch die nicht vorher ausgesetzten Belohnungen nicht zu ersetzen seien.[187]

Dieser ablehnenden Haltung wurde wiederum von Canaris vehement widersprochen: Die Rechtsprechung hinsichtlich der Kosten der Nebenklage ließe sich für das vorliegende Problem nicht verwerten. Ihre tragende Begründung liege nämlich nicht in der Lehre vom Schutzzweck der Norm, die der BGH vielmehr nur einmal hilfsweise - und das auch nicht für § 823 BGB, sondern für das inso-

---

184 AG München, NJW 1973, S. 1044, 1045.
185 Canaris, S. 522.
186 AG München, NJW 1972, S. 2038.
187 AG München, NJW 1972, S. 2038.

weit wesentlich anders gelagerte Problem des § 7 StVG - herangezogen habe, sondern in dem Hinweis auf den abschließenden Charakter der strafprozessualen Kostenregelung.

Als maßgeblich werde dabei der Zusammenhang zwischen Kostentragungspflicht und Ergebnis des Strafprozesses angesehen, der nicht auf dem Umweg über die zivilrechtliche Schadensersatzklage zerstört werden dürfe. Dann aber könne die privatrechtliche Ersatzpflicht folgerichtig nur insoweit ausgeschlossen sein, als überhaupt die rechtliche Möglichkeit vorhanden sei, den Ersatz der fraglichen Aufwendungen mit Hilfe des strafprozessualen Kostenrechts durchzusetzen. Eine solche Möglichkeit bestehe nun zwar gewiß hinsichtlich der Kosten der Nebenklage, nicht aber hinsichtlich der hier in Rede stehenden Aufwendungen wie der Kosten der Anzeige oder gar der Fangprämie.[188]

Hinsichtlich der letzteren komme hinzu, daß es dabei gar nicht um Kosten der Strafverfolgung, sondern um Kosten für die Aufdeckung der Tat und die Wiedererlangung des Diebesgutes gehe. Insoweit bestehe aber ein so enger innerer Zusammenhang mit der Ausschluß- und Zuordnungsfunktion des Eigentums, daß man es geradezu als die Aushöhlung des Eigentumsrechts ansehen müßte, wenn man die Kosten für die Wiedererlangung der Diebesbeute nicht mehr als vom Zweck des deliktischen Eigentumsschutzes gedeckt ansehen wollte.

Es sei denn auch in der höchstrichterlichen Rechtsprechung anerkannt, daß Belohnungen, die der Geschädigte für die Rückgewinnung des Diebesgutes ausgesetzt habe, mit Hilfe eines Schadensersatzanspruchs liquidiert werden können. Hinsichtlich der Fangprämien anders zu entscheiden, nur weil sie nicht erst nach, sondern schon vor dem Diebstahl versprochen wurden, entbehre jedes rechtfertigenden Grundes und erscheine geradezu willkürlich.[189]

6.1.2.4 Die Unbedenklichkeit hinsichtlich des Schadensbegriffs

Auch aus der Perspektive der Dogmatik zum Schadensbegriff wurden Bedenken hinsichtlich der Ersatzfähigkeit der Fangprämie von Canaris entkräftet. Ausgangspunkt der Überlegung war hier die Tatsache, daß das in Rede stehende Verhalten der Einzelhandelsunternehmen freiwillig motiviert war. Dieser Umstand könne zu dem denkbaren und zugleich zu entkräftenden Einwand führen, das Einzelhandelsunternehmen habe die fraglichen Vermögensopfer ja freiwillig auf sich genommen und daher liege nur eine Aufwendung, nicht aber ein echter Schaden vor.

---

188 Canaris, S. 522.
189 Canaris, S. 522.

So wurde dann von Canaris darauf verwiesen, daß zwar im Schrifttum mitunter die durch das Merkmal der Freiwilligkeit gekennzeichnete Aufwendung dem als unfreiwillige Einbuße definierten Schaden gegenübergestellt werde, man jedoch aus der rein begrifflichen Unterscheidung nicht die Folgerung ziehen dürfe, Aufwendungen könnten nicht im Schadensersatzrecht liquidationsfähig sein. Vielmehr würden häufig Aufwendungen mit Selbstverständlichkeit als ersatzfähige Schäden angesehen wie z.B. in den §§ 122, 179, 307 BGB oder in der culpa in contrahendo, wo es sehr oft um freiwillige Vermögensopfer gehe, oder auch in den §§ 823 Abs. 2 BGB, 263 StGB bei durch Betrug herbeigeführten Aufwendungen. Auch sei anerkannt, daß Aufwendungen, die gemäß § 254 BGB zur Schadensminderung erforderlich seien, grundsätzlich als Teil des Schadens liquidiert werden könnten. Unter diesem Aspekt ließen sich daher keine durchgreifenden Einwände gegen die Ersatzfähigkeit der dem Unternehmen erwachsenen Kosten vorbringen.[190]

6.1.2.5 Die Kumulation mit den Vorsorge- und Bearbeitungskosten

Neben der Fangprämie versuchten die Einzelhandelsunternehmen häufig kumulativ noch weitere Geldforderungen gegenüber den ertappten Ladendieben durchzusetzen. Hier war dann die Rede von Vorsorge- oder Vorbeugungskosten und den Bearbeitungs- oder Verwaltungsgebühren.

Die Vorsorgekosten sollten den Aufwand ersetzen, den die Unternehmen im Vorfeld der konkreten Tat mit der Vorsorge der Warensicherung, namentlich also primär durch technische Sicherungsmittel, betrieben hatten und der dem ertappten Ladendieb im nachhinein ebenfalls, zumindest anteilig, zugerechnet werden sollte. Die Bearbeitungsgebühren sollten die Lohn- und Materialkosten ersetzen, die den Einzelhandelsunternehmen durch den konkreten Ladendiebstahl und dessen betriebsinterne Bearbeitung entstanden waren. Der Versuch der Unternehmen, den ertappten Ladendieb durch die Vollstreckung von Schadensersatzforderungen zu sanktionieren, wurde also nicht nur mit der Fangprämie begründet, sondern erstreckte sich parallel häufig auch auf die Kategorien der Vorsorge- und Bearbeitungskosten.

Die Fangprämie war insoweit nur eine "Forderungsposition" unter mehreren, die die Unternehmen in einem insgesamt noch umfassenderen "Schadensersatzpaket" als negative Sanktion gegen die mutmaßlichen Ladendiebe durchzusetzen versuchten. Insoweit drängt sich die Vermutung auf, daß die Unternehmen mit der kumulativen Forderung verschiedener "Kosten- resp. Schadensersatzkategorien" versuchten, die hauseigene Sanktionierung des Ladendiebes einerseits auf

190 Canaris, S. 522.

eine möglichst breite Begründungsbasis zu stellen und andererseits das Ausmaß der zu erzielenden negativen Sanktion und der damit verbundenen präventiven und repressiven Wirkung noch zu erweitern.

6.2 Zwischenergebnis

Die Haftungskonstruktion hatte mit Rückgriff auf die Vorschriften der §§ 823, 249 BGB ihr Ziel erreicht. Zumindest ein Modell für den Weg der zivilrechtlichen Etablierung der Fangprämie war so gefunden und hatte ja auch teilweise in der Praxis, sprich: in der Rechtsprechung, durchaus zu den beabsichtigten Erfolgen bei der Durchsetzung der Sanktion gegen die Ladendiebe geführt.

Die Überlegungen und Argumente lassen deutlich erkennen, worum es ging und wie die Instrumentalisierung des Zivilrechts und der Zivilrechtsdogmatik motiviert war: es handelte sich hierbei um den Ansatz, die Fangprämie mit Hilfe der zivilrechtlichen Durchsetzungsstrategie zu etablieren und zu rechtfertigen, sie als Bestandteil der Warenhausjustiz rechtlich abgesichert anwendbar zu machen und gegenüber den Ladendieben zu vollstrecken.

Das Problem der Durchsetzung der Sanktion wurde damit ausschließlich fokussiert auf die Ebene entsprechender zivilrechtsdogmatischer Kategorien. Hier galt es dann wiederum, verschiedene Schwachstellen der aufzubauenden dogmatischen Begründungskonstruktion zu überwinden, die sich als mögliche "Einfallstore" für eventuell aufkommende Kritik an der gewählten zivilrechtlichen Vollstreckungsstrategie angeboten hätten. Es entwickelte sich also eine rechtliche Kontroverse um die Fangprämie, die sich überwiegend auf die rein zivilrechtliche Argumentation beschränkte.

Die Fangprämie wurde von vielen Autoren ausschließlich durch "die Brille der zivilrechtlichen Dogmatik" betrachtet; die mehr rechtstheoretische Betrachtung dagegen flackerte leider nur selten auf. Man könnte insofern zu der Auffassung gelangen, daß die Kontroverse von den Beteiligten bewußt und gewollt auf die "eindimensionale Betrachtung" des Phänomens reduziert wurde, um so die dahinterstehenden Interessen der Einzelhandelsunternehmen bei der Etablierung der negativen Sanktion bestmöglich durchzusetzen.

7 Die Kritik an der zivilrechtlichen Etablierung

Der konstruktive Ansatz der zivilrechtlichen Etablierungsstrategie für die Fangprämie hat aber im Schrifttum auch Kritik hervorgerufen. Es gab durchaus Stimmen, die mit der Durchsetzung der Fangprämie als zivilrechtliche Forderung gegen den Ladendieb nicht einverstanden waren und ihren Unmut über die angestrebte "rechtliche Absegnung" der negativen Sanktion der Einzelhandelsunternehmen auch artikulierten.

7.1 Keine Vertragsstrafe

So wurden die oben angedeuteten Überlegungen, daß ein entsprechender Vertrag bestehen könnte, aus dem sich ein Anspruch der Einzelhandelsunternehmen gegen den Ladendieb auf die Fangprämie ergäbe, dann z.T. auch klar abgelehnt. Das Zustandekommen einer Vereinbarung sei gerade nicht eindeutig anzunehmen, da der Ladendieb regelmäßig eben keine entsprechende Erklärung abgegeben habe und es auch absolut unwahrscheinlich sei, daß er es auch nur im entferntesten in Erwägung gezogen habe. Mangels Unterwerfungswillen des Diebes ließe sich ein solcher Vertrag auch nicht über den Aushang konstruieren. Die Verpflichtung des Diebes ließe sich demnach, wenn überhaupt, tatsächlich nur aus § 823 Abs. 1 und 2 BGB i.V.m. § 249 BGB herleiten.[191]

7.2 Kein Schaden durch Akkordlohn

Ausgehend von der weitgehend unbestrittenen, prinzipiell bestehenden Verpflichtung des Ladendiebes auf Schadensersatz gem. §§ 823, 249 BGB sei nun der entscheidende Maßstab das Schadensersatzrecht im engeren Sinne. Solange der Gesetzgeber das Vorgehen des Einzelhandels gegen den Ladendiebstahl nicht berücksichtigt habe, müsse insoweit die Bewertung der in Rede stehenden Geldforderungen unmittelbar und ausschließlich am Maßstab des geltenden Schadensersatzrechts erfolgen.

191 Wälde, S. 2294.

Dabei müsse allerdings zwischen der gegenwärtigen Rechtslage und der Zulässigkeit und Zweckmäßigkeit der Rechtsfortbildung unterschieden werden. Rechtsdogmatische und rechtspolitische Betrachtungsweise seien so zu verbinden, daß nachprüfbar Rechenschaft darüber abgelegt werde, inwieweit die Entscheidung durch Gesetz und Judikatur eindeutig festgelegt sei und wo sie sich von unbestimmten Rechts- und Verfassungsprinzipien leiten lassen müsse.[192] Vom Gesetzeswortlaut sei die Haftung auf die Fangprämie grundsätzlich gedeckt. Der einzelne Diebstahl sei kausal dafür, daß die Belohnung gezahlt werden müsse. Die Freiwilligkeit des Versprechens hebe die Adäquanz der Kausalität keineswegs auf. Im Sinne der Differenzschadenstheorie liege ohne weiteres auch ein Vermögenschaden vor, weil der Ladeninhaber ohne den Diebstahl nicht hätte zahlen müssen. Bis hierher sei der Anspruch auf die Fangprämie noch von den Vorgaben des Schadensersatzrechts gedeckt.[193]

Gleichwohl sei über die Haftung für die Fangprämie mit negativem Ergebnis zu entscheiden. Denn die an Verkaufspersonal oder Detektive gezahlte Belohnung sei lohnsteuer- und sozialabgabenpflichtiges Arbeitsentgelt für die Überführung von Dieben. Insoweit sei die Fangprämie ebensowenig ersatzfähig wie die Bearbeitungskosten, weil sie die gleiche Tätigkeit betreffe. Zwar sei das Personal arbeitsvertraglich zum Schutze des Eigentums verpflichtet. Das hindere aber nicht, als besonderen Anreiz zur Erfüllung der Pflicht oder als Ausgleich für die damit verbundenen Unannehmlichkeiten ein zusätzliches Entgelt, ähnlich den Schmutz- und Schlechtwetterzulagen, festzusetzen. Von den Bearbeitungskosten unterscheide sich die Fangprämie lediglich darin, daß zum einen der Zeitlohn, zum anderen ein erfolgsbezogener Akkordlohn für ein und dieselbe Tätigkeit gefordert werde. Dieser Unterschied im betriebsinternen Entlohnungssystem dürfe aber die rechtliche Beurteilung ebensowenig ändern wie der Umstand, daß der Differenzschadensbegriff im letzteren Falle ausgefüllt sei, im ersteren nicht.[194]

7.3 Kein Ersatz für Präventions- und Rechtsverfolgungskosten

Ein anderer Einwand gegen die Ersatzfähigkeit der Fangprämie bezieht sich dann auf ihre überwiegende Zwecksetzung: der Ersatz der Fangprämie werde insgesamt nicht vom Schutzzweck der Norm gedeckt, denn die Fangprämie diene nach ihrem eindeutig überwiegenden Zweck der Prävention. Niemand würde

192 Wollschläger, S. 13.
193 Wollschläger, S. 15.
194 Wollschläger, S. 15.

für die Wiedererlangung gestohlener Ware eine Belohnung aussetzen, die deren Wert im Regelfall weit übersteige. Erst die Aussicht, diesen im Einzelfall geringen wirtschaftlichen Nutzen durch Abschreckung anderer Täter zu vervielfältigen, mache die Aufwendung rentabel.

Selbst insoweit wie die Fangprämie der Wiederbeschaffung der Diebesbeute dienen könnte, müsse ihre Erstattung in konsequenter Beachtung der Rechtsprechung zu den Schadensbearbeitungskosten abgelehnt werden. Wenn die persönliche Mühe bei der Rechtsausübung im eigenen Bereich dem Pflichtenkreis des Verletzten zugerechnet werde, müsse die Wertung unabhängig davon gelten, nach welchem System die Tätigkeit des eigenen Personals vergütet werde. Das stehe schließlich auch der Haftung für die an Kunden gezahlten Prämien entgegen, weil sie im unmittelbaren räumlichen Bereich des Ladeninhabers als dessen freiwillige Hilfskräfte tätig würden.[195]

7.4 Eine Privatstrafe kein Ausgleichsinstrument

Ein gewichtiges Argument gegen die Haftung des Ladendiebes für die Kosten seiner Ergreifung ergebe sich aus dem Charakter eines derartigen Schadensersatzanspruches. Der sei tatsächlich eine Privatstrafe statt eines Ausgleichsinstrumentes. Der Schadensersatz für strafbare Handlungen erfasse aber weder eine Belohnung, die unabhängig von der konkreten Schädigung schon vorher ausgelobt worden sei, noch die anteiligen Kosten, die zur Aufrechterhaltung eines Kontrollsystems erforderlich seien.[196]

Wenn also im Ergebnis nach geltendem Recht der Ladendieb nicht auf Schadensersatz hafte, so beruhe das auf der Wertung, daß die Rechtsordnung dem Träger gefährdeter Rechtsgüter zumute, unentgeltlich zur Sicherung und Verfolgung seiner Rechte beizutragen. Die Erwartung eines idyllischen Zustandes, in dem sich jedermann ohne weiteres Zutun rechtskonform verhielte, sei nicht geschützt. Die gegenwärtige Praxis des Einzelhandels sei folglich Privatjustiz, nämlich die Verhängung einer Sanktion für normwidriges Verhalten ohne Rechtsgrundlage.[197]

Ausgehend von dieser Feststellung wird dann die rechtstheoretische Dimension der Fangprämie angeschnitten und die Kritik an der zivilrechtlichen Etablierung der negativen Sanktion insoweit ausgeweitet. So wird weiter festgestellt, daß allein mit dem zivilistischen Instrumentarium dem Problem der mit der

---

195 Wollschläger, S. 15.
196 Wälde, S. 2295.
197 Wollschläger, S. 16.

Fangprämie ausgeübten Privatjustiz durch die Einzelhandelsunternehmen nicht beizukommen sei. Wer nur an der Herstellung eines Abhängigkeitsverhältnisses zwischen Zahlung des abverlangten Betrages und dem Absehen von einer Strafanzeige Anstoß nehme, verdunkele damit die Frage, inwieweit privaten Institutionen überhaupt Straffunktion zugestanden werden sollte.

Umgekehrt bleibe an der Oberfläche haften, wer für die Zulässigkeit solcher Selbstjustiz genügen lasse, daß der abgeforderte Betrag formell nicht als Bußgeld, sondern unter dem Etikett der Bearbeitungsgebühr oder des Schadensersatzes zur umgelegten Deckung der Kosten erhoben werde, die durch die Vorkehrungen zur Aufklärung solcher Straftaten entstünden.

Abgesehen davon, daß die Warenhäuser und Selbstbedienungsläden die Aufwendungen längst über die Preiskalkulation weitergegeben hätten, sei unklar, was alles unter die ersatzpflichtigen Kosten fallen solle: Höhe der Fangprämie? Andere Aufwendungen im konkreten Einzelfall? Anteilige Summe der dem Betrieb bei der Bekämpfung von Diebstählen entstehenden Kosten, wie z.B. für Privatdetektive, Fernsehkameras oder Zeitverlust?

Alle Forderungen nach der auch nur teilschuldnerischen Haftung erschienen schon problematisch, weil nach dem Urteil von Branchenkennern der größere Teil der Inventurfehlbeträge, insoweit diskret als "Schwund" bezeichnet, auf Entwendungen durch eigene Angestellte und Anlieferer zurückzuführen sei.[198]

Tatsächlich würden die Einzelhandelsunternehmen die abverlangten Beträge nach der ihnen zugedachten Abschreckungswirkung bemessen. Dabei orientiere man sich auch an dem bei ordentlichen Gerichten in vergleichbaren Fällen üblichen Strafmaß. Nach alledem trete die Schadensausgleichfunktion der Bearbeitungsgebühr völlig hinter der präventiven Schadensfunktion zurück. Gegenüber dieser von niemandem bestrittenen Zwecksetzung sei der Hinweis auf den privatrechtlichen Entstehungsgrund solcher Geldforderungen also nur formal.

Die Konstruktion über den Entschädigungsanspruch führe aber dazu, daß ausgerechnet diejenige Sanktionsart, die am stärksten mit einem Interessenkonflikt für das Warenhauspersonal verbunden sei, legal sein solle, im Unterschied etwa zu einer an eine gemeinnützige Einrichtung abzuführende Geldbuße. Man denke insofern nur an den Verkäufer, der als Zeuge in der Hauptverhandlung gegen den wirklichen oder vermeintlichen Ladendieb einräumen müsse, daß ihm ein Kopfgeld versprochen worden sei.[199]

Damit wird die zivilrechtliche Ebene der Fangprämie überwunden und die rechtstheoretische Dimension erkennbar: es geht um die Frage, ob und gegebenenfalls in welchem Umfang den Einzelhandelsunternehmen mit der Fangprämie

198 Kramer, Ladendiebstahl, S. 64.
199 Kramer, Ladendiebstahl, S. 64.

die rechtliche Kompetenz zur negativen Sanktion der Ladendiebe eingeräumt werden sollte; eine Frage, die sich allein mit der zivilrechtlichen oder schadensersatzrechtlichen Dogmatik nur noch schwerlich sachgerecht, sprich: von grundlegenden Rechts- und Verfassungsprinzipien gedeckt, beantworten ließe.

7.5 Ein Verstoß gegen das staatliche Strafmonopol

Eines der unsere Rechtsordnung tragenden Prinzipien, das staatliche Monopol des Strafens, wäre insoweit durch die Etablierung der Fangprämie tangiert; die Einzelhandelsunternehmen erlangten auf diesem Wege die rechtlich gesicherte Kompetenz, andere negativ zu sanktionieren. Insoweit würde neben die staatliche Justiz eine dem Grundgedanken der Art. 92 und 103 Abs. 2 GG widersprechende private Strafgewalt treten.

Außerhalb des staatlichen Strafmonopols gewähre das Grundgesetz jedoch nur in begrenztem und außerordentlich umstrittenem und fragwürdigem Rahmen gesellschaftliche Strafmöglichkeiten. Alle Strafen: Vereins-, Betriebs-, Vertrags- und Schiedspruchstrafe, zeichneten sich dadurch aus, daß zwischen Strafendem und dem Bestraften ein i.d.R. durch Vertrag geschaffenes Sonderverhältnis bestehe, dessen Aufrechterhaltung durch Sanktionen minderer Schwere gerade noch zugelassen werde. Ein solches Sonderverhältnis, auf Grund dessen sich der Dieb der Strafgewalt eines Kaufhauses unterwerfe, bestehe hier jedoch nicht.

Es wäre auch ein rechtshistorischer Anachronismus, außerhalb der staatlichen Organe private Selbsthilfe durch eigenständige Strafgewalt hinzunehmen. Aufgabe der unabhängigen staatlichen Justiz sei es ja gerade, bei Strafe und Strafzumessung sämtliche Umstände abzuwägen und die Möglichkeiten der Resozialisierung abzuschätzen.[200]

7.6 Bedenken gegen die soziale Kontrolle durch das Zivilrecht

Dem Argument, die Warenhausjustiz würde mit den Mitteln des Zivilrechts das staatliche Strafmonopol unterlaufen, wurde dann aber entgegengehalten, daß die staatliche Strafverfolgung nur ein Teil der umfassenden sozialen Kontrolle abweichenden Verhaltens sei. Die Argumentation der Gegner der Warenhausjustiz gehe insofern meist an dem rechtspolitischen Kernproblem vorbei. Es handele sich vielmehr bei den Argumenten, daß pönale Funktionen schlechthin dem Strafrecht vorbehalten werden müßten und daß Art. 92 GG es verbiete, neben

200 Wälde, S. 2295.

der staatlichen Justiz die Selbsthilfe durch eine eigenständige private Strafgewalt zuzulassen, eben keineswegs um zwingende Vorgaben.[201] Pönale Elemente general- oder spezialpräventiver Art seien dem Zivilrecht nicht völlig fremd. Neben der Vertragsstrafe gem. §§ 339 ff. BGB sei noch zu denken an die verschiedenen Funktionen des Schmerzensgeldes, besonders bei Verletzung von Persönlichkeitsrechten, oder an die Funktion des abgestuften Schadensfreiheitsrabattes im Haftpflichtversicherungsrecht oder an die verschiedenen Zwecke der außerordentlichen Kündigung im Arbeitsrecht. Wenn die Zusammenhänge übersehen würden, erkläre sich das allein aus der Vernachlässigung der Sozialwissenschaften durch die mit vermeintlich wichtigeren rechtsdogmatischen Fragen beschäftigte Jurisprudenz.[202]

Gegen diese Überlegungen, das Zivilrecht vorsätzlich in die Bekämpfung des Ladendiebstahls mit einzubeziehen, wurde aber mit dem Hinweis auf die Ungeeignetheit des spezifischen Normenprogrammes des Zivilrechts argumentiert: Das geltende Schuldrecht sei einfach ungeeignet, die Aufgabe sachgerecht zu bewältigen. Es sprächen zwar kriminalpolitische Erwägungen dafür, den Anspruch der Warenhäuser als Sanktion in der vorbeugenden Deliktsbekämpfung einzusetzen und die Strafverfolgungsbehörden insoweit zu entlasten, aber solchen Erwägungen dürfe im geltenden Schuldrecht nicht nachgegeben werden. Das geltende Recht ermögliche keine sowohl den Interessen der Einzelhandelsunternehmen als auch kriminalpolitischen Belangen gleichermaßen Rechnung tragende Lösung.[203]

7.7 Keine Lösung durch Richterrecht

Auch die Lösung durch Richterrecht wurde von Kramer bereits verworfen. In der Uneinheitlichkeit und Widersprüchlichkeit der Rechtsprechung zu dem Problem spiegele sich nur das Unbehagen über den als unbefriedigend empfundenen Rechtszustand, dem wegen der Notwendigkeit begleitender Regelungen auch durch die Bildung von Richterrecht nicht abgeholfen werden könne. Die richterrechtliche Rechtsschöpfung halte sich dann nicht mehr in der Funktionsteilung zwischen parlamentarischer Gesetzgebung und richterlicher Rechtsgestaltung, wenn die beabsichtigte Normierung nur einheitlich mit Folgeregelungen erfolgen könne, die allein in der Kompetenz des parlamentarischen Gesetzgebers lägen. Für die Notwendigkeit der parlamentarischen Legitimierung des Vorgehens der

201 Kramer, Ladendiebstahl, S. 64.
202 Kramer, ZRP 1974, 62, 64.
203 Kramer, Warenhausjustiz, S. 1610.

Warenhäuser spreche auch die andere Gegenstände der Rechtsfortbildung weit übersteigende Bedeutung des Problems. Von der Sanktionsmacht des Einzelhandels seien jährlich mehr als 200.000 Ladendiebe betroffen.

Gerichte sollten das Wagnis einer Rechtsfortbildung nur eingehen, wenn für die beabsichtigte Rechtsumgestaltung ausreichende Durchsetzungschancen bestünden. Rechtsfortbildung, die andauernde Rechtsunsicherheit schaffe, sei ein Widerspruch in sich. Schon die bestehende beispiellose Rechtsunsicherheit sollte den Gesetzgeber zum raschen Tätigwerden veranlassen. Wegen der Streitwertgrenze des § 511a ZPO könne im Normalfall kein übergeordnetes Gericht angerufen werden.[204]

7.8 Inkompatibilität zum kriminalpolitischen Konzept

Die zentrale Frage, ob und wieweit privaten Institutionen Straffunktion zugestanden werden könnte, lasse sich nicht losgelöst vom kriminalpolitischen Gesamtkonzept beantworten. In der Privatjustiz verhängte Strafsanktionen dürften den Belangen des Strafrechts nicht zuwiderlaufen. Es bestehe die Gefahr, daß die Warenhäuser und Selbstbedienungsläden ihre Verfolgungspolitik an dem ausrichteten, was dem Hause nütze.[205]

Schon die Zweckmäßigkeit der Rechtsänderung erscheine allerdings fragwürdig. Die gefährlichsten Täter, die gewerbs- und gewohnheitsmäßigen Ladendiebe, dürften sich von der zusätzlichen Haftung ohnehin nicht beeinflussen lassen. Für die große Masse der Bagatelltäter sei angesichts der gewiß hohen Dunkelziffer an die leidige Erfahrung aus dem Verkehrsrecht zu erinnern, daß nicht so sehr die Höhe der Sanktion als vielmehr die Effektivität der Kontrollmaßnahmen abschrecke.[206]

Im Falle des Ladendiebstahls sei weiter zu berücksichtigen, daß der moderne Warenhaus- und Supermarktverkauf gerade von der Verlockung zum Konsum ohne Rücksicht auf finanzielle Konsequenzen ausgehe. Das Wegnehmen werde so leicht wie möglich gemacht, der Hemminstinkt werde eingelullt, und die Rechnung werde dem Kunden erst am Ausgang präsentiert. Die "diebstahlsstimulierenden Eigenschaften" des modernen Selbstbedienungsverkaufes müßten bei der Strafzumessung einkalkuliert werden. In der Selbstjustiz der Supermärkte würden solche Erwägungen aber kaum angestellt werden. Die staatliche Strafzumessung werde aber in ihrem Bemühen um gerechte und angemessene Strafe

---

204 Kramer, NJW 1976, 1607, 1610.
205 Kramer, Ladendiebstahl, S. 65.
206 Wollschläger, S. 16.

und Resozialisierung durch private Selbstjustiz behindert; ein Grund mehr, zivilrechtliche Ansprüche mit Strafcharakter nicht zuzulassen.[207]

Das am Ausgleichsprinzip orientierte Schadensersatzrecht sei eine unbrauchbare Grundlage einer Privatstrafe, weil es entgegen dem Grundsatz des § 46 StGB keine Möglichkeit enthalte, die Sanktion nach der Schwere der Schuld zu bemessen. Sogar ein fahrlässig handelnder Täter, z.B. ein Kunde, der in einem Kaufhaus geistesabwesend eine Ware einstecke in der Meinung, sie schon bezahlt zu haben, müßte nach den §§ 823, 276 BGB haften.[208]

Die auf das Deliktsrecht gestützte Privatstrafe widerspreche außerdem in wesentlichen rechtlichen Konsequenzen den Zielen anderer Gesetze, besonders denen des Jugendstrafrechts. Nach § 828 Abs. 2 BGB müßten sogar strafunmündige Kinder haften, sobald sie "Mein und Dein" unterscheiden könnten. Jugendliche unter 18 Jahren seien nach den §§ 13, 17 JGG in erster Linie zu erziehen und nicht mit undifferenzierten Geldbußen nach Gutdünken eines Privatmannes zu belegen. Sie hätten Anspruch auf den Jugendrichter als gesetzlichen Richter, sogar im Recht der Ordnungswidrigkeiten gem. §§ 68 Abs. 2, 98 OWiG. Der Bagatellcharakter eines Deliktes rechtfertige also keine Ausnahme. Der Wunsch nach härterem Durchgreifen gegenüber diesem besonders großen Täterkreis dürfe nicht dazu verleiten, mit zivilrechtlichen Mitteln die Absichten des Jugendgerichtsgesetzes zu unterlaufen.[209]

7.9 Die rechtspolitische Frage

Worum es gehen könne, sei lediglich, die private Strafgewalt in die Grenzen zu verweisen, die ihr nun einmal durch den Rechtsstaatsgedanken gezogen seien, gegebenenfalls auch, sie ganz zu unterbinden.[210] Kennzeichnend für weite Bereiche der erfolgten Diskussion sei die oftmals beliebige Austauschbarkeit der verwendeten konstruktiven Erwägungen, bei gleichzeitigem Vorherrschen der zivilrechtlichen Betrachtungsweise und dem Verzicht auf die Einbeziehung gebietsübergreifender rechts- und besonders kriminalpolitischer Fragen.[211]

Das Problem dürfe weder an isoliert gesehenen Prinzipien wie Rechtsprechungsmonopol oder Strafmonopol des Staates gemessen werden noch durch die Brille begrifflicher und dogmatischer Erwägungen wie Adäquanz, Rechtswidrigkeitszusammenhang, Vorhaltekosten, Beeinträchtigung oder Gefährdung ab-

207 Wälde, S. 2295.
208 Wollschläger, a.a.O., S. 16.
209 Wollschläger, S. 16.
210 Kramer, Ladendiebstahl, S. 64.
211 Kramer, Warenhausjustiz, S. 1608.

soluter Rechte usw. betrachtet werden. Es handele sich um eine rechtspolitische Frage, zu deren Beantwortung es der Abwägung der verschiedenen Belange unter Beachtung der Wertmaßstäbe unserer Verfassung bedürfe: inwieweit ist die Zulassung der privaten Strafjustiz rechtspolitisch erwünscht oder unerwünscht.[212] Auf der Suche nach einer Neuregelung dürften die zivilrechtlichen Probleme insoweit nicht isoliert behandelt werden. Vielmehr müßten - gebietsübergreifend - auch die kriminalpolitischen Aspekte des Ladendiebstahls in den Blick gefaßt werden.[213]

7.9.1 Die Überforderung der Strafjustiz

Hauptursache für die Überlastung der Strafverfolgungsbehörden sei ihre Überschwemmung mit der Masse von Kleinkriminalität, zu deren Bewältigung ihre Verfolgungskapazität nicht ausreiche und die sie daran hindere, sich der mittleren und schweren Kriminalität mit dem erforderlichen Nachdruck zuzuwenden. Die Notwendigkeit, die Bekämpfung der Kleinkriminalität zu vereinfachen, habe der Gesetzgeber seit langem erkannt. Der mit der Verfahrenslösung gem. §§ 248a StGB, 153, 153a StPO angestrebte Beschleunigungs- und Entlastungszweck sei aber nicht erreicht worden.

Da die Warenhäuser meist Strafantrag stellten und dabei selbst in geringfügigen Fällen auch gegenüber hochbetagten Tätern u.ä. ihre Beschwerdemacht oft rigoros ausnutzten, komme die Filterwirkung des § 248a StGB nicht zum Tragen.

Von den erweiterten Einstellungsmöglichkeiten gem. §§ 153, 153a StPO werde kaum Gebrauch gemacht, weil die meisten Staatsanwälte darin nur die Verlagerung der Arbeitsbelastung erblickten, da die Regelungen meist schwierige Einzelentscheidungen, die Einholung der Zustimmung des Beschuldigten und die Auflagenüberwachung nach sich zögen.

Intern werde die Anwendung der Vereinfachungs-Vorschriften von einer Stellenvermehrung abhängig gemacht. So sei im wesentlichen alles beim alten geblieben, indem die Staatsanwaltschaften in aller Regel die Akten mit Anklageschrift oder Strafbefehlsantrag kurzerhand dem Gericht übersendeten.

In den Erfahrungsberichten der Staatsanwaltschaften werde dieses Verfahren häufig als einfacher und schneller als das Verfahren nach § 153a StPO geschildert.

---

212 Kramer, Ladendiebstahl, S. 64.

213 Kramer, Warenhausjustiz, S. 1610.

Auch die Anwendungshäufigkeit des § 153 StPO habe kaum zugenommen. Demzufolge habe eine Allgemeinverfügung des Niedersächsischen Justizministers vom 3.12.1974 ausgerechnet den Ladendiebstahl von der Einstellungsmöglichkeit gem. § 153a StPO ausgenommen und damit ein vom Bundestag verabschiedetes Gesetz noch vor seinem Inkrafttreten zum 1.1.1975 für seinen Hauptanwendungsfall außer Geltung gesetzt. Zwar sei auf die an der Verletzung des Gewaltenteilungsprinzips geübte Kritik hin die Allgemeinverfügung wieder geändert worden. Doch machten die meisten Staatsanwaltschaften von der Einstellungsmöglichkeit nach §§ 153, 153a StPO im Falle des Ladendiebstahls nach wie vor nur sehr zurückhaltend Gebrauch.

Unter den elf Niedersächsischen Staatsanwaltschaften stelle nur eine Behörde im Regelfall, d.h. wenn der Wert der Beute unter 50,- DM liege und es sich um Ersttäter handele, nach § 153a StPO ein. Ebenso niederschmetternd sei das Ergebnis einer Umfrage bei Staatsanwaltschaften der übrigen Bundesländer. Die Staatsanwaltschaften in Stuttgart und Nürnberg, die im Regelfall § 153a StPO anwendeten, schienen zu den Ausnahmen zu gehören.[214] Jahre nach Inkrafttreten der Neuregelung könne man hier schwerlich von bloßen Anlaufschwierigkeiten sprechen. Ob eine Empfehlung der Konferenz der Generalstaatsanwälte, § 153a StPO im Falle des Ladendiebstahls großzügiger anzuwenden, Auswirkungen haben werde, stehe dahin. So blieben die Behörden weiterhin mit der Masse der Bagatellkriminalität überschwemmt. Der "Gruppe der Schwerkriminellen" könne das nur gelegen kommen.[215]

7.9.2 Die Legalisierung der Privatstrafe

Die Legalisierung der bereits weitgehend praktizierten und z.T. auch gerichtlich gebilligten Privatstrafe auf der Grundlage des normativen Schadensbegriffs sei durchaus denkbar. Die Judikatur zum Schmerzensgeld bei Verletzungen des Persönlichkeitsrechts, vom BGH contra legem entgegen § 253 BGB eingeführt[216], böte ein passendes Vorbild dafür, den Eigentumsschutz zu intensivieren. Vieles spräche sogar dafür, die staatliche Strafe im Bagatellbereich durch private Sanktionen abzulösen: das Stigma der Kriminalstrafe würde entfallen können. Die Buße folge der Tat unmittelbar. Die Strafverfolgungsbehörden würden für wichtigere Aufgaben entlastet.

---

214 Kramer, Warenhausjustiz, S. 1610.
215 Kramer, Warenhausjustiz, S. 1611.
216 Giesen, S. 802.

Warum auch solle man an so altmodisch-liberalistisch erscheinenden Werturteilen festhalten, daß der private Kampf ums Recht unentgeltlich zu führen sei? Müsse nicht ein Recht aus der Zeit der Tante-Emma-Läden, in denen der Inhaber persönlich auf Langfinger achtete, den rationalisierten Verkaufsformen des Einzelhandels angepaßt werden? Gegen die gesetzliche Regelung sei grundsätzlich nichts einzuwenden. Dagegen begegne es erheblichen Bedenken, das geltende Schadensersatzrecht richterlich mit dem Ertrag fortzubilden, daß unter dem Etikett des Schadensersatzes eine Privatstrafe eingeführt werde.[217]

Man könne das von den Warenhäusern praktizierte "Bußgeld - Verfahren" legalisieren, weil die kurz angeschlossene Erledigung am ehesten geeignet erscheine, gewisser Arten von Kleinkriminalität auf möglichst einfache und reibungslose Weise Herr zu werden, die Strafjustiz vom Ballast kleiner Verfahren möglichst zu entlasten und zugleich den Tätern ein förmliches Verfahren zu ersparen, das zwar mit allen rechtsstaatlichen Garantien ausgestattet sei, aber gerade wegen seiner Förmlichkeit einen oft einmaligen Fehltritt übermäßig hochspiele, den Täter gegenüber seiner Umwelt über Gebühr bloßstelle und ihn unnötigen psychischen Belastungen aussetze.[218] In jedem Fall würden die Diebstahlsvorgänge an die Staatsanwaltschaft weitergeleitet werden müssen, die das Verfahren dann beim Vorliegen einheitlich zu bestimmender Voraussetzungen einstellen könne.

Staatliche Anerkennung und Überwachung der Privatjustiz sei jedenfalls ehrlicher als der Rechtszustand, der den bestehenden Wildwuchs nicht verhindere und in den verschiedenen Ausgestaltungen unkontrolliert immer weiter um sich greifen lasse.[219]

7.9.3 Gegen Machtmißbrauch, Denunziantentum und Kopfgeldjägerei

Der Machtmißbrauch durch die hier agierenden Einzelhandelsunternehmen müsse verhindert werden. Hierzu würden die unterschiedliche soziale Situation und die korrespondierenden verschiedenen Kräfteverhältnisse von Ladendieb und Kaufhaus in Rechnung gezogen werden müssen: der rechtsunkundige Ladendieb werde auch übertriebene mißbräuchliche Forderungen des Geschäftsführers lieber erfüllen als mit schlechtem Gewissen und in Furcht vor dem Ungewissen der staatlichen Strafe Zuflucht beim öffentlichen Rechtsschutzsystem zu suchen. Dem Mißbrauch sei durch striktes, mit Strafe bewehrtes Verbot derartiger Er-

217 Wollschläger, S. 16.
218 Kramer, Ladendiebstahl, S. 65.
219 Kramer, Ladendiebstahl, S. 65.

pressungstaktiken ein Riegel vorzuschieben, um die ausschließliche Strafkompetenz der Gerichte zu wahren. Die Tendenz, Konfliktfälle aus der staatlichen Justiz in die Hände gesellschaftlicher Machtgruppen zu ziehen, sei zu beschränken. Auch die Praktik der Belohnung für Anzeigen sei möglichst auf Bereiche einzuengen, wo sie in der StPO zulässig seien, um nicht den Wildwuchs von Denunziantentum und Kopfgeldjägerei zu fördern.[220]

7.9.4 Der "nulla poena" Grundsatz

Der Grundsatz "nulla poena sine lege" und damit Art. 103 Abs. 2 GG gelte zwar für die zivilrechtliche Sanktion nicht unmittelbar, aber die zugrunde liegende Wertung, daß die Macht dessen, der die Sanktion verhänge, gesetzlich legitimiert sein müsse, sei auch bei privaten Maßnahmen zu beachten. Denn für den betroffenen Bürger habe es die gleiche Wirkung, ob er als Folge rechtswidrigen Verhaltens Geld an die Staatskasse oder an die Warenhauskasse zahle. Wolle man dem Einzelhandel wirklich die Sanktionsgewalt, von der jährlich über 200.000 überführte Ladendiebe betroffen werden könnten, überlassen, so müsse ein solcher Machtzuwachs parlamentarisch legitimiert sein. Die so weitreichende Rechtsänderung läge nicht mehr in der Kompetenz der Gerichte.

Zudem könne eine Rechtsfortbildung durch die Amtsgerichte, die infolge des geringen Streitwertes gem. §§ 510c, 511a ZPO unanfechtbar entschieden, die von Art. 103 Abs. 2 GG geforderte Rechtssicherheit nicht schaffen, weil die Gerichtspraxis nicht institutionell koordiniert werden könne. Auch aus diesem Grunde solle die Kühnheit höchstrichterlicher Rechtsschöpfung beim Ladendiebstahl nicht nachgeahmt werden. Im Ergebnis könne die rechtspolitische Entscheidung nur dahin gehen, die Schadensersatzhaftung von Ladendieben für die Kosten der Diebstahlsbekämpfung abzulehnen.[221]

7.10 Zwischenergebnis

Die im Schrifttum geübte Kritik zeigt, wo die eigentlichen Probleme der Fangprämie tatsächlich zu lokalisieren sind. Erst die rechtstheoretische Perspektive eröffnet die volle Sicht auf diese negative Sanktion der Einzelhandelsunternehmen und zeigt, daß hier die grundlegende Frage tangiert wird, inwieweit rechtliche Sozialkontrolle u.U. übertragen werden sollte auf die sich dafür anbietenden

220 Wälde, S. 2295.
221 Wollschläger, S. 16.

Subdisziplinen der Rechtsordnung. Die "scheuklappenartige", sprich: weitgehend isolierte, Orientierung an den Schwierigkeiten auf der Ebene der zivilrechtlichen Dogmatik hinsichtlich der Etablierung der Fangprämie dagegen verstellt insofern den Blick auf diese Dimension, auf der schwerwiegendere Bedenken gegen diese negative Sanktion der Einzelhandelsunternehmen aufkommen.

Es geht hinsichtlich der Fangprämie also in erster Linie um die rechtspolitische bzw. -theoretische Frage, ob und in welchem Umfang als Ersatz für oder neben dem Strafrecht die Sanktionierung bestimmter Verhaltensweisen auch durch das Zivilrecht denkbar und machbar erscheint. Die Antwort auf diese Frage kann nur gegeben werden, wenn klar ist, wie ein kriminalpolitisches Konzept aussehen müßte, in dem die negative Sanktion des Zivilrechts ihren Platz fände und insoweit eine sachgemäße, sprich: abgestimmte, angemessene und zweckmäßige rechtliche Reaktion auf das mißbilligte Verhalten repräsentieren könnte.

Unabhängig von der Kritik im Schrifttum und den damit einhergehenden Befunden entwickelte sich die Kontroverse um die Fangprämie weiter, ohne daß sich eine eine bestimmte Position durchzusetzen vermochte. So hat Deutsch die unfruchtbare Diskussion der beteiligten Juristen besonders plastisch als ein "dogmatisches Patt" bezeichnet.[222] Die mit dieser von Deutsch so treffend wie unvollständig beschriebene Situation im Schrifttum und in der Rechtsprechung zeigt, daß die Probleme hinsichtlich der Fangprämie damit geradezu prädestiniert erschienen um weiter auch in der Rechtsprechung kontrovers behandelt zu werden, bis eine Entscheidung des Gesetzgebers oder der übergeordneten Gerichtsbarkeit das weitere rechtliche Schicksal der Fangprämie dominieren würde.

222 Deutsch, Teilgutachten, E 27.

8 Das höchstrichterliche Plazet

Wie einleitend bereits erwähnt, führte dann tatsächlich eine Entscheidung des Bundesgerichtshofes[223] zur Beruhigung der Kontroverse um die rechtliche Etablierung der Fangprämie. In dieser Entscheidung wurde der Anspruch auf die Fangprämie im Grundsatz bestätigt. Der höchstrichterlichen Bestätigung der Fangprämie gingen allerdings zahlreiche Entscheidungen der Instanzgerichte voraus, die, mit der Fangprämienpraxis der Einzelhandelsunternehmen konfrontiert, recht unterschiedlich reagierten.

8.1 Das disparate Echo bei den zivilrechtlichen Instanzgerichten

Neben der aufgezeigten Auseinandersetzung im Schrifttum wurde die Fangprämie rechtlich virulent durch die Vollstreckungspraxis der Einzelhandelsunternehmen bei der Durchsetzung der Fangprämie gegen den Ladendieb. Die Einzelhandelsunternehmen versuchten mit Nachdruck, i.d.R. noch vor Ort, den ertappten Ladendieb zur Zahlung der Fangprämie zu bewegen und, wenn das Vorgehen nicht erfolgreich war, die Zivilgerichtsbarkeit für die Vollstreckung zu benutzen. Die Praxis der Einzelhandelsunternehmen, die vermeintlichen Ladendiebe durch die Schadensersatzforderung zu sanktionieren, verursachte so spezifische Reaktionen in der Rechtsprechung. Das Vorgehen der Einzelhandelsunternehmen führte dazu, daß sich zunächst einmal die Ziviljustiz auf amtsgerichtlicher Ebene mit der "Vollstreckungspraxis" der Einzelhandelsunternehmen zu befassen hatte; die Fangprämie hat hier die bemerkenswerte Disparität in den bekanntgewordenen Entscheidungen herbeigeführt.

So versagte das AG München[224] den Anspruch eines Ladeninhabers auf die Fangprämie mit der Begründung, die freiwillige Gewährung der Fangprämie liege nicht im Schutzbereich der §§ 823, 249 BGB. Die Aussetzung einer solchen Belohnung diene der Verhinderung eines Schadenseintritts, sei aber nicht seine Folge. Der Entscheidung lag ein Sachverhalt zugrunde, bei dem ein Ladeninhaber eine ertappte Ladendiebin wegen eines Betrages von 50,- DM nebst Zinsen in Anspruch nahm; die Beklagte war im Ladengeschäft der Klägerin dabei beob-

223 BGH, Urt. v. 6.11.1979 - VI ZR 254/77, BGHZ 75, S. 230 ff.
224 AG München, Urt. v. 14.6.1972 - 1C 868/72, NJW 1972, S. 2038.

achtet worden, wie sie einen Pulli im Wert von 67,50 DM entwendete. Sie wurde an der Treppe zum Ausgang gestellt und der Pullover wurde ihr wieder abgenommen. Der klagende Ladeninhaber hatte seinen Angestellten einen Betrag von 50,- DM ausbezahlt. Er hatte zuvor seine gesamten Angestellten aufgefordert, ihr Augenmerk auf Ladendiebstähle zu richten und für jede Entdeckung eines Diebstahls eine Prämie von 50,- DM, bei kleineren Diebstählen etwas weniger, versprochen.

In einem anderen Fall, der ebenfalls vor dem AG München[225] verhandelt wurde, bestätigte dagegen das Gericht den Anspruch des Geschäftsinhabers auf die Fangprämie. In der Begründung wurde ausgeführt, daß die adäquate Kausalität und auch der Rechtswidrigkeitszusammenhang zwischen Tat und Schaden zu bejahen seien, denn die Aussetzung von Fangprämien sei durch vorangegangene Diebstähle anderer Täter motiviert und die Fangprämie sei das einzige Mittel, um die bislang minimale Aufklärungsquote zu verbessern.[226]

Hier hatte die ertappte Ladendiebin die 50,- DM noch an Ort und Stelle bezahlt. Die 19-jährige Frau hatte sich zuvor in einem Textilgeschäft drei Hosen zur Anprobe in die Kabine mitgeben lassen. Eine dieser Hosen steckte sie zunächst unbemerkt in eine Tasche, die anderen gab sie zurück. Bei dem Versuch, mit der an sich genommenen und nicht bezahlten Hose im Wert von 79,- DM den Laden zu verlassen, wurde sie von einer Verkäuferin gestellt.

Man führte sie in einen gesonderten Raum, wo man sie untersuchte, dabei ein von ihr in einem anderen Kaufhaus entwendetes weiteres Kleidungsstück entdeckte, ein Diebstahlsprotokoll anfertigte und sie dann eine maschinenschriftlich hektographiert vorbereitete Erklärung folgenden Inhalts unterzeichnen ließ: "Betreff: Diebstahls-Protokoll v. 19.4.1972 ... Außerdem verpflichte ich mich, zur Deckung der entstandenen Kosten an die Firma L. einen Betrag von 50,- DM zu bezahlen. Ferner machen wir Sie ausdrücklich darauf aufmerksam, daß die Einbehaltung des o.g. Betrages unabhängig von Ihrer Anzeige ist. Es handelt sich hierbei um die reine Deckung uns entstandener Kosten für ausbezahlte Diebstahlsprämien. Eine Diebstahlsanzeige erstatten wir dessen ungeachtet trotzdem gegen Sie. Gelesen und zur Kenntnis genommen. Unterschrift"

Die 19-jährige Ladendiebin wurde dann der verständigten Polizei übergeben und im nachfolgenden Strafverfahren wegen vollendeten Diebstahls rechtskräftig verwarnt. Auch in diesem Fall hatte der Geschäftsinhaber seinem Personal allgemein für die Aufklärung von Ladendiebstählen eine Belohnung in dieser Höhe versprochen und gab die 50,- DM der Verkäuferin, die die Tat entdeckt hatte. Mit der Klage forderte die Ladendiebin die Fangprämie zurück, in der

---

225 AG München, Urt. v. 24.10.1972 - 6 C 1479/ 72, NJW 1973, S. 1044.
226 AG München, NJW 1973, S.1044, 1045.

Meinung, sie sei nach der Entdeckung ziemlich hart angesprochen worden und man habe ihr ständig mit der Polizei gedroht. Dennoch habe sie den Eindruck gewinnen können, man verzichte auf die Anzeige, wenn sie die Erklärung unterschreibe und die Prämie bezahle.

Der Schadensersatzanspruch auf die Fangprämie wurde also in einem Amtsgericht innerhalb weniger Monate sowohl verneint als auch bestätigt. Die beiden Entscheidungen erscheinen insoweit symptomatisch für das aufkommende Dilemma: die "Vollstreckungspraxis" der Einzelhandelsunternehmen hinsichtlich der Fangprämie verursachte eine Kontroverse, die selbst innerhalb der Ziviljustiz die Polarisierung mit scheinbar unüberbrückbar gegensätzlichen Positionen hervorrief.

Dieses Phänomen divergierender gerichtlicher Entscheidungen hinsichtlich der Fangprämie hat sich weiter entwickelt. So berichtet u.a. Wollschläger[227], daß die Frage, inwieweit Ladendiebe für die Kosten der Diebstahlsbekämpfung haften, zunehmend die Amtsgerichte beschäftige.

Die Auswertung einer Anzahl unveröffentlichter Schiedsurteile, die aus den Rechtsabteilungen zweier Warenhausunternehmen stammten, gewähre einen größeren Einblick in die gegenwärtige Praxis. Hiernach bestehe die deutliche Tendenz gegen die Haftung des Ladendiebes auf die Fangprämie: entsprechende Klagen auf Erstattung wurden von 19 Richtern abgewiesen und von 11 Richtern bestätigt. Die Rechtsunsicherheit sei enorm. Innerhalb mehrerer Gerichte werde "entgegengesetzt" entschieden. Sogar beim Richterwechsel in einem Dezernat ergingen "konträre Urteile".[228]

Auch Kramer konstatiert für diesen Zusammenhang, daß es zu der Berechtigung der Praxis der Warenhäuser, von Ladendieben Schadensersatz für an Angestellte gezahlte Fangprämien und für andere Maßnahmen der Diebstahlsbekämpfung zu verlangen, keine einheitliche Meinung gebe. Die Fülle der in Rechtsprechung und Schrifttum zu jeweils wieder unterschiedlich behandelten Fallgestaltungen vertretenen Argumente ließe sich nur noch mit Mühe überblikken. Die Rede ist von einer "Rechtsunsicherheit von ungewöhnlichem Ausmaß". Kramer berichtet von der eigenen Umfrage an 80 Amtsgerichten, nach der ihm insgesamt 81 Urteile und Beschlüsse vorlagen, die das "buntscheckige" Bild eher noch unübersichtlicher gemacht hätten. Danach müsse man sich auf unterschiedliche Meinungen sogar ein und desselben Gerichts in seinen verschiedenen Zivilabteilungen gefaßt machen; so u.a. in Bremen, Bremerhaven, Essen, Frankfurt, Hamburg, Hannover, Karlsruhe, Köln, München und Münster. Praktisch

227 Wollschläger, S. 12.
228 Wollschläger, S. 13.

entscheide dann, mit welchem Anfangsbuchstaben der Beklagte an den einen oder anderen Richter gerate.[229]

8.2 Die Ablehnung in der Strafjustiz

Aber auch die Strafjustiz hatte sich mit dem Verhalten der Einzelhandelsunternehmen hinsichtlich der Fangprämie zu befassen.[230] Auslöser dafür war wieder die "Vollstreckungspraxis" der Einzelhandelsunternehmen. Wie bereits erwähnt, wurde durch die Verantwortlichen in den Ladengeschäften versucht, die Fangprämie sofort und noch vor Ort - zumeist unter Androhung weiterer Zwangsmaßnahmen - gegen den ertappten Ladendieb zu vollstrecken. So wurde beispielsweise dem ertappten Ladendieb für den Fall der Zahlungsverweigerung mit einer Anzeige bei der Polizei gedroht oder ihm versprochen, von einer Anzeige abzusehen, wenn er zahle.[231] Oder es wurde versucht, den Eindruck zu erwekken, mit der Zahlung der Fangprämie an das Einzelhandelsunternehmen würde die weitere strafrechtliche Verfolgung für ihn vermieden werden, obwohl tatsächlich eine Anzeige erstattet worden war.[232]

Dieses Vorgehen in den Einzelhandelsunternehmen provozierte den Vorwurf, hier würden sich die so agierenden Mitarbeiter der Einzelhandelsunternehmen wegen Erpressung[233] gem. § 253 StGB, wegen Nötigung[234] gem. § 240 StGB oder wegen Betruges[235] gem. § 263 StGB schuldig machen, und es kam zu entsprechenden Strafverfahren und Verurteilungen durch die Strafjustiz.

So wurde nach der Entscheidung des OLG Koblenz[236] die Verurteilung einer Filialleiterin bestätigt, die durch das Schöffengericht wegen Nötigung gem. § 240 StGB zu einer Geldstrafe von 50,- DM verurteilt worden war, weil sie einer Ladendiebin einen Geldbetrag abgefordert hatte. Auf die Berufung der Angeklagten gegen die Entscheidung des Schöffengerichts wurde durch die große Strafkammer das Urteil des ersten Richters aufgehoben und die Angeklagte zunächst freigesprochen.

229 Kramer, Warenhausjustiz, S.1608.
230 AG Mainz, Urt. v. 7.12.1973 - 2 Ls 440/73, MDR 1974, S. 506; OLG Braunschweig, Urt. v. 14.7. 1995 - Ss 63/75, NJW 1976,S. 60; OLG Koblenz v. 7.5. 1975 - 1 Ss 55 /75, JR 1976, S. 69, (Anm. Roxin); OLG Koblenz, Urt. v. 13.11.1975 - 1 Ss 199/75, NJW 1976, S. 63.
231 Wälde, S. 2294; Creutzig, Rechtsfragen, S.1307.
232 OLG Koblenz, NJW 1976, S. 63
233 Wälde, a.a.O.
234 Creutzig, a.a.O.
235 OLG Koblenz, NJW 1976, S. 63.
236 OLG Koblenz, JR 1976, S. 69.

Dabei ging die Strafkammer im wesentlichen von nachfolgenden Festellungen aus: Im Frühjahr 1974 leitete die Angeklagte zusammen mit ihrem Ehemann die als Selbstbedienungsgeschäft ausgestattete Filiale eines Kaufhauses. Eine Kundin hatte, von einem Verkäufer beobachtet, eine Flasche Schnaps im Wert von 12,45 DM in die mitgeführte Tasche gesteckt, und an der Kasse lediglich einige andere Kleinigkeiten im Wert von 3,- DM bezahlt. Die Kundin wurde in das Geschäftsbüro gebeten, wo die Kundin beteuerte, die Flasche Schnaps aus Versehen nicht bezahlt zu haben. Sie erklärte sich sofort bereit, den Kaufpreis zu entrichten, wobei sie der Filialleiterin 20,- DM überreichte. Die Filialleiterin, die zuvor in Fachzeitschriften der Lebensmittelbranche mehrfach gelesen hatte, daß dem bestohlenen Lebensmittelhändler die Kosten, die durch einen Diebstahl entstehen, und auch die einem Angestellten versprochenen Fangprämien vom Dieb zu erstatten seien, forderte von der Frau eine Bearbeitungsgebühr von 50,- DM. Dabei ging sie von zwei Fangprämien von je 20,- DM aus, die sie, wie versprochen, der Kassiererin, die den ersten Hinweis auf die Frau gegeben und dem Angestellten, der sie auf frischer Tat ertappt hatte, werde zahlen müssen, sowie einem Betrag von mindestens 10,- DM für den Ausfall ihrer eigenen Arbeitskraft von etwa einer Dreiviertelstunde und dem halbstündigen Arbeitsausfall ihres Verkäufers. Als sich die ertappte Kundin weigerte, den verlangten Geldbetrag zu zahlen und darauf hinwies, daß sie soviel Geld nicht bei sich habe, forderte die Filialleiterin die Frau auf, das verlangte Geld zu holen. Dabei erklärte sie: "Wenn Du das Geld nicht innerhalb einer halben Stunde bringst, lasse ich Dich von der Polizei aus der Wohnung holen". Die Frau verließ darauf das Geschäft und brachte kurz darauf 50,- DM, die sie einer Angestellten der Filiale übergab. Hiervon erhielten die Kassiererin und der Angestellte die versprochene Belohnung von je 20,- DM. Die Frau wurde wegen des Diebstahls der Flasche Schnaps durch das SchöffG zu einer Geldstrafe von 400,- DM rechtskräftig verurteilt.

Gegen das freisprechende Urteil der Strafkammer gegen die Filialleiterin richtete sich die Revision der StA. Die Revision der StA hatte Erfolg, der Freispruch der Filialleiterin wurde durch das OLG aufgehoben.[237]

In der Begründung wurde wie folgt argumentiert: Die Strafkammer als Berufungsinstanz habe die Erklärung der Angeklagten gegenüber der ertappten Ladendiebin, wenn sie nicht innerhalb einer halben Stunde die 50,- DM bringe, werde sie sie von der Polizei aus der Wohnung holen lassen, als die Drohung mit einem empfindlichen Übel i.S.v. § 240 Abs. 1 StGB gewertet, aber andererseits die Rechtswidrigkeit dieses Verhaltens gem. § 240 Abs. 2 StGB verneint. Dieser Beurteilung stellte sich das Revisionsgericht entgegen und führte zu der Frage der Widerrechtlichkeit gem. § 240 Abs. 2 StGB u.a. aus, der von der Angeklag-

237 OLG Koblenz, JR 1976, S. 69, 70.

ten verfolgte Endzweck habe in der Geltendmachung und der sofortigen Realisierung vermeintlicher Schadensersatzansprüche aus dem Diebstahl einer Flasche Schnaps gegenüber Frau F. ohne Einschaltung der für die Geltendmachung der Ansprüche zuständigen Gerichte bestanden. Zivilrechtliche Ansprüche dieser Art seien aber seit Jahren in Rechtsprechung und Literatur heftig umstritten. In dieser Entscheidung gehe es allerdings nur um die Erstattung der Fangprämie.

Hinsichtlich der Geltendmachung der Erstattung von Fangprämien läge im Hinblick auf die widersprüchliche Rechtsprechung zu dieser Frage zumindest eine umstrittene Forderung vor, so daß hier schon die Androhung der Erstattung einer polizeilichen Anzeige im Falle der nicht sofortigen Zahlung der Fangprämien als rechtswidrige Nötigung zu werten sei. Zwar habe die höchstrichterliche Rechtsprechung die Drohung mit einer Strafanzeige für zulässig erachtet, wenn dadurch der Geschädigte den Täter einer strafbaren Handlung zur Erfüllung begründeter Schadensersatzansprüche veranlassen wolle; handele es sich aber um eine dem Grunde nach in Rechtsprechung und Rechtslehre umstrittene Schadensersatzforderung, dann sei schon die Drohung mit der Strafanzeige nicht mehr zulässiges Mittel zur Willensbeeinflussung auf den Täter. Denn durch die Androhung solle der Bedrohte veranlaßt werden, eine umstrittene Forderung anzuerkennen und zu erfüllen, ohne daß über den Grund der Forderung in einem durch gesetzliche Verfahrensvorschriften geregelten ordentlichen Gerichtsverfahren die Entscheidung herbeigeführt werde. Derartige Praktiken könne die Rechtsordnung nicht anerkennen; sie würden praktisch zu der Anerkennung der Selbstjustiz in bestimmten Bereichen der Gesellschaft führen.[238]

Daß die polizeiliche Anzeige von der Bereitschaft des Diebes abhängig gemacht würde, die Prämie zu bezahlen, sei in höchstem Maße als anstößig und verwerflich anzusehen. Das gelte umso mehr für das tatsächliche Verhalten der Angeklagten gegenüber der Ladendiebin. Es liege auf der Hand, daß der von der Angeklagten ausgeübte Druck erheblich stärker gewesen sei als derjenige, der von der bloßen Ankündigung der Strafanzeige ausgegangen sei. Bei der Erklärung der Angeklagten handele es sich um eine äußerst massive Drohung, die in erster Linie auf die vorübergehende Festnahme, sei es zum Zwecke der verantwortlichen Vernehmung oder zur sonstigen Sicherung des Strafverfahrens, abgezielt habe. Darin liege der wesentliche Unterschied zu einer Strafanzeige. Die von der Angeklagten angedrohte Zwangsmaßnahme in einer kleinen Stadt mit den damit zwangsläufig verbundenen diskriminierenden und Aufsehen erregenden Begleitumständen sei ein sehr viel größeres Übel als die bloße schriftliche Vorladung vor der Polizei, die bei Diebstahlshandlungen im vorliegenden Umfange die übliche Folge der Strafanzeige sei.

238 OLG Koblenz, JR 1976, S. 69, 70.

Weiter wurde auch der Tatsache Bedeutung zugemessen, daß die Drohung der Angeklagten auch durch die ungewöhnlich kurze Frist von einer halben Stunde zur Zahlung den besonders schwerwiegenden Charakter erhalten habe. Dadurch sei der gestellten Ladendiebin keine nennenswerte Überlegenszeit verblieben, so daß der auf sie und ihre Entschließungsfreiheit ausgeübte Druck wesentlich stärker gewesen sei als derjenige, der von der bloßen Ankündigung der Strafanzeige ausgehe. Auch könne sich die Angeklagte nicht mit Erfolg auf einen Verbotsirrtum berufen. Hätte die Angeklagte über die Rechtmäßigkeit ihrer Handlungsweise gegenüber der Ladendiebin und auch über die Berechtigung der geltend gemachten Forderungen Erkundigungen eingezogen, die sich nach Lage der Dinge geradezu aufgedrängt hätten, dann hätte sie Kenntnis von der umstrittenen Rechtslage erhalten. Demnach sei die Drohung der Angeklagten zu dem von ihr angestrebten Zweck sittlich zu mißbilligen und daher verwerflich; das habe zur Folge, daß die Nötigungshandlung der Angeklagten rechtswidrig i.S.v. § 240 Abs. 2 StGB gewesen sei.[239]

In einem anderen Fall, der vor dem OLG Braunschweig verhandelt wurde, hatte der Filialleiter eines Selbstbedienungsladens von der ertappten Ladendiebin eine "Bearbeitungsgebühr" von 20,- DM verlangt und erhalten.[240] Die Bearbeitungsgebühr enthielt eine Fangprämie von 5,- DM, die gemäß einer arbeitsvertraglichen Sonderabrede der Entdecker eines Ladendiebstahls als Belohnung erhielt. Für die übrigen 15,- DM wurde, in Ermangelung anderer Feststellungen zum Sachverhalt, davon ausgegangen, daß es sich um einen Anteil an den Kosten für Maßnahmen zur Verhinderung und Entdeckung von Ladendiebstählen handelte.[241]

Der angeklagte Filialleiter war zunächst vom Schöffengericht von der Anklage der Nötigung freigesprochen worden; die gegen das Urteil eingelegte Berufung der Staatsanwaltschaft wurde verworfen. Die erneute Revision der Staatsanwaltschaft gegen das Berufungsurteil führte zur Aufhebung und Zurückverweisung der Sache zur erneuten Verhandlung und Entscheidung an eine andere Strafkammer des zuständigen Landgerichts. In der Begründung seiner Entscheidung geht das OLG Braunschweig davon aus, daß es sich bei den Kosten der Kontrollorganisation und der Fangprämie um Vorsorgekosten des Eigentümers handele, deren Ersatz von dem ertappten Ladendieb jedenfalls nicht verlangt werden könnte, weil sie außerhalb des Schutzbereiches der Gesetzesnormen der §§ 823 Abs. 1 und 2, 249 BGB, 242 StGB lägen. Nach der Rechtsprechung des BGH in Zivilsachen sei zur Lösung des Problems der Haftungsbe-

239 OLG Koblenz, JR 1976, S. 69, 71.
240 OLG Braunschweig, NJW 1976, S. 60.
241 OLG Braunschweig, NJW 1976, S. 61.

grenzung nicht allein auf den Gesichtspunkt der adäquaten Kausalität abzustellen. Vielmehr sei daneben bei Verletzungen von Rechtsgütern, die durch § 823 Abs. 1 BGB oder durch Schutzgesetze i.S. des § 823 Abs. 2 BGB geschützt seien, auch die Frage zu stellen, ob die Tatfolge, für die Ersatz begehrt werde, innerhalb des Schutzbereichs der verletzten Norm liege. Hierzu seien Sinn und Tragweite der verletzten Norm darauf hin zu prüfen, ob der geltend gemachte Schaden durch sie verhütet werden solle.

Der Schaden müsse mithin die Folge sein, die in den Bereich der Gefahren falle, um derentwillen die Rechtsnorm erlassen wurde. Würden die hier in Rede stehenden Aufwendungen zur Verhinderung und Entdeckung von Ladendiebstählen unter dem eben genannten Aspekt betrachtet, so könnten sie nicht als innerhalb des Schutzumfanges der §§ 823 Abs. 1 und 2 BGB, 242 StGB liegend angesehen werden. Denn Schutzgegenstand dieser Vorschriften sei nur das Eigentum, nicht jedoch das Vermögen. Die Vorsorgeaufwendungen zur Verhinderung und Entdeckung von Ladendiebstählen seien aber reine Vermögensaufwendungen. Dieses Charakters würden sie auch nicht durch ihre Bestimmung enthoben, dem Schutz des Eigentums an den zum Verkauf angebotenen Waren zu dienen. Die Aufwendungen für die Diebstahlsvorsorge selbst gelangten erst dann in den Schutzbereich der §§ 823 Abs. 1 und Abs. 2 BGB, 242, 303 StGB, wenn der Ladendieb auch Schutzvorkehrungen stehle oder beschädige.

Im übrigen seien und blieben sie aber Gegenstand der Eigenvorsorge desjenigen, der sich dazu entschließe, moderne Anbietungsformen wie die Selbstbedienung zu benutzen, die zwar einerseits die Diebstahlsgefahr erhöhen, aber auch umsatzfördernd und damit gewinnbringend wirken würden. Besonders sei eine solche Maßnahme der Eigenvorsorge auch eine arbeitsvertragliche Sonderzusage an die Bediensteten, ihnen bei Aufdeckung eines Ladendiebstahls die Fangprämie zu zahlen. Die Zusage gehe zurück auf die freie Entschließung des Arbeitgebers, finde ihren Gegenstand in einem Verhalten, zu dem der Arbeitnehmer grundsätzlich ohnehin schon arbeitsvertraglich verpflichtet sei, diene ebenso wie die Anbringung von Beobachtungsspiegeln und wie die Installierung von Fernsehkameras dem Schutz vor künftigen Rechtsverletzungen und sei mit Belohnungen zur Wiederbeschaffung entwendeten Eigentums nicht vergleichbar.[242]

Zu einer anderen Beurteilung der erörterten Frage biete die Rechtsprechung des BGH in Zivilsachen zu bestimmten anderen Spezialfragen mangels Vergleichbarkeit der Lebenstatbestände keine Handhabe. Das werde aus folgendem erkennbar: daß die Gema in Fällen ungenehmigter öffentlicher Musikwiedergaben die Kosten ihres zur Aufdeckung von Urheberrechtsverletzungen erforderli-

242 OLG Braunschweig, NJW 1976, S. 61.

chen umfangreichen Überwachungs- apparates dem Verletzer durch das Verlangen der doppelten Tarifgebühr teilweise überbürden dürfe, finde seine innere Rechtfertigung darin, daß für die Gema Kontrahierungszwang bestehe.

Die gleiche Erwägung gelte für die durch § 9 der VO über die Allgemeinen Beförderungsbedingungen für den Straßenbahn- und Busverkehr sowie den Linienverkehr mit Kraftfahrzeugen begründete Befugnis von Beförderungsunternehmen, von Fahrgästen unter im einzelnen geregelten Voraussetzungen ein bis zu 20,- DM erhöhtes Beförderungsentgelt zu erheben. Der innere Grund sei hier ebenfalls der bestehende Kontrahierungszwang. Die Fälle, in denen bei Beschädigung von Verkehrsmitteln die Kosten der vorsorglichen Bereitstellung eines Reservefahrzeugs als erstattungsfähig anerkannt worden seien, wiesen folgenden grundsätzlichen Unterschied auf: Die Bereithaltung eines Reservefahrzeuges diene der Begrenzung eines Folgeschadens eines Unfalls. Bei der Fangprämie handele es sich indessen um eine Präventivmaßnahme, durch die erreicht werden solle, daß es gar nicht erst zu Schaden stiftenden Ereignissen (Verlust von Waren durch Diebstahl) komme.[243]

Nach einer weiteren Entscheidung, und zwar des OLG Koblenz[244], wurden dem Abteilungsleiter der Lebensmittelabteilung eines Kaufhauses Erpressung, Betrug und Nötigung vorgeworfen. Nach dem Sachverhalt, der dieser Entscheidung zugrunde lag, wurde eine 17 Jahre alte Kundin von zwei Angestellten des Kaufhauses dabei beobachtet, wie sie aus den Regalen der Kosmetikabteilung vier Flaschen Nagellack sowie ein Päckchen Lidschatten im Gesamtverkaufswert von 14,95 DM entnahm und die Ware in eine mitgebrachte Plastiktüte steckte, um sie ohne Bezahlung mitzunehmen. Alsdann nahm sie eine Flasche Nagellakkentferner, die sie an der Kasse bezahlen wollte. Noch ehe sie die Kasse passiert hatte, wurde sie angehalten und in das Büro des Ladenlokals geführt. Hier wurden die Personalien der Jugendlichen anhand des Personalausweises festgestellt. Eine Angestellte begann damit, eine formularmäßige "Erklärung" auszufüllen, in der nach den Personalien folgendes aufgeführt wurde:

" Anzeige erstattet: ja-nein. Ich bekenne hiermit, daß ich mir die nachstehenden Gegenstände angeeignet habe, ohne dafür Zahlung geleistet zu haben ... Ebenso bin ich bereit, den Schaden, den die Firma durch meinen Diebstahl erlitten hat, zu begleichen. Ich habe vorstehendes aufmerksam gelesen und bestätige dies durch meine eigenhändige Unterschrift."

Die folgenden Zeilen des Formulars, in denen es heißt: "Übergeben der Kriminalpolizei - Revier Nr.: ... Polizeiwache Nr.: ... in ..." wurden nicht ausgefüllt.

243 OLG Braunschweig, NJW 1976, S. 62.
244 OLG Koblenz, NJW 1976, S. 63.

Die darauf folgende Zeile des Formulars lautet: "Strafantrag wird hiermit - nicht - gestellt. Stempel und Unterschrift des Hauses."

Der Angeklagte erklärte der Jugendlichen, nachdem sie das Formular ausgefüllt hatte, sie solle die Erklärung unterschreiben. Ferner stellte er ihr eine Quittung über 20,- DM mit dem Bemerken aus, sie müsse diesen Betrag zahlen. Auf die Frage des verstörten und weinenden Mädchens, warum sie das Geld zahlen müsse und was dann geschehe, wenn sie das Geld bezahlt habe, erklärte der Angeklagte sinngemäß, der Betrag von 20,- DM diene der Deckung der Kosten der Firma, das ausgefüllte Formular werde an die Polizei weitergereicht, die den Vorgang dann nur noch in ihren Akten vermerken werde. Damit sei die Sache erledigt. Weitere Folgen würden nicht entstehen.

Die betroffene 17-jährige, die in dem Verfahren gegen den Filialleiter als Zeugin gehört wurde, kannte den rechtlichen Unterschied zwischen Strafanzeige und Strafantrag nicht und hatte Angst, daß ihre Eltern etwas von dem Vorfall erfahren würden. Sie war froh, durch die Zahlung der 20,- DM, wie sie es ausdrückte, "die Sache aus der Welt schaffen zu können". Sie nahm an, wenn sie die 20,- DM zahle, werde es nicht zu einem Strafverfahren gegen sie kommen. Daher unterschrieb sie die Erklärung und zahlte im Laufe des Nachmittags, nachdem sie sich in ihrem Betrieb von einem anderen Lehrling Geld geliehen hatte, den von ihr geforderten Betrag von 20,- DM.

Die Erklärung mit dem von dem Angeklagten unterschriebenen Zusatz: "Strafantrag wird hiermit - nicht - gestellt." wurde der Kriminalpolizei übergeben. Die Ladendiebin wurde wegen des Vorfalls jugendrichterlich gemaßregelt. Die vier Flaschen Nagellack sowie das Päckchen Lidschatten wurden unmittelbar, nachdem sie der Jugendlichen abgenommen worden waren, wieder in die Kosmetikregale des Ladenlokals zurückgestellt und im normalen Verkaufsprogramm der Firma veräußert. Die Diebstahlsprämie von 10,- DM erhielten zu gleichen Teilen die beiden Angestellten, die den Diebstahl wahrgenommen hatten.

Das Schöffengericht sprach den angeklagten Abteilungsleiter vom Vorwurf der Erpressung, der Nötigung und des Betruges frei.[245] Auf die Berufung der Staatsanwaltschaft wurde das Urteil des ersten Richters durch die Große Strafkammer aufgehoben und der Angeklagte wegen Betruges zu einer Geldstrafe von 150,- DM verurteilt. Die hiergegen erhobene Revision des Angeklagten hatte keinen Erfolg. Die revisionsmäßige Nachprüfung des Urteils hatte ergeben, daß die Festellungen den Schuldspruch gegen den Abteilungsleiter wegen Betruges gem. § 263 StGB tragen.[246]

245 AG Mainz, Urt. v. 7.12.1973 - 2 Ls 440/73, MDR 1974, S. 506.
246 OLG Koblenz, NJW 1976, S. 63.

Die hier vorgestellten Entscheidungen zeigen, daß die Etablierungsstrategie und Durchsetzungspraxis der Einzelhandelsunternehmen hinsichtlich der Fangprämie insoweit auch eine strafjustizielle Dimension erreichte. Diese strafrechtlich relevante Facette in der vielgestaltigen Vollstreckungspraxis der Einzelhandelsunternehmen gegen den Ladendieb hat dazu geführt, daß die Fangprämie bis heute auch in der einschlägigen strafrechtlichen Kommentierung Beachtung findet.[247]

Dort wird dann aber überwiegend nur auf das für die Strafbarkeit als entscheidend angesehene Abhängigkeitsverhältnis von der "rein zivilrechtlichen" Vorfrage, ob ein bürgerlich-rechtlicher Anspruch auf die in Rede stehenden Forderungen, sprich: u.a. auch auf die Fangprämie, bestehe verwiesen, ohne daß die weitergehende Bewertung der Fangprämie vorgenommen wurde. Lediglich Cramer verweist darauf, daß bezüglich der Erstattung der Fangprämie - wie schon vorher - Streit bestehe, und Eser hält die bestehende Situation für "unbefriedigend" und meint, daß die "gesetzliche Bereinigung dringend geboten" sei.[248]

8.3 Die Bestätigung durch den Bundesgerichtshof

Ein Urteil des VI. Zivilsenats des Bundesgerichtshofs hat dann die Kontroverse um die Fangprämie faktisch nahezu beendet.[249] Die Entscheidung war das Ergebnis eines Musterprozesses, den das Einzelhandelsunternehmen Karstadt initiiert hatte.

8.3.1 Der Sachverhalt

Der Entscheidung lag folgender Sachverhalt zugrunde: eine hochschwangere Türkin aus Anatolien, die erst wenige Tage in der Bundesrepublik war, schob einen Einkaufswagen durch die Lebensmittelabteilung der Karstadt-Filiale in Hamburg-Barmbek und füllte ihn mit allerlei Eßbarem. Einen Teil des Proviants allerdings - eine Ochsenbacke, ein wenig Sardellen- und Katenrauchwurst und vier Auberginen - ließ sie in ihrer Handtasche verschwinden und passierte,

---

247 Schäfer LK, § 240 Rdn. 76; Lackner LK, § 263 Rdn. 282; Sch-Sch-Eser 25. Aufl. § 240 Rdn. 21 u. § 253 Rdn. 19, Sch-Sch-Cramer 25. Aufl. § 263 Rdn. 118; Tröndle § 240 Rdn. 29, § 253 Rdn. 14 u. § 263 Rz. 3.

248 Sch-Sch-Cramer, § 263 Rdn. 118; Sch-Sch-Eser, § 253 Rdn. 19.

249 BGH, Urt. v. 6. November 1979 - VI ZR 254/77, BGHZ 75, S. 230 ff.

scheinbar unbemerkt, die Ladenkasse. Sie bezahlte nur die im Einkaufswagen liegenden Waren.[250]

Unmittelbar vor dem Warenhaus tippte der Verkäufer G. der Türkin sanft auf die Schulter und bat sie ins Büro. Der Warenhausangestellte beförderte die Beute mit dem Warenverkaufswert von 12,72 DM auf den Tisch und griff dann zu den bereitliegenden Formblättern: Diebstahlsprotokoll, Zeugenaussage, Strafantrag, Schuldanerkenntnis. Die Türkin, keines deutschen Wortes mächtig, ließ die Zeremonie brav über sich ergehen und verpflichtete sich, dem Kaufhauskonzern binnen sieben Tagen 50,- Mark zu zahlen.

In dieser Selbstbedienungslebensmittelabteilung waren Plakate mit folgendem Wortlaut ausgehängt:

" Im Interesse unserer ehrlichen Kunden:
zeigen wir jeden Ladendieb an,
fordern wir von jedem Ladendieb Schadensersatz in Höhe der Kosten, die durch ihn verursacht wurden,
erteilen wir jedem Ladendieb Hausverbot."[251]

Die betroffene Frau, die weder den Text auf den Plakaten noch den der ihr vorgelegten Formblätter lesen, sprich: übersetzen, konnte, zahlte dann die geforderten 50,- DM nicht; ob ihr insofern zumindest im Augenblick des Unterschreibens auch nur die Möglichkeit gegeben war, den Inhalt der Verpflichtung zu verstehen, wird nicht mitgeteilt. Fest steht dagegen, daß sie die geforderte Fangprämie nicht bezahlte.

8.3.2 Ein Musterprozeß

Zwei Jahre später zog Karstadt gegen die türkische Hausfrau vor Gericht; ein Musterprozeß sollte bis zur höchsten Instanz geführt werden. Die Klägerin hatte gegen die Beklagte auch eine Strafanzeige erstattet, das Strafverfahren war jedoch wegen Ablaufs der Verjährungsfrist eingestellt worden. Die Klägerin verlangte dann vor dem Zivilgericht von der Beklagten Erstattung der Fangprämie von 550,- DM, die den Angestellten vor der Tat für jeden von ihnen ertappten Ladendieb versprochen und an den Verkäufer G. ausgezahlt worden war. Ferner wurden weitere 550,- DM für die Schadensbearbeitung gefordert; Erstattung der Personalkosten von 545,- DM und der allgemeinen Bürokosten für Papier, Porto

---

250 Der Spiegel, Nr. 32/1977, S. 52.
251 OLG Hamburg, Urt. v. 20.4.1977 - 8 u 31/76, NJW 1977, S. 1347.

und Telefon von 5,- DM. Vertreten durch seine Vorstandsmitglieder Theodor Althoff und Paul Derigs verlangte der Konzern für den Wurstklau also insgesamt 1.100,- Mark nebst 4% Zinsen seit Klagezustellung.

Das Einzelhandelsunternehmen Karstadt wollte von den Richtern bestätigt bekommen, daß seine Art, die Folgen des Diebesfanges abzurechnen, rechtens sei. Besonders die Ergreifungsprämie, die Karstadt, wie auch die meisten anderen Unternehmen des Einzelhandels, seinen Verkäufern auslobe, sei seit Jahren umstritten. Dieses Kopfgeld von zumeist 50,- DM werde von den Unternehmen zurückverlangt. Die Diebe sollten die Prämie, die zu ihrer Entdeckung führte, am Ende selbst bezahlen. Ferner verlangten die Firmen oft noch eine Bearbeitungsgebühr zwischen 20,- und 50,- Mark.

Helmut Kramer, Richter am Oberlandesgericht Braunschweig, habe 81 Urteile in Sachen Fangprämie gezählt. Etwa ein Drittel verneine die Rückerstattungspflicht, nach den restlichen Urteilen hätten die Diebe zahlen müssen. Die Rechtsunsicherheit von ungewöhnlichem Ausmaß, die Kramer konstatiert habe, sei durch höchstrichterliche Entscheidung bis dahin nicht zu beheben gewesen: der Streitwert sei bei Ladendiebstählen zu gering, er würde im Durchschnitt bei 48,- DM liegen. Der BGH habe daher von keiner Partei angerufen werden können. Die Sache sei um so ärgerlicher, als ausgerechnet in der "Karstadt-Hochburg" Hamburg die ohnehin überlasteten Mahnstellen der Amtsgerichte beim Ausstellen von Zahlungsbefehlen nicht mehr mitspielen würden und die Karstadt-Anträge schlicht ablehnten.

Der Hamburger Karstadt-Anwalt beschloß darauf, endlich für klare Verhältnisse zu sorgen. Auf den Vorhalt des Anwaltes der betroffenen Türkin, er mache sich als "Kopfgeldjäger die Finger schmutzig" und auf das Angebot, die Bagatelle gütlich beizulegen, schlug er vor, den Fall so "hinzubiegen, daß er bis zum Bundesgerichtshof käme".[252]

Um erst einmal vor das Oberlandesgericht zu kommen, erhöhte der Advokat des Karstadtkonzerns dann mit Zustimmung seines Prozeßgegners die Forderung auf die oben bereits erwähnte Gesamtsumme von 1.100,- DM. Mit allerlei Nebenabreden vereinbarten die beiden Anwälte dann, daß der Türkin keine Nachteile entstehen dürften und das nun durch mehrere Instanzen laufende Verfahren schadlos überstehe. Der Vertreter der Türkin soll seiner Mandantin erklärt haben: "Wir führen da einen Prozeß, der geht dich überhaupt nichts an." Mit Einverständnis der Anwaltskammer bezahlte Karstadt sogar den gegnerischen Anwalt.

In der ersten Instanz argumentierte der Beklagtenvertreter dann im wesentlichen mit den drei Thesen:

---

252 Der Spiegel, Nr. 32/1977, S. 53.

- Der Karstadtkonzern habe sich seine Diebstahlsverluste selbst zuzuschreiben, weil das System der Selbstbedienung nun mal "zum Klauen" verleite;[253]
- Die Fangprämien seien ohnehin weitgehend wirkungslos. Obgleich der Karstadt-Konkurrent Horten nur in Ausnahmefällen Prämien für Diebfänger auszahle, kämen bei diesem Unternehmen nur 0,91 Prozent des Umsatzes abhanden, bei Karstadt hingegen 1,5 Prozent;
- Das Prämiensystem provoziere kriminelle Handlungen. Man habe von Kaufhausdetektiven gehört, daß sie ihrem Prämienaufkommen etwas nachhelfen würden, indem sie "einem Mütterchen ein paar Sachen in die Tasche praktizierten".[254]

Mit dieser Beweisführung obsiegte der Beklagtenvertreter zunächst. Das Landgericht Hamburg hatte die Klage ganz abgewiesen.[255] Auf die Berufung des Karstadtkonzerns sprach dann aber das Oberlandesgericht einen Teil als Fangprämie von 50,- DM zu, im übrigen wies es die Berufung aber zurück.[256]

8.3.3 Ergebnis und Begründung

Die von beiden Parteien vor dem Bundesgerichtshof eingelegten Revisionen blieben erfolglos. In der Urteilsbegründung wird einleitend zunächst einmal festgestellt, daß der Ladendieb prinzipiell für alle Schäden aufkommen müsse, die er durch den Ladendiebstahl dem Bestohlenen zugefügt habe. Ob der Ersatzanspruch nicht nur aus Delikt, sondern auch aus vertraglichen Beziehungen begründet sei, könne auf sich beruhen: der Umfang der Ersatzpflicht, um den es im Streitfall gehe, hänge hiervon nicht ab. Auch ein vertraglicher Schadensersatzanspruch habe an die Verletzung der vermögenswerten Interessen der Klägerin anzuknüpfen, die deliktisch mit ihrem Eigentum an den gestohlenen Lebensmitteln geschützt seien. Der Ausgleich des Schadens nach Vertrag wie aus Delikt sei in den §§ 249 ff. BGB näher festgelegt.[257]

Den Anspruch auf Ersatz von Bearbeitungskosten lehnte der BGH in der Entscheidung insgesamt ab. Hier wird in der Begründung differenziert zwischen der Forderung auf Ersatz von Personal- oder Materialkosten.

---

253 Der Spiegel, Nr. 32/1977, S. 53.
254 Der Spiegel, Nr. 32/1977, S. 53.
255 LG Hamburg, Urt. v. 10.2.1976 - 10 O 138/75.
256 OLG Hamburg, Urt. v. 20.4.1977 - 8 u 31/76, NJW 1977, S. 1347.
257 BGHZ 75, S. 230, 231.

8.3.3.1 Kein Personalkostenersatz

Der BGH stellte zuerst klar, daß grundsätzlich kein Ersatz für die außergerichtliche Tätigkeit der Geschädigten zu gewähren sei. Insoweit wurde in der Begründung auf den Grundgedanken der rechtlichen Regelung des § 91 ZPO verwiesen. Der Geschädigte könne insofern den Zeitaufwand durch außergerichtliche Tätigkeit zur Wahrung seiner Entschädigungsansprüche regelmäßig nicht ersetzt verlangen, unabhängig davon, ob er die Bearbeitung des Schadensfalles persönlich vorgenommen oder, wie in diesem Fall die Klägerin, Angestellten übertragen habe. Das Recht grenze aus Gründen der Interessenbewertung, aber auch der Praktikabilität, diesen Aufwand von anderen erstattungsfähigen Kosten der Rechtsverfolgung ab und weise solche Mühewaltung dem Zuständigkeits- und Verantwortungsbereich des Geschädigten zu, der außerhalb des Schutzzweckes der Haftung des Schädigers liege. Auf dieser wertenden Abgrenzung beruhe es, daß § 91 ZPO solchen Aufwand nicht in den Katalog erstattungsfähiger Rechtsverfolgungskosten aufgenommen habe. Die Regelung sei jedoch nicht auf die prozessuale Kostenerstattung beschränkt, sondern Ausdruck eines auch für das Schadensrecht geltenden Prinzips. Grundsätzlich könne der Geschäftsinhaber die Kosten für die Mehrarbeit, die die Ermittlung und Abwicklung des Schadens verursache, weder auf der Berechnungsgrundlage von Einzelnachweisen noch als geschätzte Pauschale vom Ladendieb erstattet verlangen.[258]

Weiter wird in der Entscheidungsbegründung des BGH noch deutlich herausgestellt, daß die Klägerin als Großunternehmen des Einzelhandels keine Sonderstellung beanspruchen könne. An der Abweisung der Ansprüche hinsichtlich der außergerichtlichen Tätigkeit der Klägerin würde sich selbst dann nichts grundsätzlich ändern, wenn die Klägerin - was im Streitfall aber nicht geschehen sei - wegen der Vielzahl der in ihrem Unternehmensbereich vorkommenden Diebstähle eine eigene Abteilung ausschließlich für die Aufgaben eingerichtet hätte. Die Geschädigte könne für die Frage der Erstattungsfähigkeit von Schadensbearbeitungskosten keine Sonderstellung beanspruchen, weil die Größe ihres Verwaltungsbereichs und die dadurch bedingte Erhöhung des Schadenspotentials solche organisatorischen Maßnahmen zweckmäßig und geboten erscheinen lasse.[259]

Weiter wird in der Entscheidung durch den BGH noch festgestellt, daß die Schadenshäufung durch Ladendiebstähle in Großkaufhäusern und Selbstbedienungsketten sich aus für sie typischen Anbieter- und Verkaufsmethoden erkläre. Die Umstände kämen auch in jedem Einzelfall zum Tragen und prägten ihn be-

---

258 BGHZ 75, S. 230, 232.
259 BGHZ 75, S. 230, 232.

sonders. Die zivilrechtliche Verfolgung von Ladendiebstählen erfordere in der Regel nur geringen Arbeitsaufwand, der erst in der Masse der Schadensfälle für den Geschäftsinhaber zu Buche schlage. Insoweit könne die Abkehr von dem Grundsatz der individuellen Haftung hier nicht angezeigt sein, da aus dem einzelnen Diebstahl eben keine außergewöhnliche Belastung bei der Rechtsverfolgung erwachsen würde, die das, was der Verkehr als übliche persönliche Bemühung bei der Rechtswahrung ansehe, übersteige.[260]

Auch der Rückgriff auf die Rechtsprechung zur Sonderstellung der Gema wurde in der Begründung durch den BGH insoweit nicht zugelassen. Die Klägerin könne sich auch nicht auf die Erwägungen stützen, die den BGH veranlaßt hätten, für die Bemessung der Schadenspauschale bei Verletzung musikalischer Aufführungsrechte als Berechnungsfaktor den besonderen Verwaltungsaufwand der Gema mit zu berücksichtigen.[261] Dort sei es um die Frage gegangen, inwieweit dem Schädiger ausnahmsweise Überwachungskosten zur Verhinderung von Rechtsverletzungen aufzuerlegen seien, nicht aber um die Belastung mit der Mühewaltung bei der Schadensregulierung. Zudem stehe jene Schadensberechnung ganz im Rahmen eines Schadensausgleichs, der von der Rechtsprechung mit Blick auf die besondere Interessenslage bei der Auswertung von Immaterialgüterrechten abweichend von allgemeinen Schadensgrundsätzen eigenständig entwickelt worden sei. Als solche ließe sie sich auf den Ladendiebstahl nicht übertragen.[262]

Ebensowenig könne die Rechtsprechung[263] übertragen werden, die dem Geschädigten, wenn er den Schaden selbst behebe, in Grenzen Ersatz von Kosten der Verwaltungsmehrarbeit zubillige. Insoweit handele es sich um Aufwendungen der eigentlichen Schadensbeseitigung oder Schadensverhütung, die das Schadensrecht als Aufgabe des Schädigers auch dort ansehe, wo es den Geschädigten dazu befuge oder gar ihm auferlege, die Beseitigung des Schadens selbst in die Hand zu nehmen. Verwiesen wird in der Entscheidung auf die Vorschrift des § 254 Abs. 2 BGB; daß der Geschädigte von der Befugnis Gebrauch mache, dürfe den Schädiger aber nicht entlasten. Hiervon bliebe aber die Zuordnung der Mühewaltung bei der Rechtswahrung zum eigenen Aufgabenkreis des Geschädigten unberührt. Dieser Verwaltungsaufwand sei vom Geschädigten auch dann allein zu tragen, wenn er sich von den Gemeinkosten eindeutig abgrenzen ließe.[264]

260 BGHZ 75, S. 230, 233.
261 BGHZ 75, S. 230, 233.
262 BGHZ 75, S. 230, 234.
263 BGHZ 54, S. 82, 88; BGHZ 65, S. 384, 390.
264 BGHZ 75, S. 230, 234.

Aus demselben Grund könne die Revision der Klägerin für sich nichts aus den Grundsätzen herleiten[265], nach denen Aufwendungen zu erstatten seien, die der Geschädigte vor Eintritt des schädigenden Ereignisses vorsorglich mache, um im Schadensfall drohende Verluste aufzufangen oder doch gering zu halten.[266]

8.3.3.2 Kein Materialkostenersatz

Der BGH hat dann die Erstattung der Auslagen für Porto, Telefon und Papier ebenfalls abgelehnt. Auch hierfür orientiert sich die Begründungsargumentation zuerst an der Regelung des § 91 ZPO. Die Zurechnungsgrenze für die materiellrechtliche Schadloshaltung sei gem. § 91 ZPO für Auslagen zwar anders gezogen als für Zeitversäumnisse; im Gegensatz zu diesen kämen Auslagen für Porto und Telefon auch für die Erstattung auf materiell-rechtlicher Grundlage als Folgeschäden der Rechtsverletzung in Betracht. Jedoch habe die Klägerin auch diesen Ersatzanspruch nicht.[267]

Soweit Auslagen für die Einleitung eines Strafverfahrens entstanden seien, stünden sie außerhalb des Schutzzweckes der Schadenstragungsnorm. Der Eigentumsschutz, den das Haftungsrecht hier sichere, erstrecke sich nicht auf die Verwirklichung des Strafanspruchs. Daran ändere auch die Tatsache nichts, daß die Klägerin hier ein Interesse daran habe, sich auf diesem Weg vor künftigen Rechtsverletzungen zu schützen. Insoweit würden dem Ersatzanspruch durch die Aufgabe der Haftungsnorm, den Einbruch in die Schutzsphäre des Betroffenen mit den Mitteln des Zivilrechts auszugleichen, Grenzen gesetzt. Die Auslagen, die die Klägerin zur Verfolgung ihrer zivilrechtlichen Ansprüche geltend gemacht habe, bezögen sich nur auf diejenigen Ansprüche, die Gegenstand der Klage seien. Insoweit fehle das Rechtsschutzbedürfnis für die selbständige Geltendmachung der Kosten, die, soweit ein Erstattungsanspruch überhaupt bestehe, in einem Kostenfestsetzungsverfahren erstattet verlangt werden könnten.[268]

8.3.3.3 Der Ersatz der Fangprämie

Der Anspruch auf die Fangprämie wird dagegen vom Bundesgerichtshof prinzipiell bestätigt. Die von der Klägerin für die Entdeckung des Diebstahls und die Ergreifung der Beklagten zugesagte Prämie sei dem Grunde nach von dem

---

265 BGHZ 32, S. 280, 284, BGHZ 70, S. 199.
266 BGHZ 75, S. 230, 234.
267 BGHZ 75, S. 230, 235.
268 BGHZ 75, S. 230, 235.

Schadensersatzanspruch umfaßt.[269] Auch in der weiteren Begründung wird dann eine gegenteilige Bewertung der Fangprämie vorgenommen, die eine Kehrtwende in der Entscheidung markiert.

8.3.3.3.1 Belohnungen als erstattungsfähige Kosten der Rechtsverfolgung

So wird die Fangprämie zuerst allgemein mit Belohnungen in Zusammenhang gebracht, die üblicherweise nach Straftaten von den Geschädigten ausgesetzt werden. In der Entscheidungsbegründung des BGH wird hinsichtlich der Fangprämie festgestellt, daß Belohnungen, die der Bestohlene nach geschehener Tat aussetze, um gestohlene Gegenstände wiederzuerlangen, in den Grenzen des wirtschaftlich Angemessenen prinzipiell zu den als Folgeschäden erstattungsfähigen Kosten der Rechtsverfolgung gehören würden.[270]

8.3.3.3.2 Unbedeutender Aussetzungszeitpunkt

Weiter führt der BGH dann aus, daß von diesem einleitend herausgestellten Grundsatz bei der Beurteilung des Streitfalles hinsichtlich der Fangprämie nicht abgewichen werden könne. Eine andere Beurteilung der Fangprämie sei nicht angezeigt, weil sie vorsorglich vor Begehung des Diebstahls versprochen worden sei. Für den Zusammenhang der hierdurch der Klägerin entstehenden Belastung mit dem Diebstahl spiele der Zeitpunkt der Aussetzung keine entscheidende Rolle, da die Belohnung in beiden Fällen erst nach geschehenem Diebstahl zu zahlen sei und gezahlt werde. In beiden Fällen erwachse dem Geschädigten die Belastung, weil der Schädiger in das geschützte Rechtsgut eingegriffen habe.[271]

8.3.3.3.3 Eine Ergänzung der Vorsorgemaßnahmen

Der apodiktische Einstieg in die Argumentation hinsichtlich der Fangprämie wurde dann mit Blick auf den mit ihr verfolgten Zweck geringfügig eingeschränkt. Der BGH stellt insoweit weiter fest, daß nicht zu verkennen sei, daß der Zeitpunkt der Prämienzusage für Charakter und Zielrichtung der Fangprämie von Bedeutung sein könne. Während die nach geschehenem Diebstahl ausgesetzte Belohnung allein der Wiedererlangung der gestohlenen Gegenstände diene und der Geschädigte darauf hoffe, daß sie verdient werde, verfolge die vor der Tat für die Ergreifung eines Ladendiebes ausgesetzte Fangprämie auch präven-

269 BGHZ 75, S. 230, 235.
270 BGHZ 75, S. 230, 236.
271 BGHZ 75, S. 230, 236.

tive Zwecke: wer sie verspräche, erhoffe sich von ihr erhöhte Wachsamkeit und Einsatzbereitschaft seines Personals, die als solche vom potentiellen Täter wahrgenommen werde und so diebstahlsverhindernd wirke; insoweit gehe es ihm also auch um Abschreckung. So gesehen ergänze sie die Vorsorge-Maßnahmen, die der Geschäftsinhaber treffe, um seine Waren vor Ladendieben zu schützen.[272]

8.3.3.3.4 Die Privilegierung der Fangprämie

Trotz der so gewonnenen Erkenntnis, daß der Standort der Fangprämie sich im allgemeinen Vorsorge- und Kontrollsystem befinde, besteht der BGH in seiner Urteilsbegründung weiter auf der prinzipiellen Ersatzfähigkeit der Fangprämie.[273] Der Senat verweigerte sich insofern der teilweise in Rechtsprechung und Schrifttum vertretenen Ansicht, daß die Erstattungsfähigkeit der Fangprämie abzulehnen sei, weil der Geschädigte auch sonst Aufwendungen, die er zum Schutz seines Eigentums mache, nicht dem Schädiger in Rechnung stellen könne.[274]

Die insoweit überraschende Privilegierung der Fangprämie gegenüber den anderen Kosten - die in dieser Entscheidung als nicht ersatzfähig angesehen wurden - wird dann wie folgt begründet.

8.3.3.3.4.1 Schwierigkeiten der Schadensabwälzung

Der Senat stellt zu Beginn fest, daß im Ausgangspunkt der Auffassung, daß die Kosten für Maßnahmen des Geschädigten, mit denen er sein Eigentum vor Diebstahl schütze, grundsätzlich von ihm selbst zu tragen seien und nicht auf den Dieb würden abgewälzt werden können, grundsätzlich zuzustimmen sei. Das gelte jedenfalls für Maßnahmen, die nicht die Verhinderung oder Abwehr eines bevorstehenden konkreten Eingriffs im Auge hätten, sondern das Eigentum allgemein gegen Diebe sicher machen sollten, wie z.B. Spiegel und Fernsehmonitore. Solche Vorkehrungen seien in der Regel im Verhältnis zum Schädiger schon der Sphäre des Geschädigten zuzurechnen, weil ihnen der Bezug zur konkreten Rechtsverletzung fehle, so daß sich der auf die einzelne Rechtsverletzung entfallende Anteil der aufgewandten Kosten nicht zureichend ermitteln ließe. Denn sie würden sich nicht nur gegen den wenden, der sich über sie hinwegsetze, sondern auch und gerade an den potentiellen Dieb, der sich von seinem Tatentschluß durch sie abbringen ließe. Die "gerechte Kostenüberwälzung" müsse auch diesen Umstand berücksichtigen, der sich indes näherer Feststellung entziehe.

272 BGHZ 75, S. 230, 237.
273 BGHZ 75, S. 230, 238.
274 BGHZ 75, S. 230, 237.

Insoweit würden sich bereits erhebliche Schwierigkeiten für die Schadensabwälzung beim Ladendiebstahl abzeichnen.[275]

8.3.3.3.4.2 Die Zurechnung mit der zivilrechtlichen Dogmatik

Die auftretenden Schwierigkeiten der Schadensabwälzung beim Ladendiebstahl wurden dann aber in der Entscheidungsbegründung hinsichtlich der Erstattungsfähigkeit der Fangprämie mit den Möglichkeiten der zivilrechtlichen Dogmatik der Schadenszurechnung durch den BGH überwunden. Der BGH stellte insofern fest, daß die Fangprämie ungeachtet ihres Standortes im allgemeinen Vorsorge- und Kontrollsystem und dessen Präventivzwecks insoweit den konkreten Bezug zum einzelnen Ladendiebstahl aufweise, als sie im Grundsatz erst durch diesen und erst deshalb erwachse, weil die konkrete Bedrohung des Eigentums durch den Ladendieb Anlaß zu dem Eingreifen gegeben habe, das durch die Prämie honoriert werden solle. Soweit die Prämie auf solche Maßnahmen zur Verhütung des konkreten Schadensfall ziele, würden die erwähnten Hinderungsgründe für die Zurechnung von Schutzvorkehrungen zum konkreten Einzeldelikt im Grundsatz nicht bestehen.

Weiter hat der BGH in der Entscheidungsbegründung insofern herausgestellt, daß der Schutzzweck der Haftungsnorm solcher Zurechnung ebensowenig entgegenstehe; er umfasse auch Aufwendungen, die der Eigentümer mache, um sein Eigentum vor einem konkret drohenden Schaden zu schützen, sofern sie vom Standpunkt eines verständigen, wirtschaftlich denkenden Menschen hierfür zweckmäßig und geeignet erschienen.

Der BGH betont dann weiter noch, daß der schadensrechtlich zu beachtenden Eignung auch nicht der Einwand entgegenstehe, daß das Verkaufspersonal, an das sich im Streitfall die Zusage der Fangprämie gerichtet habe, schon arbeitsvertraglich zum Schutz der Ware gegen Diebstahl verpflichtet sei. Es könne offen bleiben, ob ein Verkäufer dazu verpflichtet sei, den von ihm beobachteten Warendieb zu verfolgen und gegebenenfalls festzuhalten. Jedenfalls würden empirische Untersuchungen zeigen, daß solche Prämienzusagen zur Erhöhung der Aufmerksamkeit des Verkaufspersonals und ihrer Bereitschaft, gegen den beobachteten Dieb einzuschreiten, nützlich und notwendig seien.[276]

275 BGHZ 75, S. 230, 238.
276 BGHZ 75, S. 230, 238.

8.3.3.3.5 Die Kriterien für die Grenzen der Ersatzpflicht

Nachdem der BGH in seiner Entscheidungsbegründung insoweit die Ersatzfähigkeit der Fangprämie grundsätzlich bestätigt hat, kommt nun die Wende in der Argumentation, die auf die Einschränkung des Anspruchs auf die Fangprämie hinführt. Dem Anliegen, den ertappten Dieb durch Zurechnung der Prämie nicht über die Aufwendungen zur Abwehr des durch seine Tat heraufbeschworenen Schadens hinaus auch mit Aufwand zu belasten, der anderen Zwecken diene, könne nicht durch Verneinung, sondern nur durch Begrenzung der Ersatzpflicht Rechnung getragen werden.[277]

8.3.3.3.5.1 Die Abschreckungswirkung

Der BGH stellt insoweit heraus, daß die grundsätzliche Erstattungsfähigkeit der Fangprämie nicht dazu führen dürfe, den Schadensumfang über das durch den konkreten Eingriff in das Eigentum festgelegte Ausgleichsinteresse des Geschädigten hinaus zu erhöhen, um den Ladendieb von künftigen Diebereien abzuschrecken oder andere hiervon abzuhalten oder um gar auf diesem Wege doch Ersatz für die Mühewaltung bei der Bearbeitung des Schadensfalls zu erhalten. Ein über den Schadensausgleich hinausgehender Zuschlag zur Erhöhung der Abschreckungswirkung werde durch den zivilrechtlichen Schadensersatz nicht, auch nicht bei vorsätzlicher Schädigung, gedeckt.[278]

8.3.3.3.5.2 Der Tatbeitrag

Weiter wird in der Entscheidungsbegründung dann noch auf den Tatbeitrag des Ladendiebes abgestellt, der insoweit ebenfalls ein Kriterium für die Begrenzung des Anspruchs auf die Fangprämie darstellen soll. Insofern sei bei der Bemessung des erstattungsfähigen Aufwands dem Grundsatz Rechnung zu tragen, daß der ertappte Warendieb nicht für die Erscheinung des Warendiebstahls als Massendelikt, sondern nur für den eigenen Tatbeitrag einzustehen habe.[279]

8.3.3.3.5.3 Die Zweckorientierung

Der BGH stellt noch fest, daß bei der so gebotenen Ausgrenzung der Erstattungsfähigkeit der Fangprämie zu berücksichtigen sei, daß das im konkreten

277 BGHZ 75, S. 230, 238.
278 BGHZ 75, S. 230, 239.
279 BGHZ 75, S. 230, 239.

Einzelfall betroffene Bewahrungs- und Ausgleichsinteresse grundsätzlich die Zusage der Fangprämie auch schon zu einem Zeitpunkt rechtfertige, in dem über den Wert der im konkreten Fall entwendeten Ware nichts bekannt sei. Gleichwohl müsse das den Geschäftsinhaber nicht immer veranlassen, von der Aussetzung einer pauschalierten Prämie abzusehen und eine am Warenwert orientierte, in einem Prozentsatz zur Diebesbeute ausgedrückte Prämie zu wählen, wie das bei der Auslobung einer Belohnung zur Wiederbeschaffung bereits gestohlener Gegenstände oft geschehe. In vielen Geschäftsbereichen, so auch hier, würde wegen des meist geringen Werts der entwendeten Ware bei solcher prozentualen Bemessung der Anreiz zu höherer Aufmerksamkeit allgemein verloren gehen und damit das Aussetzen einer Prämie insgesamt zwecklos werden.[280] Oft habe der Geschäftsinhaber ein schutzwürdiges Interesse an der durch solche Belohnung besonders geförderten Einsatzbereitschaft seines Personals auch dann, wenn dieses zunächst nur die Entwendung geringwertiger Waren beobachte, denn solche Beobachtung könne zur Aufdeckung eines umfangreichen Diebstahls oder gar dazu führen, daß entwendete Waren aus früheren Diebstählen wiedererlangt werden könnten. Deshalb müsse es ihm gestattet sein, eine vom Wert der Diebesbeute nicht abhängige Pauschale auszusetzen.[281]

8.3.3.3.5.4 Der Zweck als rechtliche Erwägungen

In der Urteilsbegründung wird noch darauf verwiesen, daß der Zweck der Fangprämie dieser insoweit auch gewisse Grenzen aufzeige. Es dürfe auch in solch pauschalierter Belohnung der Bezug zu den Interessen an der im konkreten Fall betroffenen Ware nicht verloren gehen. Hierauf müsse auch die Anreizfunktion der Prämie gerichtet bleiben. Denn nur wenn und soweit die soeben dargestellten Sachzwänge eine vom Wert der Diebesbeute im Einzelfall losgelöste Pauschale verlangten, werde sie durch den Haftungszweck gedeckt.

Aus diesen rechtlichen Erwägungen halte der Senat eine Pauschale bis 50,- DM für vertretbar. Höhere Pauschalen seien nicht unbedingt erforderlich, um der Prämie die Anreizfunktion zu erhalten; dann aber ließe der Zweck der Haftung es nicht zu, den Dieb ohne Rücksicht auf den Wert der entwendeten Ware mit solcher Prämie pauschal zu belasten.[282]

---

280 BGHZ 75, S. 230, 239.
281 BGHZ 75, S. 230, 240.
282 BGHZ 75, S. 230, 240.

8.3.3.3.5.5 Der Warenwert und das Täterprofil

Der BGH stellt aber weiter noch heraus, daß das Erforderlichkeitskriterium als Begrenzung für die Höhe der Fangprämie auf der anderen Seite es nicht ausschließe, daß bei höherwertigen Waren der Dieb mit einer über 50,- DM hinausgehenden Fangprämie zu belasten sei, wenn die Prämie für solche Fälle etwa nach einem Prozentsatz zur konkreten Diebesbeute zugesagt wurde. Auch möge eine Pauschale von mehr als 50,- DM dort angemessen erscheinen, wo angesichts der Art des Warenangebots (Uhren, Juwelen) in jedem Einzelfall ein Schaden von mindestens 50,- DM und in den meisten Fällen von erheblich mehr als 50,- DM zu erwarten sei.

Daß der Bestohlene andererseits auch eine Pauschale von 50,- DM nur ersetzt verlangen könne, wenn er nachweise, daß er sie in dieser Höhe vor dem Diebstahl zugesagt habe, sei selbstverständlich. Jedoch könne auch eine derart nach oben begrenzte Pauschale nicht erstattet verlangt werden in Fällen, in denen wegen des sehr geringfügigen Werts der entwendeten Ware die Zusage der pauschalierten Fangprämie außer Verhältnis zu dem im konkreten Fall bestehenden Haftungszweck erscheine. Die durch die Aufgabe des Haftungsrechts gezogene Grenze sei überschritten, wenn eine am Durchschnittsfall orientierte Prämienpauschale auch bei Entwendung von Waren von ganz unbedeutendem Wert, z.B. bei der Entwendung geringwertiger Süßigkeiten durch Jugendliche, dem Schädiger in Rechnung gestellt werden würde.[283]

In solchen Fällen könne auch der Zwang, schon vor Begehung der Tat eine Prämie zu versprechen, keine Beachtung verdienen. Vielmehr verlange ihre Orientierung am Haftungszweck von dem Geschäftsinhaber hier, die Zusage von vornherein unter den entsprechenden Vorbehalt zu stellen, wolle er nicht in solchen Bagatellfällen mit der Fangprämie belastet bleiben. Von derartiger Fallgestaltung könne jedoch im Streitfall keine Rede sein. Der vom Berufungsgericht zuerkannte Betrag von 50,- DM halte sich insoweit in den aufgezeigten Grenzen.[284]

8.3.3.3.5.6 Der "homo oeconomicus"

Abschließend stellt der BGH dann noch auf die Perspektive des wirtschaftlich denkenden Menschens ab und führt insoweit aus, daß es offen bleiben könne, ob das Berufungsgericht seine im Ergebnis zutreffende Entscheidung auf das Fehlen eines adäquaten Kausalzusammenhang zwischen dem Diebstahl und einer

283 BGHZ 75, S. 230, 240.
284 BGHZ 75, S. 230, 241.

dermaßen übersetzten Belohnung von 550,- DM oder etwa auf § 254 Abs. 2 BGB stützen könne. Jedenfalls sei die höhere Belastung der Beklagten nicht mit dem allgemeinen Grundsatz des Schadensrechts vereinbar, daß der Geschädigte Aufwendungen zur Verhinderung des Schadens nur insoweit ersetzt verlangen könne, als ein verständiger, wirtschaftlich denkender Mensch sie in seiner Lage zur Verfolgung des Ziels für zweckmäßig und vertretbar halten durfte. Die Revision der Klägerin, die sich gegen die Versagung ihrer 50,- DM übersteigenden Ersatzforderung wehre, bliebe auch insofern schon erfolglos. [285]

8.4 Zwischenergebnis

Der BGH hat in der Entscheidung auf der einen Seite den Ersatz der Personal- und Materialkosten strikt abgelehnt, auf der anderen Seite wird die Fangprämie grundsätzlich für ersatzfähig erklärt. Die vom BGH gemachten Einschränkungen hinsichtlich der Höhe der Fangprämie und die dazu verwendeten Argumente lassen erkennen, daß die unterschiedliche Bewertung der geltend gemachten "Kosten" dem BGH schwer gefallen sein muß. Das abweichende Votum für die Fangprämie verläßt unvermittelt den zuvor eingeschlagenen Tenor hinsichtlich der anderen beiden Positionen. Gerade festgelegte argumentative Maßstäbe werden für die gesonderte Beurteilung der Fangprämie ersetzt durch die Heranziehung fadenscheiniger Sonderfallbegründungen, die auch insgesamt wenig sachgemäß erscheinen. So erscheinen die Argumente hinsichtlich der Fangprämie durchweg gesucht und der einleitende Rückgriff auf die zivilrechtliche Dogmatik wie auch der abschließende Versuch der Begrenzung vermögen den ersten Eindruck nicht nachhaltig zu beseitigen: hier bestimmte das angestrebte Ziel den Weg.

285 BGHZ 75, S. 230, 241.

9 Die Reaktionen

Die Entscheidung wurde im Schrifttum dann auch divergent aufgenommen. Die Polarisierung der mit dem Auftauchen der Fangprämie einhergegangenen Diskussion setzte sich insoweit auch nach dem Urteil des BGH im Schrifttum weiter fort. Die hierbei von den Akteuren eingenommenen verschiedenen Positionen und die daraus resultierenden Argumentationsebenen sind im folgenden zusammengefaßt und erlauben so den Überblick über die im Schrifttum durch die in Rede stehende Entscheidung des BGH unmittelbar hervorgerufenen Reaktionen und deren Stoßrichtung der Kritik an der Urteilsbegründung.

9.1 Die Simplizität und Praktikabilität der Entscheidung

Begrüßt wurde erst einmal die bestechende dogmatische und sprachliche Einfachheit in der Begründung des Urteils. Obwohl der BGH dogmatisch unaufwendig argumentiere, komme er doch zu haltbaren Ergebnissen. Die Sprache des Urteils sei erfreulich klar und auf das Wesentliche beschränkt; dieser Diktion würde man gern häufiger begegnen wollen.[286]

Hochgelobt wurde die Entscheidung für ihre Brauchbarkeit in der Praxis.[287] Insoweit machte sich hier wohl die Erleichterung Luft, daß die bis dahin nahezu ein Jahrzehnt andauernde Kontroverse nun bald ein Ende haben möge und daß vor allem die Rechtsprechung die verbindliche Orientierung für die Zukunft erhalte. Dem Urteil wurde insofern eine hohe Anwenderfreundlichkeit attestiert: dem Bundesgerichtshof sei im "dogmatischen Dämmerlicht" der zivilrechtlichen Problematik des Ladendiebstahls ein Treffer gelungen; das Urteil werde "den Notwendigkeiten des Alltags" gerecht. Übertreibungen in das reine Richterrecht würden vermieden, der nötige und von der Praxis verlangte Fortschritt aber erzielt.[288]

286 Deutsch, Anmerkung, S. 102; Mertins, S. 357.
287 Schultz, S. 373.
288 Deutsch, Anmerkung, S. 102.

9.2 Die ausschließlich schadensrechtliche Bedeutung des Urteils

Desweiteren wurde dem Urteil hauptsächlich zivilrechtliche Bedeutung zugeschrieben. Die Begründungsstrategie, die ausschließlich auf der schadensrechtlichen Argumentationsebene erfolgte, wurde überschwenglich begrüßt. Die Problematik der Entscheidung liege allein im Schadensumfang, die Bedeutung des Urteils sei schadensrechtlicher Natur. Es gehe um die Frage, ob vortatliche Aufwendungen zur Schadensverhinderung und der besondere nachtatliche Einsatz von Personal und Sachmitteln zur Aufklärung und Bearbeitung des Ladendiebstahls als Schaden vom Dieb zurückverlangt werden könnten.[289]

9.3 Scheinbarer Kompromiß oder inkonsequente Begründung

Dem sich aufdrängenden Eindruck, es handele sich bei der verschiedenen Behandlung der Bearbeitungskosten auf der einen und der Fangprämie auf der anderen Seite um ein Zugeständnis des BGH an die Einzelhandelsunternehmen, wurde dann mit dem Argument entgegengetreten, daß die Fangprämie eben den konkreten Schaden betreffe und die Entscheidung sich so auf sicherem haftungsrechtlichen Grund halte. Insofern sei das Urteil, das einerseits den Ersatz der Bearbeitungskosten ablehne, andererseits aber eine angemessene Fangprämie gewähre, "nur scheinbar ein Kompromiß".[290]

Dagegen wurde an anderer Stelle festgestellt, daß die Begründung für die Ungleichbehandlung zumindest in sich nicht konsequent sei. Der BGH lehne den Ersatz des von der Klägerin als Schaden geltend gemachten Personalkostenaufwandes aus Rechtsgründen ab. Hier liege lediglich ein Akt der Rechtswahrung vor, der im Gegensatz zur eigentlichen Schadensbeseitigung oder Schadensverhütung außerhalb des Schutzzwecks der Haftung des Schädigers und im eigenen Verantwortungsbereich des Geschädigten bleibe. Deshalb sei auch die von dem Ladendieb verursachte Mehrarbeit der Angestellten zur Ermittlung und Abwicklung des Schadens nicht zu entschädigen. Ersatz für die Fangprämie gestehe der BGH dem Ladeninhaber dann aber zu; er sage jedoch nicht, wieso ein anderer Aufwand zur Förderung eben dieser Tätigkeit als Schaden anzuerkennen sei, wenn doch die Tätigkeit der Angestellten nicht zu entschädigen sei.[291]

---

289 Deutsch, Anmerkung, S. 102.
290 Deutsch, Anmerkung, S. 103.
291 Pecher, S. 646; Mertins, S. 358.

9.4 Der Bearbeitungsaufwand als Folge der Geschäftsform

Hinsichtlich der Ablehnung des Ersatzes von Bearbeitungskosten wurde der Entscheidung des BGH zugestimmt. Die Bearbeitungskosten gehörten nach traditioneller Ansicht zum gewöhnlichen Risiko des Verletzten, soweit nicht besondere Regeln, etwa des Prozeßrechts, über die Kostenerstattung eingriffen. Es handele sich also bei den Bearbeitungskosten im wesentlichen um die Abgrenzung des Schadensrisikos. Die Bearbeitungskosten repräsentierten den Teil des Risikos, der durch die besonderen Anbieter und Verkaufsmethoden des Selbstbedienungsladens jedenfalls teilweise mit geschaffen worden sei.

Der Selbstbedienungsladen sei nichts anderes als ein verkaufstechnisch besonders einladend arrangiertes Warenlager, in dem man sich selbst bedienen könne. Der Schutz des Eigentums sei gegenüber den früheren Verkaufsformen erheblich zurückgehängt worden; der Kaufanreiz sei groß, gelegentlich würde von Kaufzwang gesprochen. Bei genauer Betrachtung scheine nicht die Ansichnahme der Ware der eigentliche Haftungsgrund zu sein, sondern die Nichtbezahlung an der Kasse. Nicht die Wegnahme der Ware, sondern die Nichtleistung des Entgelts sei danach der Haftungsgrund. Der mit der Diebstahlsanfälligkeit notwendig verbundene Bearbeitungsaufwand solle also demnach zum besonderen Betrieb dieser Geschäftsform gerechnet werden und könne nicht auf den Ladendieb abgewälzt werden.[292]

9.5 Die betriebswirtschaftlichen Interessen im Schadensrecht

Das Urteil wurde weiter auch aus einer eher betriebswirtschaftlich anmutenden Perspektive betrachtet: Danach sei in der Entscheidung des BGH vor allem von Bedeutung, ob und wieweit ein haftender Schädiger den Personalkostenaufwand des Geschädigten zu ersetzen habe; daß im übrigen Ersatz für die Fangprämie zugesprochen worden sei, sei sowohl rechtlich als auch wirtschaftlich ein Nebenpunkt. Es gehe statt dessen vordringlich um das Problem des Aufwendungsersatzes im allgemeinen. Seit langem sei im ganzen Anwendungsbereich des Schadensersatzrechts die Ausweitung des Interessenschutzes zu beobachten. Das sei die Folge echter juristischer Pionierleistungen etwa im Bereich der Persönlichkeitsrechte oder der Verkehrssicherungspflichten.

Einen anderen Eindruck müsse man dort gewinnen, wo Träger wirtschaftlicher Interessen nur um die Höhe eines zu ersetzenden Schadens kämpften. Hier gleiche die Rechtspraxis eher kontinuierlichen Rückzugsgefechten auf immer

292 Deutsch, Anmerkung, S. 103.

wieder nur notdürftig gesicherte Positionen. Aus juristischer Sicht scheine es hier darum zu gehen, der unangemessenen Ausweitung der Ersatzpflicht Grenzen zu setzen und nicht das Schadensersatzrecht in den Sog betriebswirtschaftlicher Vorsorgekalkulation geraten zu lassen. Darum gehe es den interessierten Klageparteien, nämlich darum, den Juristen einige Grundeinsichten kaufmännischen Denkens zu vermitteln und ihre zähe Abneigung gegen kompliziertes Rechenwerk zu überwinden. Es habe sich gezeigt, daß beharrlich erneute Vorstöße in gleichen Angelegenheiten Schritt für Schritt Erfolge erbracht hätten und die Rechtsprechung scheinbar abschließende Begründungen immer wieder habe aufgeben müssen. Es sei nicht anzunehmen, daß die Entwicklung jetzt ihr Ende erreiche.[293]

9.6 Die Fangprämie als Folge von Verlusten durch den Ladendiebstahl

Zustimmung erfährt die Entscheidung des BGH dann auch hinsichtlich der Ersatzgewährung der angemessenen Fangprämie.[294] Die Fangprämie solle zwar, bei zweckrationaler Betrachtung, wenn sie im Laden angedroht werde, in erster Linie Ladendiebstähle verhindern. Sei der Diebstahl jedoch geschehen oder wenigstens versucht worden, dann habe die Fangprämie Bezug zum konkreten Einzeldelikt.

Zu Recht habe den BGH nicht gestört, daß die ausgesetzte Fangprämie zum guten Teil bereits vor der Tat begründet worden sei, so daß bei oberflächlicher Betrachtung Zweifel an der nachtatlichen Kausalität bestehen könnten. Jedoch sei die vorausgesehene Kausalität stets für den Fall des wirklichen Eintritts als geschehen angesehen worden. Das gleiche Argument gelte für die Probleme der Zurechnung. Man könne natürlich argumentieren, daß die Fangprämie, da vom Ladeninhaber ausgesetzt, ein selbst zugefügter Schaden sei. Aber sei es nicht so, daß das Überhandnehmen der Ladendiebstähle die gefährdeten Ladeninhaber zu dieser Maßnahme zwinge? Die Aussetzung der Fangprämie sei so weniger im Willen der Ladeninhaber als in Erwartung von Verlusten begründet.[295]

---

293 Pecher, S. 645.
294 Deutsch, Anmerkung, S. 103; Pecher, S. 649.
295 Deutsch, Anmerkung, S.103.

9.7 Die Fangprämie als zivilrechtliches Strafrecht

Im Schrifttum haben dann allerdings auch einige Autoren die über den zivil- und schadensrechtlichen Horizont hinausgehende Betrachtung der Entscheidung vorgenommen. Die tatsächliche Dimension des Urteils und die rechtstheoretische Bedeutung wurden so deutlich und die Gefahr eines Entstehens oder weiteren Anwachsens eines zivilrechtlichen Strafrechts durch die Bestätigung der Fangprämie wurden thematisiert. Die Gefahr der weiteren Etablierung eines zivilrechtlichen Strafrechts wurde aber an anderer Stelle auch als Chance begriffen: Das Urteil habe insofern grundsätzliche Bedeutung für das Zivilrecht im allgemeinen und für die Fortentwicklung des Schadensrechts im besonderen. Die rechtliche Würdigung des Versprechens der Fangprämie und des an den Dieb gerichteten Verlangens, entsprechende Aufwendungen zu ersetzen, gehöre zu den Herausforderungen an ein modernes Zivilrecht.[296]

Das Strafrecht versage im Bereich der Kleinkriminalität. Die strafrechtlichen Sanktionen seien unverhältnismäßig, die Gerichte reagierten verspätet, überhaupt nicht oder gar in der Weise, daß Verbrechensopfer zum Opfer der Strafrechtsprechung würden. Die Frage sei daher, ob ein Hausverbot die einzige Rechtsfolge neben der Rückgabe der entwendeten Ware durch den Dieb bleiben müsse oder ob das Zivilrecht bereit und in der Lage sei, das Instrumentarium zur Durchsetzung von Verhaltenspflichten zur Sicherung von Rechtsgütern zu erweitern. Der Senat habe sich der Aufgabe der Rechtsfortbildung nicht verschlossen. Zugleich habe die Entscheidung aber die Gefahr des Entstehens oder weiteren Anwachsens eines zivilrechtlichen Strafrechts durch die vorbehaltlose Einordnung der Fangprämie in das Schadensersatzrecht gebannt.[297] Die Fangprämie habe zwar neben der Belohnungsfunktion zugleich auch eindeutigen Präventivcharakter; wenn ihre Abschreckungswirkung aber überhaupt einen Wert haben solle, dann müsse sie wenigstens teilweise einklagbar sein.[298]

Verneine man dagegen jegliche zivilrechtliche Haftung des Ladendiebes auf Schadensersatz, abgesehen von dem Wertersatz für die gestohlene Ware, so verschiebe man das Problem auf die Ebene der Strafjustiz, die bei derartigen Bagatellfällen ohnehin überfordert sei. Im übrigen würden auch die legitimen Interessen des verletzten Geschäftsinhabers außer acht gelassen: er bliebe voll auf dem diebstahlsbedingten Schaden sitzen, und außerdem wäre ihm verwehrt, die Diebstahlsbekämpfung dadurch in die eigenen Hände zu nehmen, daß er zivilrechtli-

296 Schneider/Böttger, S.150.
297 Schneider/Böttger, S.150.
298 Koenig, S. 637.

che Konsequenzen androhen und wenigstens teilweise mit Erfolg durchsetzen könne.

Daß ein derartiger privater Selbstschutz in Einzelfällen zu exzessiver Selbstjustiz ausarten könne, läge auf der Hand. Aus der psychologisch verständlichen Situation heraus stehe der ertappte Sünder der faktischen Sanktionsgewalt des Warenhauses in der Regel relativ hilflos gegenüber. Das könne jedoch nicht dazu führen, jegliche Form des privaten Selbstschutzes mangels Rechtsgrundlage von vornherein als unzulässig abzulehnen. Entscheidende Voraussetzung sei allerdings, daß dem erhöhten Schutzbedürfnis desjenigen, der als Ladendieb dem privaten Sanktionssystem des Einzelhandels ausgesetzt sei, durch entsprechende richterliche Kontrolle Rechnung getragen würde.[299]

9.7.1 Die angemessene Sanktionierung gem. § 254 BGB

Ganz zutreffend habe der BGH den Umfang der Fangprämie unter das Prinzip der Angemessenheit gestellt. Der BGH argumentiere mit dem Instrumentarium des Billigkeitsrechts. Auf den ersten Blick möge das im weitgehend strengrechtlich geordnet erscheinenden Haftungsrecht unpassend sein. Unter den besonderen Umständen erscheine es jedoch zutreffend. Es handele sich hier um die private Schadensgestaltung durch Zusage der Prämie. Die Parallele zum Mitverschulden gem. § 254 BGB liege aber auf der Hand. Insoweit sei das Haftungsrecht schon immer aufgerufen gewesen, den Haftungsumfang billigkeitsrechtlich zu gestalten.[300]

Die billigkeitsrechtliche Korrektur des Haftungsumfanges i.S. v. § 254 BGB hinsichtlich der Fangprämie wurde aber auch kritisiert: Überwiegend werde für derartige Aufwendungen mindestens nahestehender Vermögensopfer auf das Korrektiv der Erforderlichkeit rekurriert. Der dogmatische Anknüpfungspunkt des § 254 Abs. 2 BGB, der dem Geschädigten gebiete, den Schaden so gering wie möglich zu halten, sei für die Korrektur der Haftung ungeeignet. Zur Konkretisierung der an den Geschädigten gem. § 254 Abs. 2 BGB zu stellenden Anforderungen eigne sich die sonst auch in Zurechnungsfragen erprobte Herausforderungsformel, durch die der Entschluß des in den Zurechnungszusammenhang Eingreifenden auf seine Vernünftigkeit hin überprüft werden könne: soweit der Geschädigte sich durch die Handlung des Schädigers oder den eingetretenen Schaden nicht zum Tätigwerden herausgefordert fühlen dürfe, habe er die Kosten selbst zu tragen; andernfalls könne er sie auf den Schädiger abwälzen.

---

299 Koenig, S. 638.
300 Deutsch, Anmerkung, S. 103.

Damit werde jedoch deutlich, daß es im Grunde genommen nicht um die Reduktion zunächst einmal dem Schädiger angerechneter Schadensposten gehe; vielmehr verlagere sich das Problem auf die Zurechnungsebene, in den Bereich der Haftungsbegründung selbst. Die Funktion des § 254 BGB bestehe dann darin, dem Richter ein Mäßigungsrecht einzuräumen. Es würde für den Schadensersatz-Gläubiger, der sich entschuldbar verschätzt haben könne, eine nicht zu rechtfertigende Härte bedeuten, würde er den Anspruch in vollem Umfang verlieren. All das setze voraus, daß das Bezugsobjekt für die Aufwendungen bekannt sei: der eingetretene Schaden.[301]

Weder passe § 254 BGB in seiner herkömmlichen Anwendung noch sei das Herausforderungskriterium sinnvoll anwendbar, wenn der Schaden noch gar nicht eingetreten sei. Allenfalls ließe sich sagen, der Ladeninhaber sei durch die Vielzahl der laufend vorkommenden Ladendiebstähle dazu veranlaßt worden, die Fangprämien auszusetzen.

Damit werde dann aber auch deutlich, daß wertungsmäßig relevanter Bezugspunkt nicht der konkrete Diebstahl sei, der die Fangprämie fällig werden ließe, sondern daß die Aufwendungen des Ladeninhabers als herausgefordert nur angesehen werden könnten durch das seinerseits durch die veränderten Verkaufsmethoden herausgeforderte Phänomen Ladendiebstahl an sich und daß die Fangprämie damit funktional den sog. Vorhaltekosten entspreche, die auch nach Auffassung des BGH nicht erstattungsfähig seien. Durch griffaktiven Aufbau sollen beim Kunden spontaner Kaufdrang und Einkaufbehagen entstehen. Die unternehmerische Entscheidung, den Gewahrsam zu lockern und die damit verbundene weitere Entscheidung, sich statt dessen der Kundschaft und des Personals als verlängerter Arme und als Ersatz fehlender Schutzvorrichtungen anderer Art zu bedienen, sollte im Außenverhältnis zum Schädiger nicht zu Buche schlagen. Spiegel, Fernsehmonitore und dergleichen hätten in demselben Umfang wie Fangprämien nicht nur die Abwehr eines konkreten Eingriffs, sondern die Sicherung des Eigentums ganz allgemein im Auge. Sicherlich würde es zu unangemessenen Ergebnissen führen, Fangprämien in vollem Umfang für erstattungsfähig zu halten und damit die Schadenshöhe in ein kaum begrenztes Belieben des Geschädigten zu stellen. Allein die richtige Alternative bestehe nicht darin, dem Richter ein gesetzlich gar nicht vorgesehenes Mäßigungsrecht einzuräumen. Die "bequeme Lösung" täusche darüber hinweg, daß die Fangprämien an sich nicht erstattungsfähig seien.[302]

---

301 Zimmermann, S. 87.
302 Zimmermann, S. 88.

9.7.2 Die strafrechtlichen Erwägungen des BGH

Das Vorgehen des BGH hinsichtlich der Höhe der Fangprämie wurde dann auch kritisiert. Gerade die Höhe der Fangprämienerstattung wurde als Problem erkannt. Der Geschädigte könne nur angemessene Aufwendungen auf den Schädiger abwälzen. Angemessenheit müsse hier im Verhältnis zu dem Zweck bestehen, Dritte zur Mithilfe zu veranlassen. Adressaten des Prämienversprechens seien die eigenen Angestellten des Kaufhauses gewesen. Sicher sei die Aussetzung einer Fangprämie nicht generell unangemessen, da der Ladeninhaber mit der Hilfe des Personals sonst erfahrungsgemäß kaum rechnen könne.

Andererseits sei der vom BGH für vertretbar gehaltene Betrag von 50,- DM doch wohl zu hoch. Für ein Tätigwerden während der ohnehin bezahlten Arbeitszeit böte sicher schon eine deutlich niedrigere Prämie einen hinreichenden Anreiz. Letzlich spiele hier eben doch "das Moment eines abschreckenden Strafzuschlags" mit hinein, wenngleich der BGH es ausdrücklich für nicht zulässig erkläre. Aber wenn die Rechtsprechung dem Geschädigten bei seinem sonstigen Kostenaufwand gar nicht zu helfen wisse, läge es nicht fern, hier etwas großzügiger zu sein, um den Geschädigten nicht sanktionslos zu lassen.[303]

Zu Recht hätte der Senat auch die Fangprämie zu dem Wert der entwendeten Ware ins Verhältnis gesetzt. Das Wiedererlangungsinteresse sei so hoch wie der Wert des gestohlenen Gutes. Aus dem Grund lasse das Urteil es zu, daß der Ladeninhaber seinen Angestellten die erstattungsfähige Fangprämie bis zur Höhe des Wertes der im Einzelfall entwendeten Ware versprechen könne. Bedenken bestünden allein gegen die vom Senat zugelassene pauschalierte Prämienberechnung. Die Pauschalierung sei aus Sicht des Schadensersatzrechts nur schwer zu begründen. Hierbei werde die Verhütungsfunktion der Fangprämie vernachlässigt; denn die Prämie sei in vollem Umfang erstattungsfähig und zwar auch dann, wenn der Warenwert und damit das Wiedererlangungsinteresse geringer sei als die Fangprämie.

An dieser Stelle der Entscheidungsbegründung gewinne vielmehr die Präventions- und Sanktionsfunktion des Anspruchs auf Erstattung der Fangprämie gewisse Bedeutung. Das werde auch in dem vom Senat gewählten Beispiel ganz deutlich. Der Betrag von 50,- DM sei nämlich ausnahmsweise unverhältnismäßig und daher nicht erstattungsfähig, wenn geringwertige Süßigkeiten durch Jugendliche entwendet würden. Stelle man auf den geringen Wert der Süßigkeiten ab, so sei dem bei schadensrechtlicher Betrachtung zuzustimmen. Dann sei aber die Erstattung auch ausgeschlossen, wenn der Täter volljährig sei.

---

303 Pecher, S. 649.

Stelle man dagegen auf die Tatsache ab, daß der Täter ein Jugendlicher war, so stehe die Sanktionsfunktion im Vordergrund; denn für die Frage, ob eine Aufwendung einen Schaden darstelle, sei es ohne Bedeutung, ob der Schädiger Jugendlicher sei oder nicht.[304]

Wenn der BGH also die Abwälzung der Fangprämie gerade im Falle der Entwendung geringwertiger Sachen durch Jugendliche für unzulässig halte, so stelle er auf das Maß der Schuld des Täters ab, das aber für den Umfang des zivilrechtlichen Schadensersatzes nach den §§ 249 ff. BGB, vom Fall des Mitverschuldens und des Schmerzensgeldes abgesehen, ohne Bedeutung sei. Die zivilrechtliche Ersatzpflicht des mindestens 7-jährigen Kindes hänge neben den Tatbestandsvoraussetzungen von seiner Einsichtsfähigkeit gem. § 823 Abs. 2 BGB ab, nur ausnahmsweise von der Billigkeit i.S.v. § 829 BGB. Hier greife der BGH auf "strafrechtliche Erwägungen" zurück.[305]

9.7.3 Die rechtspolitischen Erwägungen zur Kontrolle privater Sanktionen

Festgestellt wurde weiter, daß es sich bei dem Problem der Fangprämie nicht um ein echtes Schadensersatzproblem handele, sondern um die Kontrolle privater Sanktionen, die gegenüber dem Dieb eindeutig Strafcharakter hätten. Die insoweit vorgenommene Korrektur des BGH, der den Anspruch auf die Fangprämie von 550,- DM für übersetzt gehalten habe und ihn auf 50,- DM reduziert habe, führe zu der Herabsetzung der Strafe auf das adäquate Maß. Das Phänomen des faktischen, parlamentarisch nicht legitimierten Machtzuwachses sei in Verbänden und im Arbeitsrecht keine Seltenheit.

Man könne den Machtzuwachs aber weder verbieten noch als rechtlich unzulässig negieren, sondern müsse, was die Gerichte bisher auch erfolgreich getan hätten, nach Möglichkeiten effektiver Kontrolle zum Schutz des Machtunterworfenen suchen.[306] So wurde dann auch hinsichtlich der Entscheidungsbegründung festgestellt, daß hier durch den BGH in Wahrheit rechtspolitische Erwägungen als rechtliche Erwägungen ausgegeben würden.[307]

---

304 Schneider/Böttger, S.151.
305 Mertins, S. 359.
306 Koenig, S. 638.
307 Zimmermann, S. 87.

9.8 Die richterliche Rechtsgestaltung durch den BGH

Vom Lesen der Urteilsgründe stehe man mit der bangen Frage auf, ob nicht die Abgrenzung von Gesetzgebung und Rechtsprechung wiederum zu Ungunsten des Gesetzgebers verschoben worden sei. Jedoch müsse man sagen, daß der Gesetzgeber die Möglichkeit nicht wahrgenommen habe, den Komplex zu regeln. Die Gerichte aber könnten, wenn sie angerufen würden, nicht die Frage nach der Zulässigkeit der Fangprämie unbeantwortet lassen, nur weil der Gesetzgeber sich zu ihr nicht geäußert habe. Gäben sie aber eine Antwort, so könne es ihnen nicht verwehrt sein, Rechtsgestaltung zu betreiben. Freilich sei jetzt die Tür zu weiteren richterlichen Rechtsgestaltungen ein wenig mehr geöffnet worden. Wenn die Gestaltung auch in Zukunft stets so sachbezogen und behutsam erscheine wie in dem in Rede stehenden Urteil, könne man aber beruhigt sein.[308]

9.8.1 Die Analogie zu § 343 BGB

Wegen des Grundsatzes der Privatautonomie sei die richterliche Rechtsgestaltung aber nur bei Vorliegen einer gesetzlichen Ermächtigungsgrundlage zulässig. Eine solche sei § 343 BGB, der den Richter ermächtige, eine unverhältnismäßig hohe Vertragsstrafe auf den angemessenen Betrag herabzusetzen. Bei der hier interessierenden Fallgestaltung liege zwar keine Strafabrede im eigentlichen Sinne vor, jedoch erlaubten die besonderen Umstände die analoge Anwendung der Vorschrift. Ausnahmevorschriften wie § 343 BGB seien zwar grundsätzlich eng auszulegen, jedoch entspreche es ständiger Rechtsprechung, daß, sobald dem Ausnahmesatz ein gegenüber dem allgemeinen Grundsatz engeres Prinzip zugrunde liege, innerhalb dieses Prinzips eine Analogie zulässig sei.

Das engere Prinzip der Vertragstrafe der §§ 339 ff. BGB läge darin, die Erfüllung eines pönalisierten Verhaltens durch die Sanktion zu sichern und dem Gläubiger den Schadensbeweis zu erleichtern. Das bezwecke auch der Geschäftsinhaber, der z.B. durch entsprechende Plakate in seinem Laden androhe, der Dieb werde zum Ersatz allen Schadens herangezogen. Die Androhung zivilrechtlicher Konsequenzen habe Abschreckungsfunktion; sie solle den Kunden von dem pönalisierten Verhalten, dem Ladendiebstahl abhalten. Verfehle sie ihren Zweck, weil der Kunde zum Dieb werde, dann wirke sich die Schadensliquidation des Geschäftsinhabers zugleich als Bestrafung des Diebes aus. Die Strafhöhe werde determiniert durch die Höhe der ausgelobten Fangprämie, ohne daß der ertappte Dieb darauf Einfluß nehmen könne. Der Geschäftsinhaber mache

308 Deutsch, Anmerkung, S. 103.

daher zulässigerweise private Strafbefugnisse geltend, denen rechtsähnlich, die in den §§ 339 ff. BGB vorgesehen seien. Die richterliche Kontrolle analog § 343 BGB sei daher nicht nur möglich, sondern auch geboten.[309]

Das gelte nicht nur für die Fangprämie, deren Erstattung begehrt werde, sondern für alle Ersatzansprüche, die der Geschäftsinhaber nach dem Diebstahl geltend mache, gleich unter welchem Etikett.[310] Die Angemessenheitskontrolle auf der dogmatischen Grundlage der analogen Anwendung der Norm des § 343 BGB wurde andererseits nachhaltig kritisiert. Von Zweifeln abgesehen, ob die Norm angesichts ihres Ausnahmecharakters überhaupt den überzeugenden Ansatzpunkt für eine Analogie biete, fehle es an der methodischen Basis für einen derartigen Analogieschluß. Hierfür würde eine offene Gesetzeslücke vorliegen müssen; das Gesetz dürfe für die Frage, die nach der zugrunde liegenden Regelungsabsicht der Regelung bedürfe, keine Regel bereithalten. Die dem Schadensersatzrecht zugrunde liegende Regelungsabsicht sei nun zweifellos die gewesen, die Totalrestitution zu gewährleisten. Das Vermögen des Geschädigten solle in seiner konkreten Zusammensetzung, mindestens dem Werte nach, erhalten bleiben. Sei die durch Auszahlung der Fangprämie bewirkte Vermögensminderung zurechenbare Schadensfolge, so müsse der Betrag in toto erstattet werden. Damit läge es in der Hand des Geschädigten, seinen Schaden exorbitant zu vergrößern.

Die Situation rücke damit in die Nähe der Fälle, in denen zwischen schädigende Handlung und Schaden eine Willensbetätigung des Geschädigten trete. Die hierzu entwickelten Grundsätze ließen sich auf andere Fälle übertragen, in denen der Geschädigte bestimmte Kosten durch eigenen Entschluß verursacht habe. Daß dadurch der Kausalzusammenhang nicht unterbrochen werde, sei anerkannt. Ebenso sei anerkannt, daß der Geschädigte nicht nach Willkür verfahren dürfe.[311]

9.8.2 Die Substitution gem. § 343 BGB

Die Vorschrift sei die weitreichende und flexible Ermächtigungsgrundlage, um die Privatjustiz des Einzelhandels und der Kaufhäuser unter Abwägung aller Umstände des Einzelfalls zu kontrollieren und in die Schranken zu verweisen. Dem Richter sei damit ein nuanciertes Instrument in die Hand gegeben, mit dem, anders als im Schadensersatzrecht, auch die besonderen Umstände des Täters

309 Koenig, S. 638.
310 Koenig, S. 638.
311 Zimmermann, S. 87.

wie beschränkte Geschäftsfähigkeit, Kleptomanie oder eine besondere Notlage entsprechend berücksichtigt werden könnten. Der Weg über § 343 BGB mit seinen gemischten zivil- und strafrechtlichen Prüfungskriterien könne bereits de lege lata die Notwendigkeit der Strafverfolgung bei Ersttätern überflüssig machen und damit die unnötige strafrechtliche Stigmatisierung in Bagatellfällen vermeiden helfen.[312]

9.8.3 Zulässiges Richterrecht

Die Tatsache, daß der BGH über den Einzelfall hinausgehend für die Gerichtspraxis verbindliche Richtlinien dekretiert habe, verdiene ebenfalls volle Zustimmung. Es handele sich hier um richterliche Rechtsfortbildung, die dringend geboten gewesen sei. Wie anders habe der BGH bei Untätigkeit des Gesetzgebers dem bisherigen Zustand, der an Rechtlosigkeit schwerlich übertroffen werden konnte, abhelfen können?

Die grundsätzliche Zulässigkeit des Richterrechts sei im übrigen weitgehend anerkannt. Die §§ 137 Abs. 1 GVG, 45 Abs. 2 ArbGG, 11 Abs. 4 VwGO wiesen die Aufgabe dem Großen Senat zu.[313] Die Unterwerfung des Richters unter Gesetz und Recht, wie sie Art. 20 Abs. 3 GG postuliere, sei eben nicht aufzufassen als die formale Bindung an die positive Gesetzesnorm, sondern als die Bindung an das Recht in seiner Gesamtheit mit Einschluß der ihm zugrunde liegenden Wertungsmaßstäbe.

Natürlich berge jedes Richterrecht die Gefahr in sich, daß die verfassungsrechtliche Funktionsteilung zwischen Gesetzgebung und Rechtsprechung verwischt werde. Zum fundamentalen Bestandteil des Rechtsstaates gehöre jedoch auch die Rechtssicherheit, d.h. die Vorausberechenbarkeit und Voraussehbarkeit der Rechtsentscheidung. Richterliche Rechtsfortbildung sei außerdem immer nur ultima ratio, wenn und solange der Gesetzgeber wie hier, wo die Regelungsbedürftigkeit des Komplexes anerkannt sei, untätig bleibe. Der verfassungsrechtliche Primat des Gesetzgebers werde im übrigen auf jeden Fall gewahrt, da durch eine gesetzliche Regelung das Richterrecht jederzeit aufgehoben werden könne. Häufig seien gerade höchstrichterrechtliche Entscheidungen willkommene Wegbereiter lang überfälliger gesetzlicher Regelungen.

Hierzu würde jedoch infolge der klärenden Entscheidung des BGH kein Bedürfnis mehr vorliegen dürfen. Es stehe zu erwarten, daß das Urteil angesichts der höchstrichterlichen Autorität zu der wünschenswerten Vereinheitlichung der

312 Koenig, S. 638.
313 Koenig, S. 639.

Sanktionspraxis des Einzelhandels beitragen und damit dem Problem viel von der Schärfe nehmen werde, die zum Ruf nach dem Gesetzgeber geführt habe. Der heilsame Zwang zur Vereinheitlichung sei rechtspolitisch sicher zu begrüßen. Immer mehr Geschäfte seien dazu übergegangen, den Tarif für einen Ladendiebstahl per Aushang bekannt zu machen, ähnlich wie das z.B. bei Verkehrsbetrieben für Fahrgeldhinterzieher schon lange praktiziert werde.[314]

9.8.4 Eine willkürliche Rechtsfortbildung

Das BGH-Urteil ist andererseits als willkürliches richterliches Moderationsrecht abgelehnt worden.[315] Der BGH habe Schadensersatz gewährt, wie sich zurückhaltend sagen ließe, obwohl es juristisch keineswegs zwingend gewesen wäre. Die Entscheidung sei dem BGH dadurch mindestens erleichtert, wahrscheinlich angesichts der sonst drohenden Konsequenzen überhaupt erst ermöglicht worden, daß er ein Moderationsrecht für sich in Anspruch genommen und den Schadensersatz seinem Billigkeitsgefühl entsprechend gekürzt habe.

Wie sich allerdings die Möglichkeit der Schadensreduktion bruchlos in das Schadensersatzrecht einfügen lassen solle, sei nicht ersichtlich, es sei denn, man gäbe das Prinzip der Totalreparation gänzlich auf. Es seien keine nur auf bestimmte, abgrenzbare Fallgruppen anwendbare Sachgesichtspunkte, die die Schadensmoderation nahelegten, sondern nur die schrankenlose Billigkeit, die in vielen anderen Fällen die Totalreparation auch als unangemessen erscheinen lassen könne.

Die vom BGH in dem Fall entwickelten Regeln hätten den Charakter willkürlicher, aus rechtlichen Erwägungen jedenfalls nicht ableitbarer Festsetzungen. Für die 50,- DM in der Fangprämienentscheidung ließe sich kaum sehr viel mehr anführen, als daß es sich um eine runde Zahl handele, die der Senat für vertretbar halte. Der BGH scheine sie, wie schon aus den im zweiten Leitsatz betonten Ausnahmeregelungen hervorgehe, am durchschnittlichen Warenwert der entwendeten Gegenstände zu bemessen. Demgegenüber sei aber darauf hinzuweisen, daß der Warenwert in der Mehrzahl der Fälle unter 10,- DM liege und offenbar auch je nach Branche differiere. Für die Lebensmittelbranche etwa werde ein durchschnittlicher Schaden von 9,- DM angegeben. Wenn damit bei statistischen Angaben vielfach nicht auf den Warenwert, sondern auf den Gesamtschaden abgestellt werde und auch der BGH in seiner Entscheidung bei der Bemessung der angemessenen Prämie den Gesichtspunkt des Schadensausgleichs in

314 Koenig, S. 639.
315 Zimmermann, S. 89.

den Vordergrund stelle, so sei nicht deutlich, welche Beträge im einzelnen hier in die Rechnung eingingen und eine Prämie von 50,- DM angemessen erscheinen lassen sollten: etwa auf diesem Wege doch die Bearbeitungsgebühren, die zuvor gerade aus dem ersatzfähigen Schaden ausgeklammert worden seien?[316]

Von einer geglückten Rechtsneuschöpfung ließe sich so nicht reden. Die Entscheidung zum Ladendiebstahl füge sich insofern in die Tendenz zur Überspielung gesetzlicher Rechtsfolgen durch richterliche Billigkeitseingriffe ein. Wenn Schadensersatz nicht mehr Schadensersatz, sondern Regelschadensersatz heiße, würden gesetzlich festgelegte Rechtsfolgen durch billigkeitsorientierte richterliche Gestaltungsmacht abgelöst. Derartige Formen institutionell kaum zu verfestigender Rechtsfortbildung stellten die prekären Bemühungen in Frage, auch nach dem Zusammenbruch der traditionellen Rechtsanwendungsdoktrin an der Vorstellung richterlicher Gesetzesbindung festzuhalten. Gesetzesbindung und richterliche Unabhängigkeit seien aber untrennbar miteinander verbunden. In dem Maße, in dem Art. 97 Abs. 1 GG in seinem zweiten Halbsatz die Realität verfehle, müsse auch fragwürdig werden, was der zweite Halbsatz deskriptiv formuliere, aber präskriptiv meine.

Der BGH trage mit der Entscheidung auch die Verantwortung für diese Art der Sozialgestaltung, habe jedoch gegenüber dem Gesetzgeber ein Legitimationsdefizit. Dem Argument, die Gerichte könnten derartige Fragen nicht unbeantwortet lassen, nur weil sich der Gesetzgeber zu ihnen nicht geäußert habe, sei entgegenzuhalten, daß die Klageabweisung auch eine Antwort sei.[317]

9.9 Zwischenergebnis

Das Urteil des BGH blendet kriminalpolitische und rechtstheoretische Überlegungen konsequent aus und argumentiert ausschließlich auf dem Boden der zivilrechtlichen Dogmatik. Schon bei oberflächlicher Betrachtung der in den Reaktionen auf das BGH-Urteil angeführten Gegenargumente wird deutlich, worum es in der Entscheidung tatsächlich ging: die Sanktionspraxis der Einzelhandelsunternehmen beim Ladendiebstahl stand auf dem Prüfstand. Es ging hier also um nicht um "Schadensersatz bei Ladendiebstahl".[318]

Sowohl die Forderung der Bearbeitungskosten als auch die Fangprämienforderung der Unternehmen sollen den Ladendieb sanktionieren. Die Ersatzforderungen der Einzelhandelsunternehmen sind eben Sanktionen und kein Schadens-

316 Zimmermann, S. 90.
317 Zimmermann, S. 90.
318 So aber der Titel des Urteils in der amtlichen Sammlung.

ausgleich. Insoweit handelt es sich bei dem Urteil um eine Entscheidung, die sich mit der "Sanktionierungspraxis durch private Instanzen" beschäftigt.

Die Stimmen im Schrifttum, die den BGH für die Entscheidung hinsichtlich der Pragmatik des Urteils uneingeschränkt loben, ohne auch nur die damit einhergehenden Risiken zu erwähnen, müssen sich den Vorwurf gefallen lassen, dem zugrunde liegenden Problem überhaupt nicht oder nur oberflächlich gerecht geworden zu sein. Der BGH selbst dagegen wird sich der Chancen und Risiken seiner Entscheidung durchaus bewußt gewesen sein, obwohl die im Schrifttum schon vorher geäußerte Kritik an der Fangprämie nur insoweit berücksichtigt wurde, wie sie die schadensrechtliche Dimension der rechtlichen Bewertung des Phänomens nicht in Frage stellte.

Die rechtstheoretischen Einwände gegen die Fangprämie sind nicht erkennbar in die Entscheidung mit eingeflossen. Warum die Erkenntnisse nicht zu der klaren Ablehnung der geltend gemachten Ansprüche hinsichtlich der Fangprämie geführt haben, läßt sich nur schwerlich nachvollziehen. Der BGH hat sich insoweit lediglich um die Kontrolle der privaten Sanktionspraxis bemüht, indem er die Bearbeitungskosten für nicht erstattungsfähig erklärte und der Fangprämie Grenzen aufzeigte. Eine sachgerechte und konsequente Entscheidung ist damit aber nicht entstanden.

Tatsächlich handelt es sich um einen mehr oder weniger faulen Kompromiß, der die private Sanktionspraxis in gewissem Umfang gewähren läßt und die private Sanktion - Fangprämie - sogar bestätigt; insoweit ist das "lodernde Feuer" nicht "vollständig gelöscht", sondern nur "vorläufig erstickt" worden. Der BGH hat es versäumt, mit der klaren Absage an private Sanktionspraktiken dem "Wildwuchs" der privaten Sanktionierung einen Riegel vorzuschieben; er hat statt dessen einen rechtspolitisch bedenklichen "Schwelbrand" hinterlassen, der sich jederzeit wieder zu einem schwer zu kontrollierenden "Flächenbrand" ausweiten könnte, wenn sich die private Sanktionspraxis erneut weiter ausbreitet.

10 Ergebnis

10.1 Eine "kultivierte Reservestrafe" des Einzelhandels

Zuerst läßt sich als Ergebnis festhalten, daß die Fangprämie von den Einzelhandelsunternehmen kultiviert wurde als eine Art "Reservestrafe" für die Bekämpfung des Ladendiebstahls. Den entscheidenden Anstoß für die Verwendung der Fangprämie hat die Strafrechtsreform gegeben. Die Befürchtung, die Abschaffung des § 370 Abs. 1 Nr. 5 StGB a.F. und der Übertretungen insgesamt könnte zu der Entkriminalisierung der Ladendiebstahlsdelinquenz führen, hat das Bedürfnis der Einzelhandelsunternehmen nach einem Ersatzinstrument für die möglicherweise entfallende Kriminalsanktion geweckt.

Als sich nach dem vorläufigen Abschluß der Strafrechtsreform mit der Einführung der Regelungen des EGStGB herausstellte, daß die befürchtete Entkriminalisierung des Ladendiebstahls nicht eingetreten war, wurde die Fangprämie trotzdem als ein weiteres Instrument für die Bekämpfung des Ladendiebstahls beibehalten.

10.2 Der BGH als "Vollstreckungsgehilfe" der Einzelhandelsunternehmen

Darüber hinaus läßt sich festhalten, daß die Einzelhandelsunternehmen bei der Verwendung der Fangprämie als negative Sanktion zur Bekämpfung des Ladendiebstahls schnell Unterstützung durch Juristen gefunden haben. Zunächst wurde im rechtswissenschaftlichen Schrifttum versucht, die Fangprämie der Einzelhandelsunternehmen mit den Mitteln des Zivilrechts zu rechtfertigen. Obwohl dieser Ansatz der rechtlichen Etablierung der Fangprämie von Beginn an in Schrifttum und Rechtsprechung auch kritisiert wurde, hat der BGH dann mit seiner Entscheidung zur Fangprämie die Zuweisung ins Zivilrecht bestätigt.

Die endgültige rechtliche Durchsetzung bzw. Vollstreckung der Fangprämie wurde insofern durch den BGH ermöglicht. Den Einzelhandelsunternehmen wurde damit grundsätzlich die Möglichkeit erhalten, die Fangprämie weiterhin zur Bekämpfung des Ladendiebstahls einzusetzen. Insoweit darf davon gesprochen werden, daß der BGH sich hinsichtlich der Fangprämie als eine Art "Vollstreckungsgehilfe" für die Einzelhandelunternehmen betätigt hat.

10.3 Die verfehlte Qualifizierung als Schadensersatz

Abschließend muß nun aber festgestellt werden, daß die rechtliche Verortung der Fangprämie im Zivilrecht verfehlt erscheint. Die Fangprämie ist kein Ersatz für einen erlittenen Schaden der Einzelhandelsunternehmen. Sie ist kein Schadensersatz, sondern eine negative Sanktion. Sinn und Zweck der Fangprämie ist die Bekämpfung des Ladendiebstahls. Die Analyse der Genese der Fangprämie bestätigt den Befund nachhaltig. Insoweit erscheint die Entscheidung des BGH hinsichtlich der Fangprämie verfehlt. Die Korrektur der Rechtsprechung wäre insofern sachgemäß.

10.4 Eine euphemistische Bezeichnung des Phänomens

Schon die Bezeichnung des Phänomens als Fangprämie erscheint insoweit geradezu als Euphemismus. Die Fangprämie ist nach Wirkung, Sinn und Zweck gerade keine Prämie, sprich: Belohnung, sondern eine negative Sanktion. Der Begriff Fangprämie ist daher geeignet, die Zielsetzung, die die Unternehmen mit dem Instrument der Ladendiebstahlsbekämpfung verfolgen, zu kaschieren und den wahren Charakter und die tatsächliche Bestimmung dieser negativen Sanktion zu verschleiern. Der Terminus Fangprämie kann insoweit durchaus als "irreführendes Etikett" des tatsächlich zugrunde liegenden Phänomens begriffen werden. Sachgerechter wäre es, das Phänomen, das hier der Bezeichnung Fangprämie tatsächlich zugrunde liegt, vielleicht als Ergreifungssanktion oder Sanktionspauschale zu bezeichnen. Damit wäre der weiteren Verhüllung der negativen Sanktion der Einzelhandelsunternehmen entgegengetreten und die Transparenz hinsichtlich des tatsächlichen Charakters der Fangprämie wäre erhöht.

10.5 Im Widerspruch zum kriminalpolitischen Konzept des Strafrechts

Die Korrektur der Zulassung der Fangprämie im Zivilrecht erscheint aus kriminalpolitischer Perspektive geboten. Die Fangprämie dient der Bekämpfung des Ladendiebstahls. Die Bekämpfung des Ladendiebstahls mit rechtlichen Ressourcen ist nun de lege lata Hauptaufgabe des Strafrechts. Die Fangprämie wirkt in diesem Aufgabenbereich. Sie sollte insofern zumindest in Abstimmung auf das staatliche Strafrecht agieren. Wenn die Fangprämie dem de lege lata durch das staatliche Strafrecht verwirklichten kriminalpolitischen Konzept zur Bekämpfung des Ladendiebstahls nicht entspricht, dann ist das ein wesentlicher Grund für die Ablehnung der Zulassung der negativen Sanktion der Einzelhandelsunternehmen.

Schon Kramer hatte insofern darauf hingewiesen, daß in der Privatjustiz verhängte Strafsanktionen den Belangen des Strafrechts nicht zuwiderlaufen dürften. Es bestünde sonst die Gefahr, daß die Einzelhandelsunternehmen ihre Verfolgungspolitik ausschließlich an dem ausrichteten, was ihnen nützlich erscheine.[319]

Die Fangprämie der Einzelhandelsunternehmen als negative Sanktion des Zivilrechts stünde damit im klaren und unvereinbaren Widerspruch zum kriminalpolitischen Konzept des geltenden Strafrechts für die Bekämpfung des Ladendiebstahls.

10.5.1 Verstoß gegen das Schuldprinzip und gegen die Grundsätze der Strafzumessung

Festzuhalten ist insofern, daß die Zulassung der Fangprämie dem strafrechtlichen Schuldprinzip widerspricht. Die besonderen Umstände des individuellen Sachverhaltes werden bei der pauschalen Fangprämienforderung nicht ausreichend berücksichtigt. Die Berücksichtigung der individuellen Tatschuld des Ladendiebes soll durch die Sanktionspauschale der Einzelhandelsunternehmen gerade weitgehend ausgeblendet werden, um eine erhöhte Abschreckungswirkung zu erzielen.

Der besondere Effekt der Fangprämie resultiert gerade auch aus der Tatsache, daß jeder vermeintliche Ladendieb befürchten muß, über "einen Kamm geschert" zu werden, ohne daß seine individuelle Tatschuld hinsichtlich der Höhe der Fangprämie angemessen in Rechnung gestellt werden würde. Die besonderen Umstände des Sachverhaltes bleiben so bewußt weitgehend unberücksichtigt. So werden auch die Grundsätze der strafrechtlichen Strafzumessung konterkariert. So hat schon Wälde festgestellt, daß z.B. auch die "diebstahlsstimulierenden Eigenschaften" des modernen Selbstbedienungsverkaufs bei der Strafzumessung einkalkuliert werden müßten.[320]

Die Fangprämie mit ihrer erfolgten Zuweisung in das Schadensersatzrecht dürfe der Forderung nicht annähernd gerecht werden. Gerade das am Ausgleichsprinzip orientierte Schadensersatzrecht sei insoweit untauglich, weil es entgegen dem Grundsatz des § 46 StGB regelmäßig keine Möglichkeit besitze, die Sanktion nach der Schwere der Schuld zu stützen. Insoweit auch ist Wollschlä-

319 Kramer, Ladendiebstahl, S. 65.
320 Wälde, S. 2295.

gers Einwendung zutreffend, der festgestellt hat, daß sogar ein fahrlässig handelnder Täter gem. §§ 823, 276, 249 BGB voll auf die Fangprämie haften müsse.[321]

10.5.2 Verstoß gegen die Resozialisierungsbestrebungen

Daß die Fangprämie bei der Anwendung der Regelungen des § 46a StGB Berücksichtigung findet, ist ebenfalls nicht sicher; auch insoweit ist die sachgemäße Kooperation der Fangprämie der Einzelhandelsunternehmen mit kriminalpolitischen Grundsätzen des Strafrechts nicht festzustellen. Zusammenfassend läßt sich der Fangprämie insofern attestieren, daß sie die Bemühungen der staatlichen Strafzumessung um die gerechte und angemessene Bestrafung und Resozialisierung nicht unterstützt.

Im Gegenteil, es steht zu befürchten, daß beide Sanktionen, die zivilrechtliche und die strafrechtliche, weitgehend unvermittelt nebeneinander bestehen bleiben und so von dem Betroffenen als ungerecht, unangemessen und inkoordiniert empfunden werden. Die rechtliche Reaktion auf das mißbilligte Verhalten des Ladendiebes bleibt so für den Betroffenen wenig einsichtig und nachvollziehbar. Die Resozialisierung des Betreffenden würde damit bedeutend erschwert. So läßt sich feststellen, daß die Zulassung und Verwendung der Fangprämie im klaren Widerspruch zum strafrechtlichen Schuldprinzip und zu den Grundsätzen der Strafzumessung steht und mit dem Ziel der Resozialisierung nicht vereinbar erscheint.

10.5.3 Verstoß gegen die Bemühungen des Jugendstrafrechts

Darüber hinaus steht zu befürchten, daß die Fangprämie auch die Bemühungen des Jugendstrafrechts weitgehend aushebelt. Die Tragweite der Gefahr wird besonders bewußt, wenn man sich die Altersstruktur der tatverdächtigen Ladendiebe vergegenwärtigt. Hier wurden 1997 13,4% der bekanntgewordenen Ladendiebstähle durch Kinder bis unter 14 Jahren begangen. Weitere 18,6% waren zwischen 14 bis unter 18 Jahre und 7,7% waren Heranwachsende, d.h. zwischen 18 und 21 Jahren.[322]

Demnach war etwa ein Drittel der ertappten Ladendiebe noch nicht volljährig. Insofern hat schon Wollschläger festgestellt, daß eine auf das Deliktsrecht

321 Wollschläger, S. 16.
322 PKS 1997, S. 172.

gestützte Privatstrafe, wie z.B. die Fangprämie, in ihren wesentlichen rechtlichen Konsequenzen dem Jugendstrafrecht widerspreche.[323]

Im Gegensatz zu den Regelungen der §§ 19 StGB sowie 1 und 3 JGG müßten gem. § 828 Abs. 2 BGB regelmäßig schon eigentlich noch strafunmündige Kinder auf die Fangprämie haften. Schon insoweit steht die Fangprämie im Widerspruch zu den geltenden Regelungen des Jugendstrafrechts. Besonders gravierend erscheint aber der Widerspruch gegenüber der Hauptaufgabe des Jugendstrafrechts, die da lautet: Erziehung vor Strafe.

So hat schon Wollschläger angemahnt, daß Jugendliche unter 18 Jahren in erster Linie nach dem Grundgedanken des JGG zu erziehen und nicht mit undifferenzierten Geldbußen nach den Gutdünken eines Privatmannes zu belegen seien. Auch Jugendliche hätten insoweit den Anspruch auf den Jugendrichter als gesetzlichen Richter. Der Bagatellcharakter eines Deliktes rechtfertige keine Ausnahme. Der Wunsch nach härterem Durchgreifen gegenüber dem besonders großen Täterkreis dürfe nicht dazu verleiten, mit zivilrechtlichen Mitteln die Absichten des JGG zu unterlaufen.[324]

Diesen Feststellungen Wollschlägers gibt es nichts hinzuzufügen. Gerade vor dem Hintergrund des spezifischen Adressatenkreises der Fangprämie erscheint das Aushebeln der Bemühungen und Ziele des JGG durch die Fangprämie der Einzelhandelsunternehmen besonders unangebracht und insofern die Entscheidung des BGH zur Fangprämie dringend korrekturbedürftig.

10.5.4 Keine Straffunktion für die Einzelhandelsunternehmen

Privaten Institutionen sollte überhaupt keine Straffunktion zugestanden werden. Den Einzelhandelsunternehmen ist insoweit genausowenig Selbstjustiz zu ermöglichen wie jedem anderen privaten Individuum in der Gesellschaft. Auch aus rechtstheoretischer Perspektive gibt es insoweit erhebliche Bedenken gegen die Zulassung der Fangprämie. Sie leistet einer Entwicklung Vorschub, bei der eine Kollision mit Grundentscheidungen unserer Verfassung zu befürchten steht. Derartige Bestrebungen sind zurückzudrängen, da zu befürchten steht, daß dem "Recht des Stärkeren" dadurch der Weg bereitet werden könnte. Dies scheint mit dem sozialen Rechtsstaat unvereinbar.

Es sollte auch an dieser Stelle hinsichtlich der Fangprämie beim Ladendiebstahl versucht werden, die Tendenz zu begrenzen, Konfliktfälle aus dem Bereich der staatlichen Justiz in die Hände gesellschaftlicher Machtgruppen zu ziehen.

323 Wollschläger, S. 16.
324 Wollschläger, a.a.O.

Schon Wälde hat darauf hingewiesen, daß die unterschiedliche soziale Situation und die korrespondierenden unterschiedlichen Kräfteverhältnisse von Ladendieb und Einzelhandelsunterenehmen in Rechnung gezogen werden müßten.[325] Insofern darf das staatliche Monopol des des Strafens nicht unterminiert werden. Die Fangprämie der Einzelhandelsunternehmen stünde damit im Widerspruch zu Grundgedanken des Art. 92 GG.

10.5.5 Keine weitere Doppelbestrafung

Zu überlegen ist weiterhin, ob nicht das verfassungsrechtliche Verbot der Doppelbestrafung intensiver auf unsere gesamte Rechtsordnung und ihre Umsetzung ausstrahlen sollte. Könnte es nicht Ausfluß des Grundgedankens aus Art. 103 Abs. 3 GG sein, kritisch darüber nachzudenken, wie sachgerecht ein modernes Rechtssystem reagiert, das immer noch häufig nach dem Grundsatz zu handeln scheint: "Doppelt hält besser"? Wäre es nicht deutlich sachgemäßer, auch aus ökonomischen Überlegungen heraus, die rechtlichen Reaktionen auf ein Mindestmaß zu reduzieren, oder zumindest deutlich besser aufeinander abzustimmen? Mit dem Ergebnis, daß der Betroffene erkennt: dieses Rechtssystem ist insgesamt aufeinander abgestimmt, reagiert insoweit angemessen und unter zurückhaltender Nutzung der finanziellen Ressourcen; wenn man so will: rechtlich und auch ökonomisch kompetent, sprich: verhältnismäßig.

Dies könnte dazu führen, daß das häufig gerade von den Betroffenen mit Unverständnis quittierte unvermittelte Nebeneinander - oder sogar Gegeneinander - einem abgestimmten Miteinander weicht und so von den Adressaten besser akzeptiert und als vernünftig erkannt wird. Die Autorität des Rechtssystems in unserer Gesellschaft würde dadurch gestärkt, denn nur die möglichst nicht aufgezwungene Akzeptanz aufgrund nachvollziehbarer und schlüssiger Argumente schafft nachhaltiges Ansehen und vermittelt damit der bestehenden Rechtsordnung ihre gesicherte Geltung.

10.6 Keine "Refinanzierung" der Selbstbedienung mit Hilfe des Zivilrechts

Die Existenzberechtigung der Fangprämie muß insbesondere auch gemessen werden an der Antwort auf die Frage, inwieweit die soziale Kontrolle abweichenden Verhaltens auf das de lege lata existierende Zivilrecht übertragen werden sollte. Schon Kramer hat insofern angemerkt, daß der Standpunkt, pönale

325 Wälde, S. 2295.

Funktionen müßten ausschließlich dem Strafrecht vorbehalten werden, eine keineswegs zwingend einzuhaltende Vorgabe sei.[326]

Zu Recht wird in diesem Zusammenhang verwiesen auf die dem Zivilrecht eigenen pönalen Elemente general- oder spezialpräventiver Art, z.B. im Rahmen der §§ 339 ff. BGB, aber auch hinsichtlich der Funktion des Schmerzensgeldes, insbesondere bei Verletzung von Persönlichkeitsrechten; auch an die Funktion des abgestuften Schadensfreiheitsrabattes im Haftpflichtversicherungsrecht sowie die verschiedenen Zwecke der außerordentlichen Kündigung im Arbeitsrecht muß hier gedacht werden.[327] So wurde, wie oben bereits erwähnt, das weitere Anwachsen eines "zivilrechtlichen Strafrechts" sogar als begrüßenswert empfunden, da die Übernahme pönaler Funktionen für das moderne Zivilrecht eine Herausforderung darstelle und der BGH sich mit der Entscheidung zur Fangprämie der Aufgabe einer diesbezüglichen Rechtsfortbildung nicht verschlossen habe.[328]

Begründet wurde diese weitere Expansion des Privatrechts mit den offensichtlich zu Tage getretenen Schwächen des Strafrechts bei der Durchsetzung von Verhaltenspflichten zur Sicherung von Rechtsgütern. Die Abwägung der Risiken durch diese Selbstjustiz gegenüber den Chancen für einen privaten Selbstschutz fällt dann zu Gunsten des privaten Sanktionensystems der Einzelhandelsunternehmen aus. Einschränkend wird lediglich eine richterliche Kontrollmöglichkeit für die private Sanktion gefordert.[329]

Mit dieser "Stoßrichtung" wird dann auch das BGH-Urteil begrüßt. Der BGH habe die Herausforderung an ein modernes Zivilrecht angenommen und so die Aufgaben des im Versagen begriffenen Strafrechts übernommen. Die Rechtsfortbildung hinsichtlich der Fangprämie sei insofern begrüßenswert.

Dem Risiko eines weiteren Anwachsens des zivilrechtlichen Strafrechts sei mit der Einordnung der Fangprämie ins Schadensersatzrecht ausreichend Rechnung getragen.[330] Dem Geschäftsinhaber sei so die Möglichkeit gegeben, die Diebstahlsbekämpfung selbst durchzuführen, indem er die zivilrechtlichen Konsequenzen androhe und wenigstens auch teilweise mit Erfolg durchsetzen könne. Der Gefahr einer Ausnutzung dieser Möglichkeiten der privaten Sanktionsgewalt in Einzelfällen durch die sie ausübenden Einzelhandelsunternehmen sei durch

---

326 Kramer, Ladendiebstahl, S. 64.
327 Kramer, a.a.O.
328 Schneider/Böttger, S.150.
329 Koenig, S. 638.
330 Schneider/Böttger, a.a.O.

die richterliche Kontrolle gebannt.[331] Die richterliche Korrekturmöglichkeit des Haftungsumfanges gem. § 254 BGB sei insoweit ausreichend.[332]

Dieser Argumentation begegnen erhebliche Bedenken, wenn man - insoweit anknüpfend an den Grundgedanken des § 254 BGB - realisiert, aus welcher ursprünglichen Ursache die rechtliche Problematik der Fangprämie resultiert. Die Notwendigkeit einer Fangprämie würde entfallen, wenn die Einzelhandelsunternehmen ihre Waren nicht in der Verkaufsform der Selbstbedienung präsentieren würden. Die für die Unternehmen profitable Verkaufsform der Selbstbedienung soll insoweit hier nicht grundsätzlich in Frage gestellt werden; es geht nur darum, daß der Nutzen, den die Einzelhandelsunternehmen aus der Selbstbedienung ziehen, nicht auf Kosten einer rechtsstaatlich zweifelhaften Verschiebung der Sanktionskompetenzen auf die Initiatoren und Profiteure gerade dieser Veränderung im Verkaufsgebaren hinauslaufen sollte.

Nicht nur die Verschiebung der Sanktionskompetenz allein erscheint insofern verfehlt, auch die im Ergebnis entstehenden Kosten - bei der Fangprämie im Rahmen der zivilrechtlichen Verfolgung - sollten nicht ausschließlich auf den Schädiger übergewälzt werden können. Dies wäre eine erzwungene Kostenüberwälzung auf die Kunden der Einzelhandelsunternehmen, die sich so die erforderliche Sicherung ihrer profitablen Verkaufsform mit Hilfe des Zivilrechts bezahlen ließen. So hat schon Zimmermann im Zusammenhang mit seiner Kritik an der BGH-Entscheidung festgestellt, daß die diesbezüglichen Aufwendungen der Einzelhandelsunternehmen als herausgefordert nur angesehen werden könnten durch das seinerseits durch die veränderten Verkaufsmethoden herausgeforderte Phänomen Ladendiebstahl an sich. Damit verfolgt Zimmermann die Ursachenkette sachgemäß bis auf den Ursprung zurück. Er geht damit den entscheidenden Schritt weiter und zieht insoweit richtigerweise auch die Parallele zu den - vom BGH in der Entscheidung - als nicht erstattungsfähig abgelehnten Vorhaltekosten.[333]

Es ist die Basis der Phänomene Fangprämie, Ladendiebstahl und Selbstbedienung tatsächlich, wie Zimmermann es ausdrückt, die "unternehmerische Entscheidung, den Gewahrsam zu lockern und die damit verbundene weitere Entscheidung, sich statt dessen der Kundschaft und des Personals als verlängerte Arme und als Ersatz fehlender Schutzvorrichtungen anderer Art zu bedienen".[334] Im Falle des Ladendiebstahls versagt nun der sonst üblicherweise eintretende Mechanismus der staatlichen Sicherung der Interessenverfolgung der Unterneh-

331 Koenig, S. 637.
332 Deutsch, Anmerkung, S.103.
333 Zimmermann, S. 87.
334 Zimmermann, S. 88.

men. Das staatliche Strafrecht wird den Anforderungen nicht mehr gerecht. Die Einzelhandelsunternehmen haben in diesem Fall das auf den ersten Blick kostenlose staatliche Sanktionsrecht sozusagen sektoral überstrapaziert. Die flächendeckende Verwendung der Verkaufsform der Selbstbedienung und die damit einhergehende massenhafte Ladendiebstahl überfordern an dieser Stelle den Staat und seine strafrechtlichen Ressourcen.

Der Versuch, die Fangprämie nun zivilrechtlich zu etablieren ist so nur ein Ausweichen auf vermeintlich zur Verfügung stehende weitere kostenlose rechtliche Ressourcen in einem anderen Rechtsgebiet. Dieser Ansatz, mag er auch durch die BGH-Entscheidung auch in gewissem Umfang entschärft sein, erscheint nicht akzeptabel. Die Einzelhandelsunternehmen sollten sich insoweit besinnen und ihre kostenverursachende Strategie des Warenverkaufs nicht durch die ertappten Ladendiebe unter Nutzung der zivilrechten Ressourcen "refinanzieren" lassen.

10.7 "Selbstgemachte Leiden"

Auch die Überforderung der Strafjustiz ist kein Argument für die Zulassung der Fangprämie. Private Sanktionen des Zivilrechts oder auch die Warenhausjustiz insgesamt können nicht gerechtfertigt werden mit dem Hinweis, daß die staatliche Strafverfolgung ihren Aufgaben nicht gerecht werde. Die staatliche Strafverfolgung darf nicht benutzt werden, um private Ziele, sprich: kommerzielle Interessen der Einzelhandelsunternehmen, durchzusetzen. Die Masse der Ladendiebstähle geht eben zurück auf die Einführung der Selbstbedienung im Einzelhandel. Die Selbstbedienung im Einzelhandel soll Erträge der Einzelhandelsunternehmen optimieren; diese Optimierung von Unternehmensgewinnen darf nicht auf dem Rücken der staatlichen Strafverfolgung ausgetragen werden. Wenn die wegfallende private Sicherung von Eigentum mit der Intention der Vermögensmehrung einhergeht, kann die staatliche Sicherung nicht für den nötigen Ausgleich mißbraucht werden.

Diese Überforderung des Strafrechts, aber auch des staatlichen Rechtssystems insgesamt, sollte nicht hingenommen werden. Anders gesagt: nach dem Verursacherprinzip sollten die Einzelhandelsunternehmen selbst nach einer Lösung suchen; einer Lösung, die weder das staatliche Strafrecht überfordert, noch das Rechtssystem insgesamt für individuelle Interessen einseitig mißbraucht. Diese Lösung muß aus eigenen Ressourcen finanziert werden und muß vor allem die Interessen der anderen Beteiligten, sprich: die von den Lösungen betroffenen Ladendiebe, angemessen berücksichtigen. Die angemessene Berücksichtigung der Interessen der vermeintlichen Ladendiebe, die ja auch zum Publikum des

Einzelhandels gehören, sollte sich orientieren an den kriminalpolitischen Vorgaben der geltenden Strafgesetze. Eine Fangprämie des Zivilrechts kann diese Vorgaben nicht annähernd erfüllen.

10.8 Eine unzulässige richterliche Rechtsgestaltung

Die Entscheidung des BGH ist hinsichtlich der Fangprämie auch eine unzulässige richterliche Rechtsgestaltung. Der Gesetzgeber hatte sich in der Tat noch nicht ausreichend mit der Frage der sachgemäßen rechtlichen Reaktionen auf das Phänomen Ladendiebstahl befaßt. Der BGH hätte aber die Frage nach der Zulässigkeit der Fangprämie trotzdem verneinen können. Die Gerichte müssen nicht, wenn sie angerufen werden, einem jedem Ansinnen entsprechen, auch wenn das vermeintliche Opfer hier über horrende Vermögensverluste klagt und sich als durch das staatliche Strafrecht allein gelassen präsentiert. Insofern ist hier Zimmermann zuzustimmen, der festgestellt hat, daß eine Klageabweisung die richtige Antwort gewesen sei, wenn man bedenke, daß für diese Art der Sozialgestaltung dem BGH gegenüber dem Gesetzgeber ein Legitimationsdefizit bestünde.[335] Dieser Überlegung folgend wäre es nachvollziehbar und vernünftiger gewesen, wenn sich der BGH hinsichtlich der Fangprämie im Zweifel für die Gesetzesbindung und die Beibehaltung der Gewaltenteilung und damit gegen eine richterrechtliche Billigung einer privaten Sanktion auf richterrechtlicher Basis entschieden hätte.

10.9 Mögliche Abhilfe durch den Gesetzgeber?

Der Gesetzgeber hätte so bei Bedarf von seiner Legitimitätskompetenz Gebrauch machen können und hätte die Fangprämie im Rahmen sachgerechter gesetzlicher Regelungen gestatten können. Wenn es weiterhin nicht zu dieser Gesetzgebungsaktivität hinsichtlich der Fangprämie gekommen wäre, hätten sich die Einzelhandelsunternehmen auf die zulässigen Möglichkeiten reduzieren müssen, die für die Sicherung der Verkaufsform der Selbstbedienung zur Verfügung standen. Sie hätten wie andere Private in der Gesellschaft die Sicherung ihres Eigentums mit den zur Verfügung stehenden rechtlichen Ressourcen betreiben müssen, oder, wenn das nicht ausreichend möglich gewesen wäre, ihre Verkaufsformen entsprechend ändern können, was heute schon weitgehend geschehen ist, durch die rasante technische und elektronische Ausweitung der Sicherungsinstrumente

335 Zimmermann, S. 90.

im Einzelhandel. Diese verstärkte Anwendung effektiver Sicherungssysteme - als Prävention gegen Ladendiebstähle - hat die repressive Strategie bei der Bekämpfung des Ladendiebstahls weitgehend überflüssig werden lassen; insofern erscheint die Fangprämie heute nicht nur rechtlich unzulässig, sondern zusätzlich auch technisch überholt und ist ihrerseits durch die weiter voranschreitende Entwicklung aktuell nicht mehr nötig für die Bekämpfung des Ladendiebstahls durch die Einzelhandelsunternehmen.

10.10 Die Legalisierung der Privatstrafe als Lösung?

Es stellt sich die Frage, ob die Legalisierung der Fangprämie an der bisherigen Einschätzung etwas ändern könnte. Die Überlegung, die staatliche Strafe im Bagatellbereich durch private Sanktionen abzulösen, ist nicht neu und hat auf den ersten Blick durchaus positive Aspekte: das Stigma der Kriminalstrafe könnte entfallen; die negative Sanktion könnte sofort unmittelbar nach der Ergreifung des Täters erfolgen; die staatlichen Strafverfolgungsorgane könnten für wichtigere Deliktsbereiche entlastet werden.

Hier muß nun aber differenziert werden: Zum einen ist der richterlichen Fortbildung des Schadensersatzrechts, nach dem Vorbild der Judikatur zum Schmerzensgeld bei Persönlichkeitsrecht, eine klare Absage zu erteilen. Ohne weiter auf Bedenken gegen diese Rechtsprechung eingehen zu wollen, muß hier festgehalten werden, daß eine derartige Entwicklung vom Gesetzgeber ausgehen sollte; sollte dieser diese Aufgabe nicht wahrnehmen, dann sollten derartige Rechtsfortbildungen eher unterlassen werden, bis eine wissenschaftlich fundierte Auseinandersetzung damit den Gesetzgeber zum Handeln veranlaßt hat. Auf der anderen Seite ist nun zu denken an eine gesetzliche Lösung i.S.d. AE-GLD. Dieser Entwurf hätte tatsächlich die Möglichkeit eröffnet, das von den Einzelhandelsunternehmen etablierte Bußgeldverfahren sachgerecht zu legalisieren und zwar in Abstimmung mit den sonst noch einschlägigen Kodifikationen. Im Ergebnis hätte so eine Entkriminalisierung des in Rede stehenden Bereichs stattfinden können. Die detaillierte Auseinandersetzung mit dem AE-GLD kann im Rahmen dieser Untersuchung nicht vorgenommen werden. Es bleibt aber festzuhalten, daß das dort angedachte Verfahren sowohl den Belangen der Einzelhandelsunternehmen als auch den Interessen der mutmaßlichen Täter Rechnung getragen hätte, wäre es denn Gesetz geworden. Insoweit wären die Regelungen des AE-GLD eine weitgehend sachgemäße Basis für die negative Sanktionierung des Ladendiebes gewesen, wenn man diese denn für nötig hält und die strafrechtliche Reaktion ersetzen möchte.

Unabhängig von diesen Überlegungen zum AE-GLD, läßt sich aus kriminalpolitischer Perspektive hinsichtlich der Fangprämie abschließend feststellen, daß es aktuell weder einen Bedarf noch eine ausreichende Legitimation für eine - neben der Kriminalstrafe existierende -, sprich: zusätzliche, Sanktion im Bereich der Ladendiebstahlsdelinquenz gibt, insbesondere nicht in Form der Fangprämie. Im Gegenteil: eine kriminalpolitisch sachgemäße Reaktion auf den Ladendiebstahl läßt sich mit dieser negativen Sanktion der Einzelhandelsunternehmen überhaupt nicht vereinbaren.

Literaturverzeichnis

Albrecht, Hans-Jörg / Dünkel, Frieder / Spieß, Gerhard: Empirische Sanktionsforschung und die Begründbarkeit von Kriminalpolitik. Monatsschrift für Kriminologie 64. Jahrgang, 1981, S. 310 ff.

Amelung, Knut: Rechtsgüterschutz und Schutz der Gesellschaft. Frankfurt 1972

Arzt, Gunther / Eser, Albin u.a.: Entwurf eines Gesetzes gegen Ladendiebstahl (AE-GLD). Recht und Staat, Heft 439. Tübingen 1974

Baumann, Jürgen: Über die notwendigen Veränderungen im Bereich des Vermögensschutzes. JZ 1972, 1 ff.

Baumann, Jürgen / Brauneck, Anne-Eva / Hanack, Ernst-Walter u.a.: Alternativ-Entwurf eines Strafgesetzbuches. Allgemeiner Teil. Tübingen 1966

Berckhauer, Friedrich Helmut: Soziale Kontrolle der Bagatellkriminalität: Der Ladendiebstahl als Beispiel. DRiZ 1976, S. 229 ff.

Bergfelder, Udo: Ladendiebstahl und strafrechtliche Kontrolle. Köln 1981

Berekoven, Ludwig: Geschichte des Deutschen Einzelhandels. Frankfurt am Main 1986

Blankenburg, Erhard: Die Selektivität Rechtlicher Sanktionen. Kölner Zeitschrift für Soziologie und Sozialpsychologie 1969, S. 805ff.

Brusten, Manfred: Polizei - Staatsanwaltschaft – Gericht. MschrKrim 57. Jahrgang - Heft 3 - 1974, S. 129ff.

Canaris, Claus-Wilhelm: Zivilrechtliche Probleme des Warenhausdiebstahls. NJW 1974, S. 521 ff.

Cramer, Peter: in: Schönke-Schröder. Strafgesetzbuch Kommentar. Schönke, Adolf / Schröder, Horst. Cramer, Peter / Eser, Albin / Lenckner, Theodor / Stree, Walter. 25., neubearbeitete Auflage. München 1997

Creutzig, Jürgen: Rechtsfragen zum Ladendiebstahl. BB 1971, S. 1307 ff.

Deutsch, Erwin: Gutachten E für den 51. Deutschen Juristentag in Verhandlungen des 51. DJT, Stuttgart 1976, Bd. 1. München 1976

Deutsch, Erwin: Anmerkung zu BGH, Urt. v. 6.11.79, JZ 1980, S. 99. JZ 1980, S. 102

Deutsch, Paul: Die Betriebsformen des Einzelhandels. Stuttgart 1968

Droste,Hermann-Josef: Privatjustiz gegen Ladendiebe. Köln 1972

Eser, Albin: in: Schönke-Schröder: Strafgesetzbuch Kommentar. Schönke, Adolf / Schröder, Horst / Cramer, Peter / Eser, Albin / Lenckner, Theodor / Stree, Walter. 25., neubearbeitete Auflage. München 1997

Feest, Johannes / Haferkamp, Hans / Lautmann, Rüdiger / Schumann, Karl F. / Wolff, Jörg: Kriminalpolitik und Sozialstruktur, Programm für einen neuen Schwerpunkt der Deutschen Forschungsgemeinschaft. Kriminologisches Journal 9.Jahrgang , 1977

Falkenhausen, Alexander von: Vorhalte- und Vorsorgekosten. Königstein/Ts. 1979

Füllkrug, Michael: Fangprämien für Ladendiebe. Kriminalistik 1986, S. 531 ff.

Gallus, H.: Kriminologie, Schriftenreihe des Bundeskriminalamtes. Wiesbaden 1967

Gerhard, Rudolf: Flurbereinigung im Strafrecht. ZRP 1972, S. 145 ff.

Giesen, Dieter: Anmerkung zu BGH, Urt. v. 26.1.1971 - VI ZR 95/70. NJW 1971, S. 801 f.

Gillig, Volker Kurt: Soziologische Dimension der Staatsanwaltschaftlichen Ermittlungstätigkeit und Sanktionierungskriterien bei geringwertigen Ladendiebstahlsverfahren. Diss. Frankfurt, 1976

Heinitz, Ernst: Empfiehlt sich die Dreiteilung der Straftaten auch für ein neues Strafgesetzbuch? Materialien zur Strafrechtsreform. 1. Band: Gutachten der Strafrechtslehrer, S. 55 ff. Bonn 1954

Kaufmann, Arthur: Die Irrtumsregelungen im Strafgesetz-Entwurf 1962. ZStW 76, 1964, S. 543 ff.

Kaiser, Günther: Kriminologie. 3. Aufl., Heidelberg 1996

Kaiser, Günther / Kerner, Hans-Jürgen / Sack, Fritz / Schellhoss, Hartmut u.a.: Kleines Kriminologisches Wörterbuch. 3. Aufl., Heidelberg 1993

Koenig, Günther: Erstattung der Fangprämie bei Ladendiebstählen - Richterliche Kontrolle analog § 343 BGB. MDR 1980, S. 637 ff.

Kramer, Helmut: Ladendiebstahl und Privatjustiz. ZRP 1974, S. 62 ff.

Kramer, Helmut: Willkürliche oder kontrollierte Warenhausjustiz? NJW 1976, S. 1607 ff.

Lackner, Karl: in: Strafgesetzbuch Leipziger Kommentar Großkommentar. Jeschek, Hans-Heinrich / Ruß, Wolfgang / Willms, Günther: Zehnte, völlig neu bearbeitete Auflage. Sechster Band, §§ 263 bis 302a. Berlin 1988

Lang, Eckart: Die Strafbarkeit des Ladendiebstahls. Diss., Frankfurt am Main, 1994

Lang-Hinrichsen, Dietrich: Materialien zur Strafrechtsreform. 2. Band: Rechtsvergleichende Arbeiten, Vorwort. Bonn 1954

Lange, Richard: Privilegierung des Ladendiebes? JR 1976, S. 177 ff.

Liszt, Franz von: Nach welchen Grundsätzen ist die Revision des Strafgesetzbuchs in Aussicht zu nehmen? Verhandlungen des Sechsundzwanzigsten Deutschen Juristentages. Erster Band (Gutachten), S. 259 ff. Berlin 1902

Liszt, Franz von: Lehrbuch des Deutschen Strafrechts, 21. und 22. voellig durchgearb. Aufl. Berlin 1919

Meier, Gert: Anspruchsverlust gegen Ladendieb durch kalkulatorische Berücksichtigung von Manki? BB 1974, S. 1376 ff.

Mertins, Wolfgang: Zum Umfang des Schadensersatzes beim Ladendiebstahl. JR 1980, S. 357 ff.

Müller-Emmert, Adolf / Friedrich, Horst: Die kriminalpolitischen Grundzüge des neuen Strafrechts nach den Beschlüssen des Sonderausschusses für die Strafrechtsreform. JZ 1969, S. 245 ff.

Naucke, Wolfgang: Gutachten D, für den 51. DJT. Verhandlungen des 51. DJT, Stuttgart 1976, Bd. 1. München, 1976

Pecher, Hans Peter: Die Fangprämie: Zur Schadensersatzpflicht des ertappten Ladendiebs - BGHZ 75, 230. JuS 1981, S. 645

Roos, Gerhard: Entkriminalisierungstendenzen im Besonderen Teil des Strafrechts. Frankfurt 1981

Roxin, Claus: Strafrecht Allgemeiner Teil Bd. 1. München 1992

Rust, Paul: Ladendiebstahl und "Selbstjustiz". Zürich 1972

Schäfer, Karl: in: Löwe-Rosenberg / Dünnebier, Hans / Gollwitzer, Walter / Kohlhaas, Max; Die Strafprozeßordnung und das Gerichtsverfassungsgesetz. Großkommentar, Zweiter Band, §§ 213-444. 22., neubearbeitete Auflage, Berlin 1973

Schäfer, Karl: in: Strafgesetzbuch Leipziger Kommentar Großkommentar. Jeschek, Hans-Heinrich / Ruß, Wolfgang / Willms, Günther: Zehnte, völlig neu bearbeitete Auflage. Fünfter Band, §§ 185 bis 262. Berlin 1989

Scheibe-Lange, Ingrid: Die wirtschaftliche Entwicklung der Warenhäuser Karstadt AG und Kaufhof AG und ihre Stellung imÊEinzelhandel. Köln 1968

Schmidt, Eberhard: Einführung in die Geschichte der deutschen Strafrechtspflege. Göttingen 1947

Schneider, U.H. / Böttger G.: Anmerkung zu BGHZ 75, 230. JR 1980, S. 150

Schönke-Schröder: Strafgesetzbuch, Kommentar begründet von Adolf Schönke, fortgeführt von Horst Schröder. 17., neubearbeitete Auflage. München 1974

Schottelius, Harald: Materialien zur Strafrechtsreform. 2. Band: Rechtsvergleichende Arbeiten, S. 11 ff. Bonn 1954

Schultz, Günther: Ladendiebstahl. MDR 1981, S. 372 f.

Sessar, Klaus: Empirische Untersuchung zu Funktion und Tätigkeit der Staatsanwaltschaft. ZSTW 87, 1975, S. 1033 ff.

Staudinger, Julius von: Kommentar zum Bürgerlichen Gesetzbuch. 2. Buch, Rechts der Schuldverhältnisse, 12. Aufl. Berlin 1986

Tegel, Heinrich: Der Ladendiebstahl als internationales Problem. Kriminalistik 1962

Tröndle, Herbert: Kommentar, Strafgesetzbuch und Nebengesetze, 48. Auflage. München 1997

Wagner, Joachim: Ladendiebstahl- Wohlstands- oder Notstandskriminalität? Heidelberg 1979

Wagner, Joachim: Staatliche Sanktionspraxis beim Ladendiebstahl. Göttingen 1979

Wälde, Thomas: Schadensersatz wegen Vorsorgekosten beim Ladendiebstahl. NJW 1972, S. 2294 ff.

Wollschläger, Christian: Schadensersatzhaftung von Ladendieben. NJW 1976, S. 12 ff.

Zimmermann, Reinhard: Schadensbemessung nach Billigkeit: die Entscheidung des BGH zum Ladendiebstahl und zur fehlgeschlagenen Familienplanung. JZ 1981, S. 86 ff.

Zola, Emile: Zum Paradies der Damen. Bibliothek der Weltliteratur/Phaidon. Wien 1984

Quellenverzeichnis

Bevölkerung und Kultur. Hrsg.: Statistisches Bundesamt Wiesbaden. Reihe 9, Rechtspflege 1974, Fachserie A. Stuttgart und Mainz 1976

Deutscher Bundestag. Sitzungen des Sonderausschusses für die Strafrechtsreform. 5. Wahlperiode, Stenographischer Dienst. 140. Sitzung: Garmisch-Partenkirchen, 14. März 1969. 141. Sitzung: Bonn, 19. März 1969. Bonn 1969 / 1970

Deutscher Bundestag. Verhandlungen des Deutschen Bundestages. 6. Wahlperiode, Stenographische Berichte Band 78, 165. Sitzung, Bonn 26. Januar 1972. Bonn 1971 / 1972

Niederschriften über die Sitzungen der Großen Strafrechtskommission. 1. Band: Grundsatzfragen, 1. bis 13. Sitzung. Bonn 1956

Polizeiliche Kriminalstatistik Bundesrepublik Deutschland. Berichtsjahr 1997; BKA - Statistik, herausgegeben vom Bundeskriminalamt, Kriminalistisches Institut, Fachbereich Kl 12, 65173 Wiesbaden

Selbstbedienung, Selbstbedienung und Supermarkt, Dynamik im Handel. Offizielle Zeitschrift des Instituts für Selbstbedienung. Köln, 1962 bis 1975

For the avoidance of doubt, input of the whole or any part of this publication
into any generative artificial intelligence model, chatbot, program, software or technology
is expressly prohibited without the prior written consent of the publisher.

Printed by
CPI books GmbH, Leck

FSC
www.fsc.org
MIX
Papier | Fördert gute Waldnutzung
FSC® C083411

Kolibri 360 GmbH
Ferdinand-Jühlke-Straße 7
99095 Erfurt, Deutschland
produktsicherheit@kolibri360.de